Margit Osterloh/Jetta Frost · Prozessmanagement als Kernkompetenz

Margit Osterloh / Jetta Frost

Prozessmanagement als Kernkompetenz

Wie Sie Business Reengineering strategisch nutzen können

4., aktualisierte Auflage

GABLER

Bibliografische Information Der Deutschen Bibliothek
Die Deutsche Bibliothek verzeichnet diese Publikation in der Deutschen Nationalbibliografie; detaillierte bibliografische Daten sind im Internet über <http://dnb.ddb.de> abrufbar.

Prof. Dr. Margit Osterloh ist ordentliche Professorin und Inhaberin des Lehrstuhles für Organisation an der Universität Zürich. Sie beschäftigt sich besonders mit Prozess- und Wissensmanagement, Gestaltung von Teamarbeit, New Public Management und Frauen in Unternehmen.

Dr. Jetta Frost arbeitet am Lehrstuhl von Professor Dr. Margit Osterloh.

1. Auflage 1996
Nachdruck 1997
2. Auflage 1998
3. Auflage Dezember 2000
4. Auflage Oktober 2003

Lektorat: Ulrike Lörcher

www.gabler.de

Umschlaggestaltung: Nina Faber de.sign, Wiesbaden
Satz: FROMM MediaDesign GmbH, Selters/Ts.
Druck und buchbinderische Verarbeitung: Wilhelm & Adam, Heusenstamm
Gedruckt auf säurefreiem und chlorfrei gebleichtem Papier
Printed in Germany

ISBN 3-409-43788-6

Vorwort des Herausgebers

Aufgaben und Problemstellungen in der Führung von Unternehmen und Einheiten der öffentlichen Verwaltung haben sich in den letzten Jahren stark gewandelt. Auslösendes Element war vor allem der rasche und grundlegende Wandel der Umwelt, Märkte, Strukturen und Werthaltungen der Mitarbeiter. Zur Bewältigung der daraus resultierenden, veränderten Anforderungen sind andersartige Fragen zu stellen, neue Konzepte und Methoden zu entwickeln und Fachleute auszubilden, die mit der Umsetzung beauftragt werden.

Die Schweizerische Gesellschaft für Organisation hat sich zum Ziel gesetzt, die Entwicklung neuer Ansätze in den Bereichen der Organisations- und Betriebswirtschaftslehre sowie die praktische Umsetzung über den Weg der Schulung aktiv zu unterstützen.

Im Vorfeld so genannter „Forschungsprojekte" werden aktuelle und sich abzeichnende Methoden und Konzepte, die einen direkten oder indirekten Bezug auf die Organisationslehre und -arbeit haben, bestimmt. Anschließend erteilt die SGO einem Hochschulinstitut den Auftrag, das ausgewählte Thema in der Zeit von ein bis zwei Jahren zu bearbeiten. Als Ergebnisse fallen Referate, Seminarbeiträge und zum Abschluss des Projektes ein Buch an, das die gesamtheitlichen Ergebnisse und Erkenntnisse darstellt. Neben den Weiterentwicklungen auf konzeptioneller und methodischer Basis soll die Verbindung von Theorie und Praxis aktiv gefördert werden.

Das vorliegende Buch zum Thema Kernkompetenzen und Prozessmanagement stellt das Ergebnis eines solchen Forschungsprojektes dar. Es behandelt damit einen wichtigen, weit verbreiteten Ansatz, der die Wissenschaft und Praxis in den letzten Jahren sehr stark beschäftigt hat. Damit ist es heute möglich, die wissenschaftliche Einordnung vorzunehmen, gesicherte Erkenntnisse darzulegen, praktische Erfahrungen weiterzugeben sowie Stärken und Schwächen in der Anwendung transparent zu machen.

Frau Prof. Dr. Margit Osterloh und Frau Jetta Frost von der Universität Zürich ist es gelungen, die Projektziele vollumfänglich zu erfüllen und mit dem Buch einen wertvollen Beitrag für Theorie und Praxis zu leisten. Für diese große Arbeit, getragen von Motivation, Fachkompetenz und Flexibilität, gebührt großer, verbindlicher Dank.

Ich wünsche dem Buch eine breite, interessierte Leserschaft, die aufgrund der Lektüre und damit der fachlichen Auseinandersetzung mit dem wichtigen Thema wertvolle Anregungen und Einsichten gewinnt.

Zürich

Schweizerische Gesellschaft für Organisation
Dr. Markus Sulzberger

Vorwort zur 1. Auflage

Mehr als die Hälfte aller Business-Reengineering-Projekte gelten als gescheitert. Zu diesem Ergebnis kommen zahlreiche empirische Untersuchungen. Warum ist das so? Wird das Konzept nur falsch angewendet, oder ist es untauglich? Ist es nur eine weitere Management-Mode, die ebenso schnell wieder vergehen wird, wie sie gekommen ist?

Dieses Buch will Praktikern und Studierenden zeigen, dass Business Reengineering keine Modewelle ist, sondern zum festen Bestandteil des Instrumentenkastens der Managerinnen und Manager werden wird. Voraussetzung ist allerdings: Das Konzept darf nicht als Allzweckwerkzeug beansprucht werden. Wer glaubt wirklich, dass man mit *einem* Werkzeug ein ganzes Haus bauen kann? Wird Business Reengineering zusammen mit bewährten Management-Konzepten verwendet, so kann aus dem sinnvollen Zusammenspiel ein umfassendes Prozessmanagement gestaltet werden. Doch wer als Werkzeug nur den Hammer kennt,[1] für den besteht die ganze Welt auch nur aus Nägeln. Die komplexe Architektur eines Unternehmens bleibt verborgen. Wie können Unternehmen dennoch mit Business Reengineering ihre strategische Architektur auf die Zukunft ausrichten? Die Antwort lautet: Eine umfassende Prozessorientierung impliziert einen horizontalen Blick auf die Geschäftstätigkeit, durchbohrt die Organisation im Querschnitt und zeigt sie als ein strategisches Prozesssystem. Früher hieß es „structure follows strategy". Im Business Reengineering wurde daraus „structure follows process". Wird Business Reengineering zum strategischen Prozessmanagement erweitert, heißt es „process follows strategy". Das bedeutet: Unternehmensprozesse werden zu einem nachhaltigen strategischen Wettbewerbsvorteil, zur dynamischen Kernkompetenz eines Unternehmens! Kernkompetenzen sichern Unternehmen einen schwer einholbaren Vorsprung vor der Konkurrenz, wenn sie schwer imitierbar und schwer substituierbar sind und den Kunden einen zusätzlichen Nutzen verschaffen. Sie werden zu dynamischen Kernkompetenzen, wenn sie darüber hinaus Produkte und Märkte der Zukunft erschließen. Die Identifikation von dynamischen Kernkompetenzen und Kernprozessen stellt den schwierigsten Teil des Prozessmanagements dar.

Wie Unternehmen Prozessmanagement als dynamische Kernkompetenz gestalten können, erläutern wir anhand mehrerer Fallbeispiele. Es sind dies: das Catering-Unternehmen Gate Gourmet AG, die Bank Leu AG, die Winterthur Versicherungen AG, das Küchenbau-Unternehmen Bruno Piatti AG. Prozessmanagement ist also für unterschiedliche Branchen, für große, mittlere und kleine Unternehmen anwendbar. Am Beispiel des Statistischen Amtes des Kantons Zürich demonstrieren wir, dass Prozessmanagement auch für die

1 Vgl. Hammer (1990), Hammer/Champy (1993), Hammer/Stanton (1995) und Hammer (1997).

öffentliche Verwaltung im Zuge des New Public Management erfolgversprechend ist. Alle diese Beispiele haben wir im Rahmen eines von der Schweizerischen Gesellschaft für Organisation geförderten Forschungsprojektes über längere Zeit wissenschaftlich begleitet. Diese Beispiele ziehen sich wie ein roter Faden durch das ganze Buch. Jeder konzeptionelle Baustein unseres Konzeptes *Prozessmanagement als Kernkompetenz* kann auf diese Weise am praktischen Beispiel nachvollzogen werden.

Im **Kapitel I** schildern wir anhand eines Beispiels das *Grundprinzip* des Business Reengineering. Wir zeigen, worin sich dieses Konzept fundamental von der Idee der funktionalen Spezialisierung unterscheidet.

Im **Kapitel II** stellen wir die *drei Grundideen* des Business Reengineering vor: die Prozess-Idee, die Triage-Idee und die Idee der informationellen Vernetzung. Jede Idee wird exemplarisch mit einem praktischen Beispiel erläutert, wenngleich jedes der Beispiele alle drei Ideen enthält.

Kapitel I und II sind als rascher Überblick über Business Reengineering geeignet.

Im **Kapitel III** erweitern wir Business Reengineering zum umfassenden *Prozessmanagement*. Dies ist dann der Fall, wenn die drei Ideen des Business Reengineering im gesamten Unternehmen systematisch verankert werden. Dazu wird das schwierige Verhältnis der Prozesse zu den Funktionen sowie die Rolle der Process Owner und der Prozess-Teams geklärt.

Im **Kapitel IV** zeigen wir, dass die Kenntnis *bewährter Management-Konzepte* die Realisierung von Business Reengineering erleichtert. Es werden Gemeinsamkeiten mit und Unterschiede zu Konzepten wie der Projektorganisation, Profit Centers, TQM, Lean Management und der Netzplantechnik erläutert.

Im **Kapitel V** gehen wir auf das Verhältnis von Strategie und Organisation ein. Für theoretisch interessierte Leserinnen und Leser werden die neueren Entwicklungen in der Strategielehre dargestellt. Wir entwickeln das Konzept der *dynamischen Kernkompetenzen* und zeigen in unserem *Organizing Map*, welche Kriterien für eine strategiegerechte Organisation gelten.

Im **Kapitel VI** werden diese theoretischen Einsichten auf das Prozessmanagement angewendet. Welche Maßnahmen sind konkret zu ergreifen, damit Prozessmanagement zu einer dynamischen Kernkompetenz wird? Wir gehen auf einzelne Maßnahmen ein wie beispielsweise die Bildung funktionaler Schulen und die von Prozess-Teams, In- und Outsourcing sowie Motivationsförderung. Wir plädieren dabei für organisatorische Maßschneiderei statt Konfektion.

Kapitel VII zeigt den Weg zum Prozessmanagement, nämlich das Management von Veränderungsprozessen. Wir diskutieren, ob eine Top-down- oder eine Bottom-up-Strategie erfolgreicher ist. Anhand von Fallbeispielen zeigen wir: Nur eine Gegenstromstrategie führt zum Erfolg.

Im abschließenden **Kapitel VIII** warnen wir als Fazit vor den zehn wichtigsten Stolpersteinen des Prozessmanagements und zeigen, wie sie vermieden werden können.

Dieses Buch ist das Ergebnis einer intensiven Zusammenarbeit mit Führungskräften aus Wirtschaft und Verwaltung, Mitarbeiterinnen und Mitarbeitern des Lehrstuhls für Organisation an der Universität Zürich sowie zahlreichen Studierenden. Gemeinsam mit ihnen haben wir den Pfad des Business Reengineering beschritten. Gemeinsam haben wir erkannt, dass man die Ideen des Business Reengineering erweitern muss, um nachhaltige strategische Wettbewerbsvorteile zu sichern. Dafür gilt allen unser herzlicher Dank. Besonders danken möchten wir der *Schweizerischen Gesellschaft für Organisation*, die dieses Forschungsprojekt erst ermöglichte. Insbesondere Gisela Kubli und Dr. Markus Sulzberger haben uns immer wieder zu diesem Buchprojekt ermuntert und vielfältige Unterstützung gegeben. Unser nächster Dank geht an alle beteiligten Unternehmen und Verwaltungen. Wir freuen uns, dass wir ihre Business Reengineering-Projekte wissenschaftlich begleiten und in unserem Buch veröffentlichen dürfen. Wir danken besonders Philippe Bruggisser, Wolfgang Werlé, Peter Keuzenkamp, Robert Deillon und Hans Peter Frei von *Gate Gourmet AG*. Dr. Ludwig Bertsch, Remo Eigenmann und Dr. Marisabel Spitz von der Unternehmensberatung *ICARUS Consulting* stellten uns ihre Erfahrung und die im Fallbeispiel Gate Gourmet gezeigten Abbildungen zur Verfügung. Auch ihnen gilt unser Dank. Dr. Hans Kissling vom *Statistischen Amt des Kantons Zürich* stand uns mit intensiven Diskussionen zur Seite. In der *Bank Leu AG* haben wir mit Gaston Guex und Ulrich Epprecht zusammengearbeitet. Dr. Christoph Treichler hat uns besonders unterstützt, indem er das CPR-Projekt der Bank Leu für uns zusammengestellt hat. Bei der *Winterthur Versicherungen AG* haben wir immer wieder offene Ohren bei Hans Frey, Rudolf Brühwiler und Markus Zürcher gefunden. In der Firma *Bruno Piatti AG* arbeiten wir mit Ueli Hess, Klaus Ruthenbeck und Reto Angstmann intensiv zusammen. Ihnen allen sei herzlich gedankt. Es hat Spaß gemacht, mit Ihnen zu diskutieren, in Workshops und Seminaren zusammenzuarbeiten und gelegentlich auch zusammen zu feiern. Buchprojekte wie dieses beschäftigen alle Lehrstuhlmitglieder. Sigrid Wübker hat das Fallbeispiel Piatti bearbeitet. Iwan von Wartburg, Regine Tiemann und Alexander Hunziker haben viele Ideen und Beispiele beigesteuert. Sylvia Obrecht hat die zahlreichen Abbildungen angefertigt. Tim Ackermann war uns bei der Durchsicht der Druckfahnen behilflich. Allen gilt unser herzlicher Dank. Wir danken besonders unserem kritischen ersten Leser und Kommentator Heinrich Frost. Aus dem fernen Lüneburg hat er zahlreiche wichtige Hinweise beigesteuert.

Zürich *Margit Osterloh* und *Jetta Frost*

Vorwort zur 4. Auflage

Nach wie vor gehört Prozessmanagement zu den erfolgreichsten Managementkonzepten. Obwohl immer wieder zu hören ist, es habe seinen Zenit bereits erreicht, sind die zentralen Ideen des Business Reengineering im umfassenderen Konzept des Prozessmanagements verankert. Während amazon.de und amazon.com unter dem Stichwort Business Reengineering lediglich noch 22 bzw. 324 Titel listen, sind aktuell 183 bzw. 1331 Bücher zu Themen des Prozessmanagements erhältlich.[2] Uns zeigt dies, dass Prozessmanagement heute einen festen Platz im Instrumentenkasten der Unternehmenspraxis erobert hat.

Wir freuen uns über das nach wie vor große Interesse an unserem Buch, sodass wir nunmehr die vierte Auflage vorlegen können. Wir haben uns dieses Mal auf die Aktualisierung der Fallbeispiele und der verarbeiteten Literatur konzentriert.

Zürich, im Juni 2003 *Margit Osterloh und Jetta Frost*

2 Stichtag, 12.05.2003.

Inhaltsverzeichnis

Erstes Kapitel

Einführung in das Thema Business Reengineering

Das unternehmerische Umfeld ist heute gekennzeichnet durch

- Globalisierung der Märkte bei einer gleichzeitig immer differenzierter werdenden Segmentierung der Kundengruppen,
- Deregulierung des Wettbewerbs,
- schnell wechselnde Präferenzen der Kunden und kürzere Produktlebenszyklen,
- vielfältige Vernetzungsmöglichkeiten aufgrund neuer Informationstechnologien.

Unternehmen müssen heute nicht nur durchschlagende Qualitäts- und Serviceverbesserungen, Kostensenkungen und Zeiteinsparungen *gleichzeitig* erreichen. Sie müssen darüber hinaus Sorge tragen, dass sie Fähigkeiten zur Innovation von Produkten und Dienstleistungen entwickeln, damit sie auch in Zukunft im Wettbewerbsumfeld bestehen können.

Das Zeit-Kosten-Qualitäts-Dreieck

Abb. 1

Diese Zielsetzungen sind zweifellos schon seit langem bekannt und durch zahlreiche Managementkonzepte wie Total Quality Management, Time based Competition, Gemeinkostenwertanalyse, Zero based Budgeting oder Lean Production in das unternehmerische Blickfeld gerückt worden. Neu ist, dass die gleichzeitige Realisierung *aller* dieser Ziele angestrebt wird, von denen bisher immer angenommen wurde, sie würden einander widersprechen. Neu ist außerdem die bisher kaum gekannte Bereitschaft, Reorganisationen tatsächlich zu realisieren.[3]

Entsprechend werden im Business Reengineering Managerinnen und Manager aufgefordert, *„the way to do business"* völlig neu zu überdenken. Wirf weg, was nicht funktioniert, und fang noch mal von vorne an, heißt die Botschaft.[4] Es geht – so der Titel des Bestsellers von Hammer und Champy – um eine „Radikalkur" für das Unternehmen. Business Reengineering bemüht sich zugleich, das „Wie" der Umstrukturierung aufzuzeigen, nämlich durch einen 90°-Shift der Organisation.

Business Reengineering will durch grundlegende Neugestaltung von Geschäftsprozessen als Kernprozesse markante Verbesserungen der unternehmerischen Leistung erzielen. Durch den gezielten Einsatz neuer Informationstechnologien sollen Unternehmen das, was sie bisher gemacht haben, nicht einfach besser, schneller oder billiger erledigen, sondern sie sollen sich fragen: *Warum machen wir das überhaupt?*

Die Grundidee des Business Reengineering entstammt nicht einem einheitlichen theoretischen Konzept. Sie ist vielmehr aus einer Mischung aus bekannten Ansätzen und einer Vielzahl von Beobachtungen und Untersuchungen in der Praxis entstanden. Sie soll deshalb zunächst auch anhand eines praktischen Beispiels erläutert werden.

> Bei einer Bank in Manhattan steht eine Katastrophe bevor: Riesige Computer und ein Verwaltungsapparat von 10 000 Leuten sind nicht in der Lage, die Kunden „just in time" zu bedienen. Die Kunden beschweren sich über Verzögerungen und Irrtümer, gleichzeitig explodieren die Datenverarbeitungskosten, denn die Bearbeitung eines Kreditbegehrens dauert im Durchschnitt sieben Tage, manchmal sogar zwei Wochen. Und niemand ist in der Lage festzustellen, in welchem Bearbeitungsstadium sich die verschleppten Kreditbegehren gerade befinden. Die Leute an der Front wollen so nicht länger arbeiten. Die Bank stellt Robert B. White ein, einen Profi mit Erfahrungen aus der Automobilindustrie. Er soll die Katastrophe verhindern. White verkündet: „Ich verstehe nichts von Banken, aber einiges von effizienten Prozessen. Zeigt mir die Fließbänder". Auf dem „Fließband" liegen in diesem Fall jedoch keine Fahrzeugteile, sondern Dokumente. „Von wo nach wo gehen die Dokumente?", „Wie werden sie bearbeitet?", „Warum?". White nimmt ein verschlepptes Kreditbegehren und verfolgt es persönlich durch alle Stufen des Bearbeitungsprozesses. Die Mitarbeiter der einzelnen Stufen müssen alles stehen und liegen lassen und dieses Kreditbegehren vor ihrem jeweiligen Chef bearbeiten. Fazit: Jeder Vorgang geht durch viele Hände; ein „Fließ-

3 Vgl. Frese/von Werder (1994, S. 18).

4 Dies kommt auch in Hammers (1990, S. 104) vielzitierten Satz „it is time to stop paving the cow paths" unmissverständlich zum Ausdruck.

band“ aber ist nicht zu finden. Die einzelnen Stufen des Bearbeitungsprozesses sind in der Abbildung 2 zu sehen.

Die reine Bearbeitungszeit beträgt lediglich eineinhalb Stunden, die restlichen sieben Tage gehen mit dem Weitertragen des Dossiers verloren. Whites Vorgänger haben versucht, das Problem durch traditionelle Maßnahmen zu lösen: zum Beispiel durch die Verdoppelung der Arbeitsgeschwindigkeit, um die Durchlaufzeit zu reduzieren. Aber damit können gerade 45 Minuten gewonnen werden, das Dossier liegt weiterhin

Kreditabwicklung in der Manhattan-Bank vor dem Reengineering-Projekt

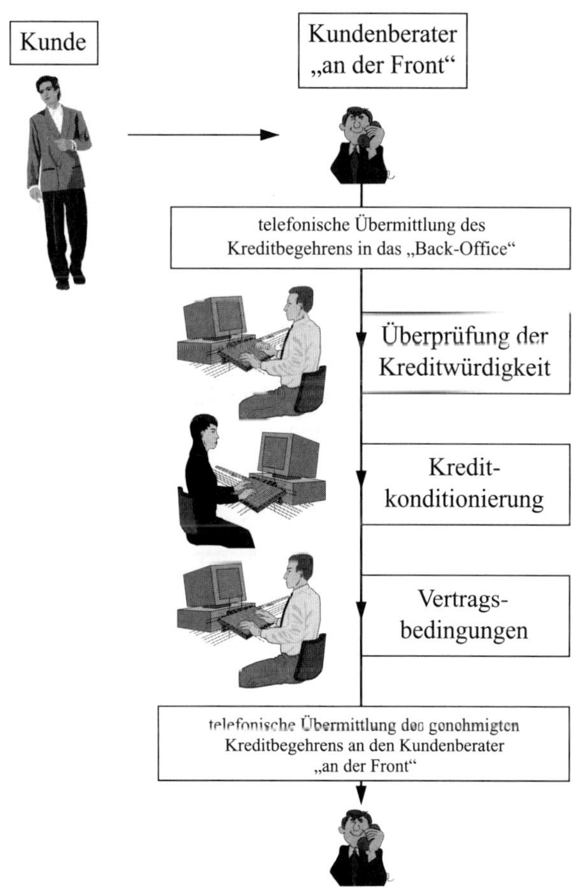

Abb. 2

sieben Tage herum. Das Problem liegt also nicht bei der Ausführung einzelner Arbeitsschritte, sondern in der Eigenheit des Bearbeitungsprozesses: Die ganze Verwaltung ist nach Funktionen organisiert. Die Kreditbegehren gehen von Schreibtisch zu Schreibtisch, der Zugriff zur zentralen Datenverarbeitung ist nur wenigen Sachbearbeitern möglich. Auf diese Weise geht die Verantwortlichkeit verloren, Fehler können nicht korrigiert werden. White löst das Problem: Über alle Funktionsgrenzen hinweg wird die Bearbeitung von Kreditbegehren als Prozess organisiert. Die Arbeit geht zwar weiterhin von Hand zu Hand, aber durch wesentlich weniger Hände, im Extremfall nur durch eine einzige. Dies wird möglich, indem White für jeden Kundentypus ein spezifisches „Fließband" einrichtet. Die Organisationsstruktur wird um 90 Grad gekippt. Die Durchlaufzeit verkürzt sich von sieben Tagen auf durchschnittlich vier Stunden.

Es gibt zwei verschiedene Möglichkeiten, die Kreditabwicklung zu gestalten:

Bei der ersten Lösungsvariante (vgl. Abbildung 3) übermitteln die Mitarbeiter an der Front einem Prozessbearbeiter (Case-Worker) das Kreditbegehren eines Kunden telefonisch. Der Case-Worker bearbeitet alle Stufen des Kreditbearbeitungsprozesses

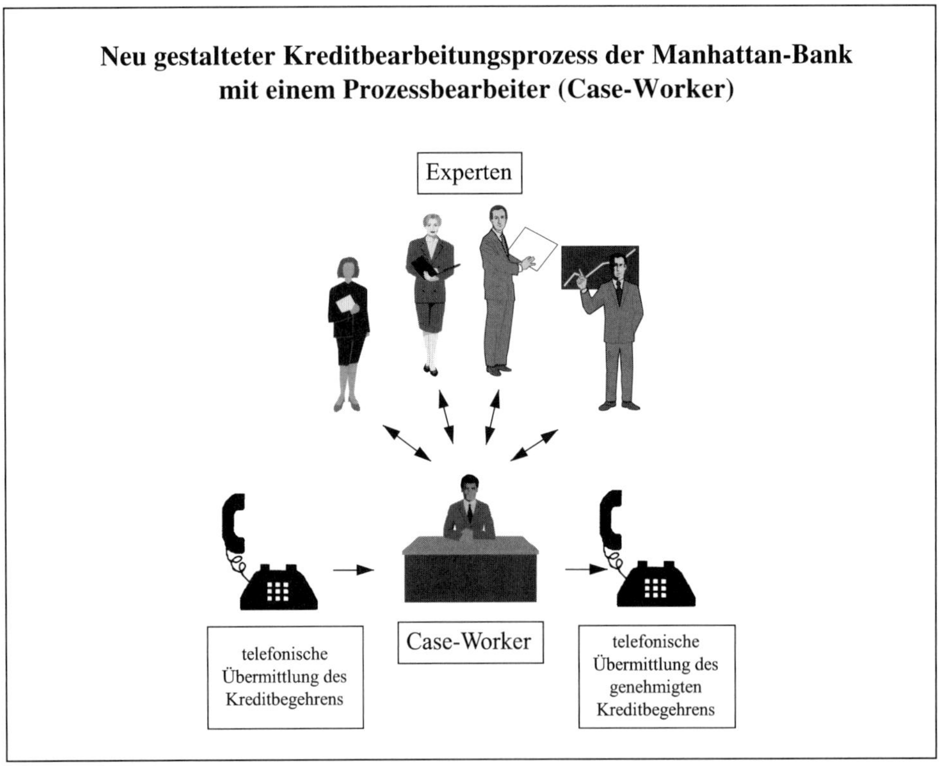

Abb. 3

selbstständig. Ein neues Computersystem stellt ihm die gleichen Informationen zur Verfügung, die vor dem Business Reengineering nur Spezialisten zugänglich waren. Bei schwierigen Fällen oder bei Unklarheiten kann der Case-Worker auf die fachlichen Ratschläge eines Expertenpools zurückgreifen. In diesem Fall entstehen aber wieder neue Schnittstellen. Außerdem besteht die Gefahr, dass der Case-Worker nur reine Routinekreditbegehren bearbeitet, weil die anspruchsvollen Fälle nach wie vor von den Spezialisten im Expertenpool gelöst werden.

Bei der zweiten Lösungsvariante (vgl. Abbildung 4) werden die Spezialisten in ein Kreditbearbeitungsteam (Prozess-Team) integriert. Das Prozess-Team berät die Kundin und ist für die Überprüfung der Kreditwürdigkeit, Festlegung von Kreditkonditionen und Vertragsbedingungen selbst verantwortlich. Die Schnittstellen werden auf ein Minimum reduziert. Das Prozess-Team kann alle Anfragen bearbeiten, weil die notwendigen Spezialkenntnisse im Team vorhanden sind. Diese Variante ist deshalb bei komplexen Prozessen angebracht.

Neu gestalteter Kreditbearbeitungsprozess der Manhattan-Bank mit einem Kreditbearbeitungsteam (Prozess-Team)

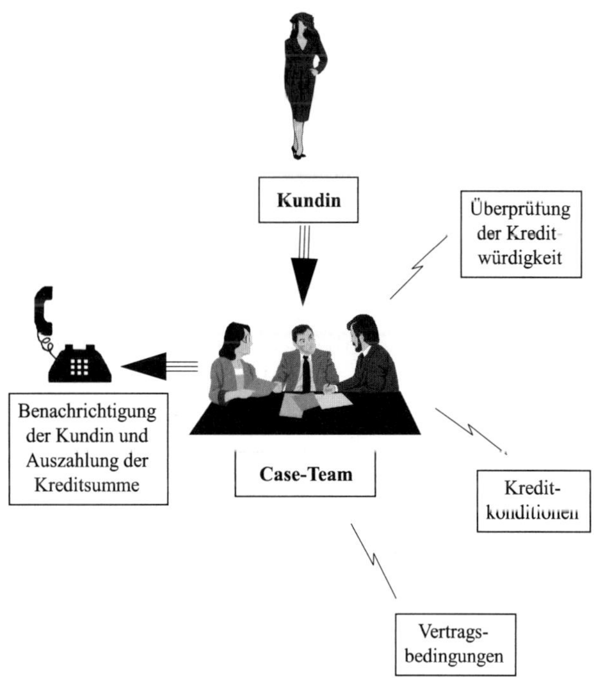

Abb. 4

Diese neuen Lösungen will Business Reengineering realisieren. Hammer und Champy, die das Konzept des Business Reengineering populär gemacht haben, messen ihren Ideen ungeniert den gleichen Stellenwert zu wie denen des Nationalökonomen Adam Smith. Mit dem Gedanken der Zerlegung der Arbeit in ihre einfachsten Aufgabenschritte hatte dieser vor über 200 Jahren das Prinzip des *Taylorismus* vorweggenommen, das auf Produktivitätssteigerungen durch Spezialisierung beruht. Spezialisierung bedeutet nicht nur, dass eine Gesamtaufgabe in viele Zuständigkeitsbereiche aufgeteilt wird, sondern auch dass zwischen den Teilaufgaben Schnittstellen entstehen. Jede Schnittstelle aber ist

- eine Liegestelle, weil zeitliche Abstimmungsprobleme bei der Übergabe entstehen,
- eine Irrtumsquelle, weil Informationsverluste über den gesamten Aufgabenzusammenhang entstehen,
- *eine Quelle der organisatorischen Unverantwortlichkeit,* weil Fehler und Unzulänglichkeiten nur noch schwer zurechenbar sind.

Das heißt, Schnittstellen erzeugen immer organisatorische Probleme, weil ein Koordinationsbedarf zeitlicher, sachlicher und personeller Art erwächst.

Grundprinzipien des Taylorismus

Was: Der Ansatz des Scientific Management ist unter der Bezeichnung Taylorismus weltbekannt geworden. Der Ingenieur Frederick W. Taylor (1856 bis 1915) wollte die Effizienz der menschlichen Arbeitsleistung im mechanisierten Betrieb steigern. Die Kernidee seines Ansatzes war, Produktivitätssteigerungen durch ein effizientes System der organisatorischen Arbeitsteilung und der Arbeitsausführung ohne Steigerung der Belastung der Arbeiter zu ermöglichen. Er entwickelte folgende methodische Grundsätze: *Erstens* wurde der Arbeitsprozess von der Qualifikation der Arbeiter unabhängig gemacht, das heißt, Aufgaben wurden in kleinste Arbeitsschritte zerlegt (horizontale Spezialisierung). Damit erfolgte eine vollständige Trennung von Kopf- und Handarbeit (vertikale Spezialisierung). *Zweitens* wurde ein materielles Anreizsystem – eine Art Akkordlohnsystem – geschaffen, um die Leistungsbereitschaft hoch zu halten. *Drittens* führte Taylor die wissenschaftliche Betriebsführung ein, das bedeutete die begründete Normierung des Arbeitsobjektes, der Arbeitszeit und der Arbeitstätigkeit.

Woher: 1911 veröffentlichte Taylor sein Werk „The principles of scientific management". Die „wissenschaftliche Betriebsführung" ist das Ergebnis eines neuen professionalisierten Fabrikmanagements, das in den letzten drei Jahrzehnten des 19. Jahrhunderts durch den wissenschaftlich ausgebildeten Ingenieur geschaffen wurde. Mit der Übernahme von Managementaufgaben durch den Ingenieur begann die wissenschaftliche Auseinandersetzung mit Fragen des Managements und insbesondere der Organisation. Enthusiastisch beschrieb Taylor ein sowohl Menschen als auch Apparate umfassendes Produktionssystem, das ebenso effizient funktionieren sollte wie eine gut konzipierte und geölte Maschine. Das aber verlangte eine funktional ausgerichtete Arbeitsorganisation.

Der Taylorismus ist eng verbunden mit den Auswirkungen der industriellen Revolution: Die Mechanisierung der Produktionsbetriebe erlaubte die Massenproduktion. Arbeitskräfte waren durch Landflucht ungelernter Arbeiter in die städtischen Fabriken billig. Das Menschenbild zur Zeit der Industrialisierung war mechanistisch geprägt: Menschen wurden als Produktionsfaktor betrachtet. Die Löhne lagen am Existenzminimum.

Umsetzung: Der Produktionsbereich hat sich als Erster und am längsten den Vorwurf des Taylorismus gefallen lassen müssen, dass der Mensch als Lückenbüßer der Maschine gelte. Dennoch muss man dem Taylorismus auch positive Auswirkungen bescheinigen. Der rationellere Einsatz von Arbeitskräften brachte nicht nur enorme Produktivitätssteigerungen, sondern auch höhere Löhne und verkürzte Arbeitszeiten.

Eines der bekanntesten Beispiele für die Umsetzung des Taylorismus fand in den Fabriken von Henry Ford (1863 bis 1947) statt. In seinen Fabriken in River Rouge und Highland Park wurde das berühmte T-Modell hergestellt. Ford übertrug Taylors Ideen auf die neue industrielle Produktionstechnik, die durch weitgehende mechanisierte Massenproduktion nach dem Fließbandprinzip gekennzeichnet war. Im so genannten Fordismus wurden die Arbeiter nicht mehr direkt durch einen Vorgesetzten, sondern durch den repetitiven Fließbandtakt kontrolliert. Sie hatten jeweils nur einen oder zwei Handgriffe auszuführen. Freilich enthielt das Ford'sche Produktionssystem für die damaligen Verhältnisse eine ganze Reihe innovativer Ideen: ein kontinuierlicher Produktionsfluss durch eine rationelle Fließbandproduktion, die Standardisierung von Einzelteilen, die vertikale Integration von Herstellungskomponenten sowie Massenproduktion zur Erzielung von Betriebsgrößenvorteilen („economies of scale").

Zur Zeit Taylors war dieser Koordinationsbedarf kein schwerwiegendes Problem: Die Umwelt war relativ stabil und die Wettbewerbsintensität niedrig. Flexibilitätsanforderungen und „time to market" waren unbekannt. Hingegen war die niedrige Qualifikation der ehemaligen Landarbeiter, welche Beschäftigung in den neuen Fabriken fanden, ein entscheidener Engpass, der durch die Arbeitsteilung überwunden wurde. Heute aber stehen den Unternehmen fachlich breit ausgebildete Mitarbeiterinnen und Mitarbeiter zur Verfügung. Beides zusammen bewirkt, dass traditionelle Organisationsstrukturen nicht mehr effizient sind.

Die *Grundidee* des Business Reengineering besteht darin, Unternehmen nicht mehr *vertikal* nach Funktionen, sondern *horizontal* nach Prozessen zu gliedern, wie die folgende Gegenüberstellung deutlich macht.

Tayloristische Organisation	**Moderne Organisation**
■ hohe Arbeitsteilung	■ breiter Aufgabenzuschnitt
■ viele Hierarchieebenen	■ wenige Hierarchieebenen
■ viele ungelernte Mitarbeiter und Mitarbeiterinnen mit spezialisierten Aufgaben	■ fachlich breit ausgebildete Mitarbeiter und Mitarbeiterinnen mit kundenorientierten Aufgaben
■ stabile, überschaubare Rahmenbedingungen	■ dynamisches, komplexes Wettbewerbsumfeld

Zweites Kapitel

Die drei neuen Ideen des Business Reengineering

Der Business-Reengineering-Ansatz umfasst zwei Schritte. Erstens: *Wie müssen wir das Unternehmen neu sehen?* Und zweitens: *Was wollen wir dann verbessern?* Das Unternehmen soll sich als ein Bündel von Kernprozessen verstehen. Das schafft durchgängige Prozesse ohne Schnittstellen vom Lieferanten bis zum Kunden und somit eine kundenorientierte *Rundumbearbeitung*.[5] Diese Umstellung löst in der Tat eine Revolution in den Unternehmen aus, und zwar auf Grund von drei neuen Ideen: der Prozess-Idee, der Triage-Idee und der Idee der informationellen Vernetzung.

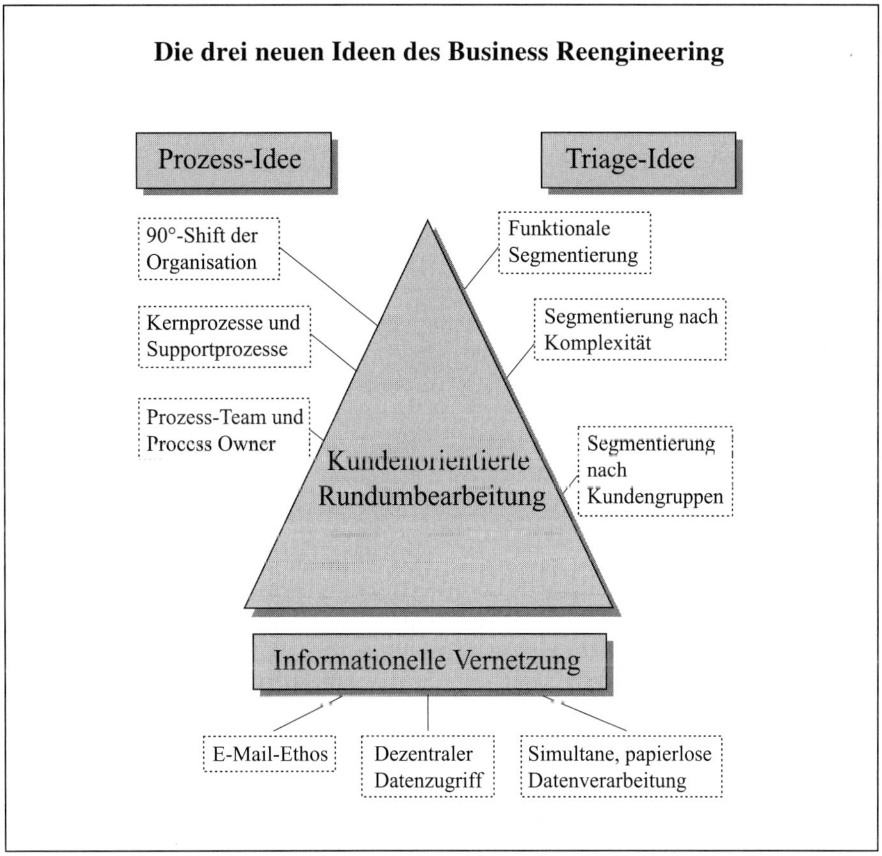

Abb. 5

5 Wir verwenden diesen Begriff in Anlehnung an den Begriff der „vorgangsorientierten Rundumbearbeitung“ von Frese/von Werder (1992, Sp. 387).

1. Die Prozess-Idee

1.1 Der 90°-Shift in der Organisation

Bisher haben Unternehmen ihre Organisationsstruktur primär nach den Merkmalen Funktion, Produkt, Region oder Projekt gestaltet. Dies führte zu einem vertikalen Blick auf die Organisation.

Traditionelle vertikale Organisation

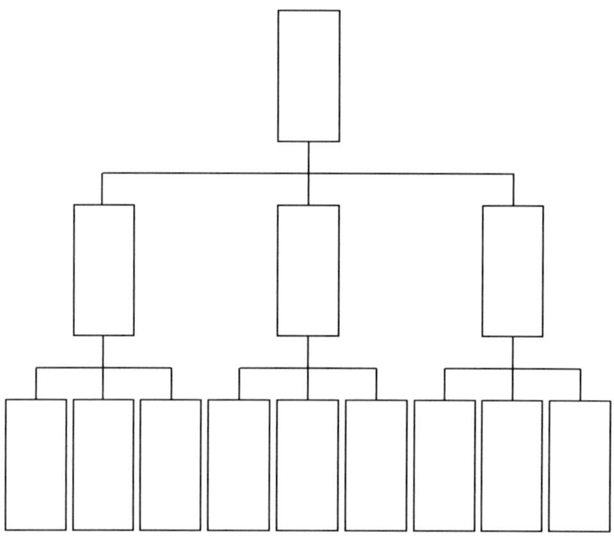

Abb. 6

In kleinen Organisationen ist dieser vertikale Blick kein Problem, weil sich jeder in der Organisation kennt und das Zusammenwirken der Funktionen oder Projekte versteht. Wenn jedoch die Organisation wächst und die Aufgaben komplexer werden, dann neigen die Bereichsmanager dazu, nur noch ihre eigenen Aufgaben zu sehen. Die Abteilungen werden zu Silos: groß, dick und fensterlos.[6]

6 Vgl. Rummler/Brache (1995, S. 6).

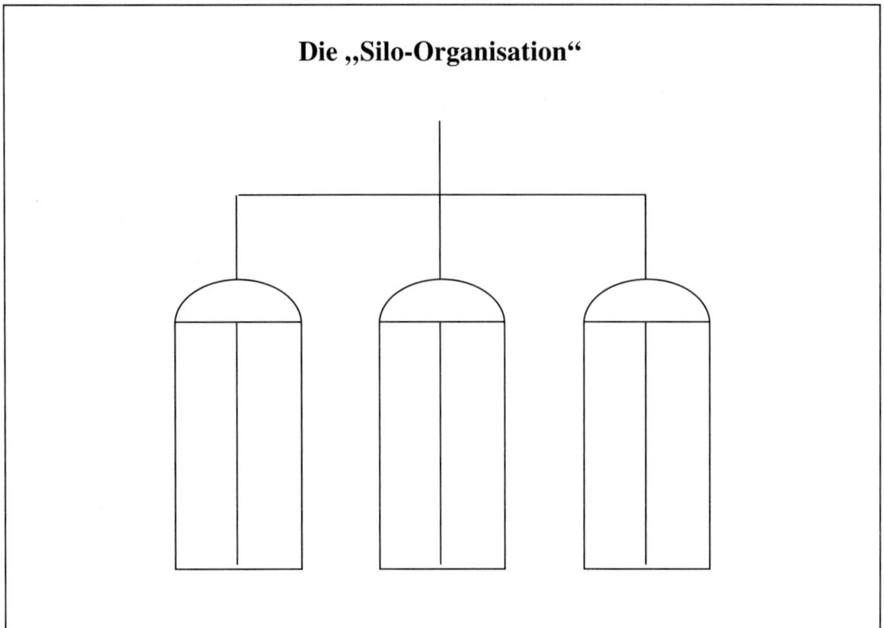

Quelle: Rummler/Brache (1995, S. 6)

Abb. 7

Die Kommunikation zwischen den Abteilungen findet meistens nur noch in Form von Reports statt. Die eigentliche Koordination muss von der Unternehmensführung geleistet werden, die damit schnell überfordert ist. Wie ein Kamin zieht sie sämtliche abteilungsübergreifenden Aktivitäten an sich. Dieser *Kamineffekt* führt zu einer starken Binnenorientierung. Es besteht die Gefahr, dass dies auf Kosten der Orientierung am Wettbewerbsumfeld geschieht.

Im Business Reengineering wird im Vergleich dazu die Perspektive gewechselt. Es geht nicht mehr um die vertikale hierarchische Gliederung, sondern um die horizontale Prozessorientierung. Bereits 1932 hatte Nordsieck festgestellt: „Der Betrieb (ist) in Wirklichkeit ein fortwährender Prozess, eine ununterbrochene Leistungskette. (...) Die wirkliche Struktur eines Betriebes ist die eines Stromes“.[7] Dennoch hat sich später bei der Gestaltung von Organisationsstrukturen die Trennung von Aufbau- und Ablauforganisation durchgesetzt. Die *Aufbauorganisation* gliedert das Unternehmen in aufgabenspezifische Einheiten. Die *Ablauforganisation* strukturiert den Ablauf des betrieblichen Geschehens, das heißt, den Vollzug und die Erfüllung von Funktionen. Obwohl immer wieder betont wird, dass

7 Nordsieck (1932), zitiert nach der 4. Aufl. (1972).

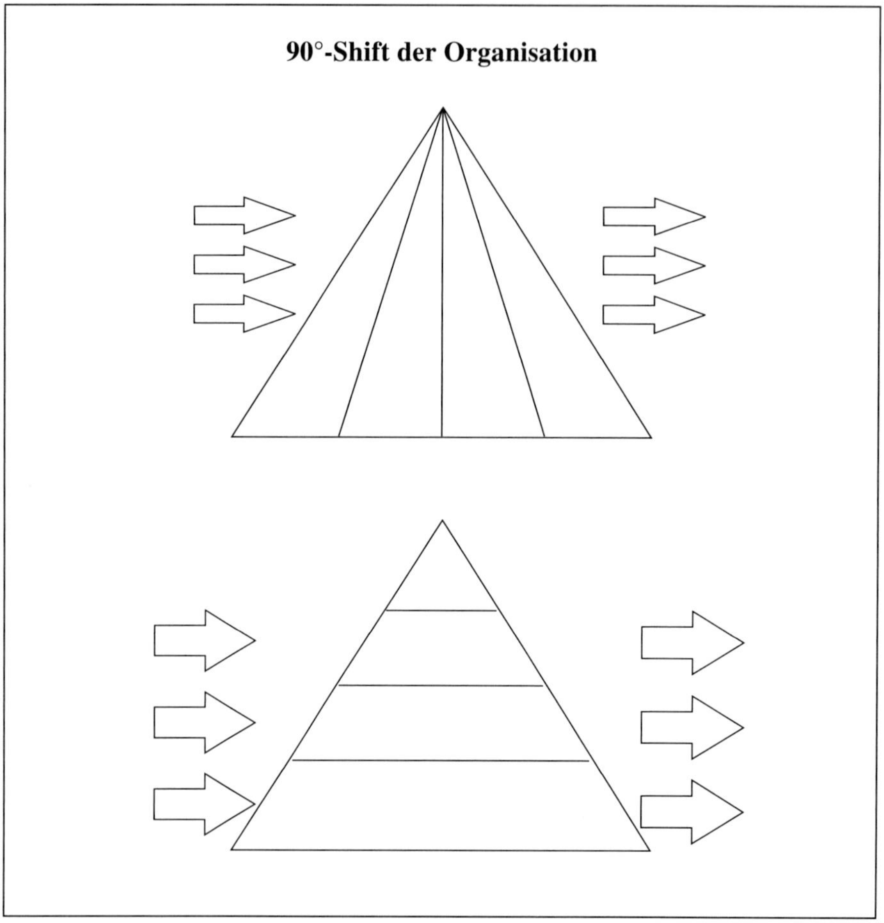

Abb. 8

Aufbau- und Ablauforganisation jeweils nur zwei Seiten einer Medaille seien,[8] wird jedoch faktisch die Ablauforganisation von der Aufbauorganisation dominiert: *Zuerst* wird die Aufbauorganisation konstruiert. Das Ergebnis sind die bekannten Organigramme. In diesen dominiert der vertikale Blickwinkel, das heißt die hierarchische Zuständigkeit für einzelne Bereiche. *Danach* wird die Ablauforganisation als räumlich-zeitliche Ergänzung des Regelungsbedarfs hinzugefügt. Die Ablauforganisation degenerierte dadurch zum Lückenbüßer:

Die Aufbauorganisation setzt die Prämissen, sodass die Regelung der Abläufe zu einer nachgeordneten, möglichst algorithmisierbaren Angelegenheit wird.

8 Zum Beispiel Kosiol (1962).

Rutt beschreibt die Probleme, die man sich dabei einhandelt, anschaulich anhand des folgenden Beispiels:[9] Die traditionelle Organisation arbeitet wie eine Kette spezialisierter Werkzeugmaschinen, die ein Einzelteil sequenziell bearbeiten. Weil das Teil an jeder Werkzeugmaschine neu aufgespannt werden muss, entstehen zahlreiche Rüst- und Pufferzeiten. Diese verursachen Kapazitäts-, Auslastungs- und Zeitprobleme. Würde die Organisation dagegen die Möglichkeiten der integrierten Datenverarbeitung nutzen und von Vorgangsketten anstelle von Abteilungen ausgehen, dann könnte sie wie eine Vielzweckmaschine arbeiten. Diese bearbeitet ein Teil in einer einzigen Aufspannung.

Die Unternehmen haben versucht, das problematische Verhältnis von Aufbau- und Ablauforganisation durch immer komplexere aufbauorganisatorische Regelungen zu bewältigen: Die funktionale und divisionale Struktur wurden zur Matrix kombiniert und durch flexible Projektstrukturen ergänzt. Das Ergebnis war jedoch eine Häufung von selbsterzeugten Komplexitäten, welche nur zu mehr Schwerfälligkeit führte.[10] Die kometenhafte Karriere des Schlagwortes *Lean Production* findet vor diesem Hintergrund eine plausible Erklärung.

Ein zentrales Element der Prozessorientierung ist also der *horizontale Blick* auf die Geschäftstätigkeit (vgl. Abbildung 8).

1.2 Kundenorientierte Rundumbearbeitung in Prozessen

Ziel ist es, zwischen Beschaffungs- und Absatzmarkt nach Möglichkeit durchgängige Prozesse ohne Schnittstellen zu gestalten. Dadurch wird für jeden Prozess ein „Fenster zum Kunden" geschaffen. Mit dem Schlagwort „Kundenorientierung" wird ernst gemacht, weil eine unmittelbare Rückkopplung vonseiten der Kunden möglich wird.

Ein **Prozess** beschreibt einen Ablauf, das heißt den Fluss und die Transformation von Material, Informationen, Operationen und Entscheidungen. *Geschäftsprozesse* sind durch die Bündelung und die strukturierte Reihenfolge von funktionsübergreifenden Aktivitäten mit einem Anfang und einem Ende sowie klar definierten Inputs und Outputs gekennzeichnet. Prozesse sind *„structure for action"*.[11]

Das **Prozesssystem** besteht aus Ressourcen sowie Wertschöpfungen und produziert Produkte und Dienstleistungen. Statt *process follows structure* heißt es nun *structure follows process*.

---

9 Vgl. Rutt (1991, S. 63 ff.).
10 Vgl. Osterloh (1993).
11 Davenport (1993, S. 5).

Abb. 9

Folgende Gegenüberstellung verdeutlicht noch einmal den Unterschied zwischen konventioneller und prozessorientierter Sichtweise:

Konventionelle Sichtweise	**Prozessorientierte Sichtweise**
■ Verkaufs- und Beratungsabteilung ■ Versandabteilung ■ Kundendienstabteilung	■ Erfüllung des Kundenauftrages

Je Prozess gibt es nur noch eine prozessverantwortliche Person (*Process Owner*) beziehungsweise einen Prozessbearbeitenden (Case-Worker). Falls der Arbeitsumfang es erfordert, ist für einen Prozess ein Prozess-Team (Case-Team) verantwortlich.[12] Das *Prozess-Team* soll sich möglichst im Wege der Selbstabstimmung koordinieren. Dadurch werden

12 Zur Aufteilung des Arbeitsumfanges siehe weitere Ausführungen in Kapitel II.2. Zu den spezifischen Merkmalen eines Prozess-Teams siehe Kapitel IV.3.

Vorgesetzte von ihren Koordinationsaufgaben entlastet. Ihre Leitunsspanne kann größer und die Hierarchie flacher werden. Gleichzeitig erhalten die Mitarbeiterinnen und Mitarbeiter die Entscheidungsbefugnisse, die sie benötigen, um die Kunden im Rahmen der jeweiligen Prozessvariante zu befriedigen (*empowerment*).[13] Es ist Schluss mit Sätzen wie „dafür bin ich nicht zuständig" (horizontale Schnittstelle) und „das darf ich nicht entscheiden" (vertikale Schnittstelle).

Das Ergebnis ist eine Verbesserung der Koordination und der Motivation durch eine *kundenorientierte Rundumbearbeitung*. Der *Koordinationsvorteil* entsteht daraus, dass die Anzahl der Schnittstellen minimiert wird. Damit nimmt die Anzahl der Fehler bei der zeitlichen, sachlichen und personellen Abstimmung von Teilleistungen ab.[14] Der *Motivationsvorteil* liegt darin, dass die Leistungen von den Prozess-Teams weitgehend eigenständig erbracht und ihnen kundenspezifisch rückgekoppelt werden können.[15]

1.3 Moderne Fließbandproduktion?

Im Beispiel der Manhattan-Bank war eine der zentralen Fragen des Beraters White: „Wo sind eure Fließbänder?" Heißt dies, dass Business Reengineering die Rückkehr der fordistischen Fließbandproduktion darstellt? Auch Ford setzte auf die Idee des kontinuierlichen Fertigungsflusses, unterstützt durch Produktionstechnologien. Dennoch gibt es einige wesentliche Unterschiede.

Erstens ist das fordistische Fließband durch ein Höchstmaß an vertikaler und horizontaler Arbeitsteilung und damit durch ein Höchstmaß an Schnittstellen gekennzeichnet. Allerdings wird die Koordination der horizontalen Schnittstellen durch das getaktete Fließband erleichtert. Beim Business Reengineering hingegen ist die Minimierung der vertikalen und horizontalen Schnittstellen das A und O.

Zweitens verhindert das fordistische Fließband, dass Mitarbeiterinnen und Mitarbeiter den Produktionsprozess überblicken oder gar Kundenkontakt haben. Business Reengineering hingegen ist durch kundenorientierte Rundumbearbeitung gekennzeichnet.

Drittens ist die Fließbandproduktion auf Ausführungsprozesse beschränkt, wohingegen im Business Reengineering möglichst alle – einschließlich administrativer – Vorgänge als Prozesse erfasst werden sollen. Damit werden auch im Bürobereich Rationalisierungen in einem Ausmaß angestrebt, wie sie lange Zeit nur in der Produktion möglich schienen.

13 „Empowerment" erweitert den altbekannten Begriff des Handlungsspielraumes, vgl. Ulich (1972), um die Elemente der Kundenorientierung und der Verflechtung zwischen den Teams, vgl. Schreyögg (1999).

14 Vgl. zum Schnittstellenmanagement Brockhoff/Hauschildt (1993).

15 Vgl. zum Motivationsmanagement Frey/Osterloh (2001).

Besonders erfolgreiche prozessorientierte Reorganisationen sind demzufolge vor allem im Banken- und Versicherungswesen zu finden, neuerdings auch im Bereich der öffentlichen Verwaltung (New Public Management).[16]

Das wichtigste Unterscheidungsmerkmal ist allerdings *viertens,* dass die Prozesse im Business Reengineering als Kernprozesse direkt aus der Unternehmensstrategie abgeleitet werden sollen. Es geht daher um mehr als die bloße Automatisierung der bestehenden Prozesse.

1.4 Kernprozesse und Supportprozesse

Kernprozesse bestehen aus der Verknüpfung von zusammenhängenden Aktivitäten, Entscheidungen, Informationen und Materialflüssen, die zusammen den Wettbewerbsvorteil eines Unternehmens ausmachen.[17] Kernprozesse sind konsequent auf die strategischen Faktoren ausgerichtet, die für das Unternehmen von Bedeutung sind. Bei der Auswahl der Kernprozesse sollte man sich auf wenige robuste Kernprozesse beschränken, die je nach Unternehmen die Anzahl von fünf bis acht nicht überschreiten. Kernprozesse sind Prozesse, die folgende Kriterien erfüllen:[18]

Merkmale von Kernprozessen

- *Wahrnehmbarer Kundennutzen:* Die Prozesse müssen den Kunden einen wahrnehmbaren Nutzen stiften, für den diese zu zahlen bereit sind.
- *Unternehmensspezifität:* Die Prozesse müssen durch eine unternehmensspezifische Nutzung von Ressourcen *einmalig* sein.
- *Nicht-Imitierbarkeit:* Die Eigenheiten der Prozesse dürfen nicht leicht zu imitieren sein.
- *Nicht-Substituierbarkeit:* Die Prozesse dürfen nicht durch andere Problemlösungen ersetzbar sein.

Erfüllen Prozesse diese Kriterien, so sind sie Quelle eines nachhaltigen Wettbewerbsvorteils und müssen innerhalb des Unternehmens ausgeführt werden. Sie sollten auf keinen Fall im Wege des Outsourcing ausgelagert werden.

16 Vgl. zum Beispiel Hunziker (1999).

17 Vgl. Kaplan/Murdock (1991, S. 28).

18 Vgl. Barney (1991), Kernprozesse werden aus *Kernkompetenzen* abgeleitet. Das Konzept der Kernkompetenzen wird ausführlich in Kapitel V dargestellt.

Im Fall der Manhattan-Bank hat der Berater White die Abwicklung von Kreditbegehren als einen Kernprozess identifiziert. Bei Versicherungen sind die Kernprozesse in der Regel die Bearbeitung und der Abschluss von Versicherungspolicen sowie die Schadenabwicklung. Bei Baubehörden ist die Genehmigung eines Bauvorhabens ein Kernprozess. Bei vielen Produktionsunternehmen lassen sich die drei Kernprozesse „Auftragsabwicklung", „Produktentwicklung" und „Logistik" unterscheiden. Jedoch sei davor gewarnt, Kernprozesse allzu schematisch abzuleiten, weil sie sonst zu leicht imitierbar wären.[19]

Allerdings gibt es zahlreiche Prozesse im Unternehmen, die – obwohl sie keine Kernprozesse sind – dennoch innerhalb des Unternehmens abgewickelt werden können, wie zum Beispiel die Instandhaltung, das Gebäudemanagement oder das Personalcatering. Diese sollten als *Supportprozesse* von den Kernprozessen getrennt werden, damit die Kernprozesse entlastet werden. Supportprozesse erfüllen unterstützende Aufgaben, damit die Kernprozesse reibungslos ablaufen. Sie leisten keinen Beitrag zum unmittelbaren Kundennutzen. So ist es den Kunden der Manhattan-Bank gleichgültig, ob das Bankpersonal eine gute Cafeteria hat oder nicht. Supportprozesse haben keine strategische Bedeutung und sind deshalb prinzipiell Kandidaten für ein *Outsourcing*. Sie werden zur Grundlage eines BPO (Business Process Outsourcing). In jedem Falle sollten Supportprozesse als eigenständige Module von den Kernprozessen abgespalten werden. Dies aus drei Gründen:

- *Erstens* werden die Kernprozesse dadurch überschaubarer. Die Konzentration auf die unternehmenseigenen Stärken (Kernkompetenzen) verhilft dem Unternehmen, die Länge und Komplexität seiner Wertschöpfungskette zu verringern. Die Verwirklichung einer durchgängigen *kundenorientierten Rundumbearbeitung* durch Prozess-Teams oder Case-Workers wird erleichtert. Die Kernprozesskette wird schlanker. Es wird das *One-face-to-customer-Prinzip* möglich.[20] Dasselbe gilt für die Supportprozesse. Auch diese werden schlanker und überschaubarer und können dadurch selbstständigen Teams zugeordnet werden. Diese können, müssen aber nicht unternehmensextern ausgegliedert werden.

- *Zweitens* können die Supportprozesse einem Benchmarking unterzogen werden. Dies ist bei Kernprozessen nur sehr eingeschränkt möglich, weil sie unternehmensindividuell sind. Benchmarking bedeutet den Vergleich der eigenen Leistung mit der des „klassen-

19 Die erfolgreiche Ableitung unternehmensindividueller Kernprozesse zeigen wir in dem Fallbeispiel Gate Gourmet Genf in Kapitel II.1.5. In Kapitel VI stellen wir die Probleme der Kernprozessgestaltung detailliert dar.

20 Das *One-face-to-customer-Prinzip* wird im Fall der Prozess-Teams von der prozessverantwortlichen Person (Process Owner) vertreten.

besten" Konkurrenten bezüglich der Supportleistung. So können zum Beispiel die Kosten und Leistungen des hausinternen Gebäudemanagements einer Bank, einer Schule oder einer öffentlichen Verwaltung mit der eines professionellen Anbieters für Gebäudemanagement verglichen werden. Dadurch steigt der Anreiz für Leistungsverbesserungen und Kostensenkungen. Dies ist immer dann der Fall, wenn die Leistungsverflechtung zwischen Kern- und Supportprozess so gering ist, dass der Supportprozess als eigenständige Leistung separierbar ist. So gibt es beispielsweise im Bereich der Verwaltung viele Leistungen, deren Effizienz durch Benchmarking gesteigert werden könnte (zum Beispiel der Druck von Broschüren und Formularen, Hausmeister- und Reinigungsdienste). Andererseits haben sich die Versuche einiger Luxushotels, das „Housekeeping" (Reinigung der Zimmer) im Rahmen des Outsourcing auszugliedern, als Fehler erwiesen. „Housekeeping" ist offensichtlich Bestandteil der Kernprozesse von Hotels.

- *Drittens* können die Supportprozesse als eigene Profit Centers oder Cost Centers ausgestaltet werden.[21] Der Vorteil besteht darin, dass zwischen Kern- und Supportprozessen eine höhere Kosten- und Leistungstransparenz erzielt wird. Das „Denken in

Kernprozess und Wertkette

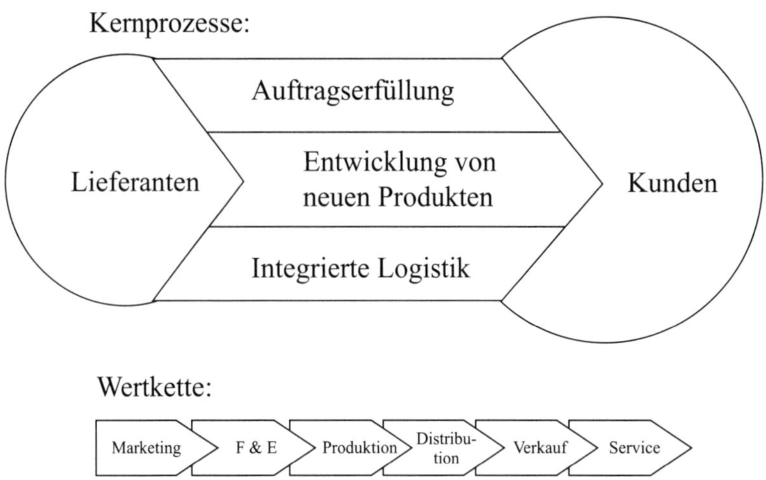

Quelle: Kaplan/Murdock (1991, S. 29)

Abb. 10

21 Zur Profit Center Organisation vgl. Kapitel IV.1.5.

Preisen und Leistungen“ erzieht dazu, Leistungsniveaus und die daraus resultierenden Preise in „Service Level Agreements“ zu spezifizieren. Die Kernprozesse bezahlen nur noch für Leistungen, die sie wirklich benötigen.

Zusammenfassend sind Kernprozesse solche Wertschöpfungsprozesse, die *erstens* eine strategische Bedeutung haben, die *zweitens* quer zu den traditionellen Abteilungen liegen und die *drittens* durchgängig von den Schnittstellen mit den Lieferanten bis zu den Schnittstellen mit den Kunden reichen. Abbildung 10 macht dies in Gegenüberstellung zur traditionellen Wertkette deutlich:[22] Die Idee, dass Kernprozesse unmittelbar aus der Strategie abgeleitet werden, verändert die von Chandler (1962) geprägte Aussage zum Verhältnis von Strategie und Organisation von *„structure follows strategy“* zu: *„structure follows process follows strategy“*.[23]

Im Gegensatz dazu haben Supportprozesse einen internen Kunden. Sie stiften für den externen Kunden keinen unmittelbar wahrnehmbaren Nutzen. Sie tragen nicht zu einem strategischen Wettbewerbsvorteil bei, weil sie standardisierbare, leicht zu imitierende Leistungen herstellen.

In Abbildung 11 zeigen wir das Verhältnis von Kernprozessen und Supportprozessen.

Kern- und Supportprozesse

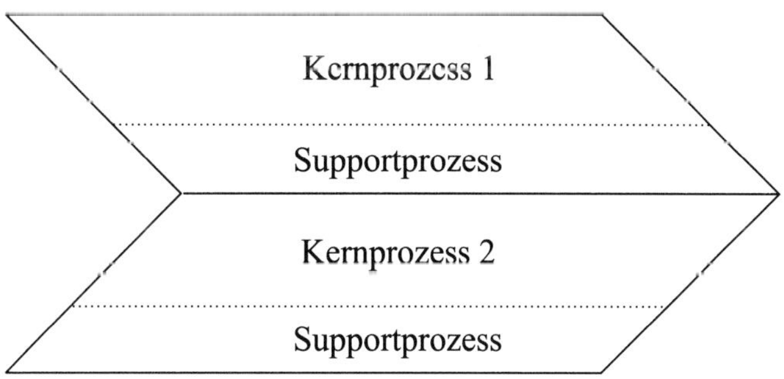

Abb. 11

22 Das Konzept der Wertkette wird ausführlicher in Kapitel IV.3.1. erläutert.
23 Zur kritischen Diskussion der These von Chandler vgl. Kapitel V.

FALLBEISPIEL

Catering-Unternehmen Gate Gourmet Genf

Das Fallbeispiel Gate Gourmet Genf ist ein besonders gelungenes Beispiel für die Generierung von Kernprozessen. Deswegen vertritt es exemplarisch die Prozess-Idee des Business Reengineering. Es macht aber auch deutlich, dass zu einem erfolgreichen Business-Reengineering-Projekt die Verwirklichung aller drei Ideen (Prozess-Idee, Triage-Idee, Idee der informationellen Vernetzung) gehört.

1. Das Unternehmen und sein Umfeld

Gate Gourmet ist das zweitgrößte Airline-Catering-Unternehmen der Welt, nachdem es 1994 die Cateringbetriebe der skandinavischen Fluggesellschaft SAS gekauft hat und im vergangenen Jahr die strategisch wichtige Akquisition der British Airways Flugküchen in London Heathrow gelungen ist. Inzwischen umfasst Gate Gourmet 140 Betriebe und beschäftigt rund 23 000 Mitarbeiterinnen und Mitarbeiter in 31 Ländern. Zu den Kunden zählen über 200 globale und regionale Fluggesellschaften. Täglich werden von Gate Gourmet rund 550 000 Passagiere verpflegt.

Früher waren die Catering-Aktivitäten meist eine Abteilung innerhalb der Fluggesellschaften. Heute konzentrieren sich die Fluggesellschaften mehrheitlich auf ihr Kerngeschäft: den Transport in der Luft. Die Bereiche, die nicht zu diesem Kerngeschäft gehören, sind als eigenständige Tochterunternehmen im Wege des Outsourcing verselbständigt worden. So hat auch Swissair 1992 die Cateringabteilung in der Schweiz ausgegliedert. Das ursprüngliche Ziel der wirtschaftlichen Unabhängigkeit von der Swissair wurde durch die Bildung einer eigenen Holding bekräftigt. Bis 2002 gehörte Gate Gourmet dem ehemaligen Swissair-Konzernbereich SAirRelations-Group an. Mit der Auflösung der Gruppe wurde Gate Gourmet dann im Dezember 2002 als eigenständiges Unternehmen an die US-Investorengruppe Texas Pacific Group (TPG) verkauft.

Die aktuelle Situation auf dem Airline-Catering-Markt ist gekennzeichnet durch:

- Zunehmender Kostendruck aufgrund der Deregulierung und Wirtschaftsflaute im Fluggeschäft.
- Globalisierung und Konzentration auf wenige Unternehmen: Einzelne regional operierende Catering-Betriebe sind gegenüber „global players“ im Alleingang nicht mehr konkurrenzfähig, weil viele international operierende Fluggesellschaften rund um den Erdball dasselbe Catering-Unternehmen engagieren wollen („single sourcing“).
- Ebenso wie in den USA wird auch in Europa im Kurzstreckenbereich das Angebot an Mahlzeiten immer mehr reduziert.

- Zunehmende Bedeutung der ökologischen Aspekte, das heißt steigende Entsorgungs- und Recyclingskosten bei einigen Destinationen.

- Verschärfung der Konkurrenz durch Return-Catering: Den Fluggesellschaften gelingt es zunehmend, ihre Flugrouten so zu koordinieren, dass die Flugzeuge fast nonstop in der Luft sind. Verlässt beispielsweise ein Flugzeug von British Airways morgens um halb acht London Richtung Genf, um etwa gegen 11.00 Uhr wieder zurück nach London zu fliegen, so kann bereits in London für beide Flüge vorgesorgt werden. Mit dem Return-Catering erhöht sich die Anzahl der Konkurrenten schlagartig, weil jedes europäische Catering-Unternehmen zum unmittelbaren Konkurrenten werden kann.

Im Folgenden konzentrieren wir uns auf den Catering-Betrieb Gate Gourmet Genf, der für das Reengineering-Pilotprojekt von der Geschäftsleitung ausgewählt wurde. Im Betrieb Genf werden täglich etwa 6000 Mahlzeiten mit rund 220 Mitarbeiterinnen und Mitarbeitern produziert. Damit ist Gate Gourmet Genf eine mittelgroße „Flight Kitchen". Täglich werden rund 100 Flüge „abgewickelt", das heißt mit Mahlzeiten und sonstiger Ausrüstung versorgt. Eine Besonderheit des Genfer Flughafen sind zahlreiche VIP-Flüge von Fluggästen der internationalen Organisationen wie der UNO sowie Privatflüge.

2. Ausgangslage: Das Catering-Geschäft von Gate Gourmet

2.1 Das Produkt

Was genau ist die Aufgabe eines Catering-Unternehmens? Kunden sind primär die Fluggesellschaften und nicht die Flugpassagiere. Bei den meisten Fluggesellschaften gibt es innerhalb der Marketingabteilung einen Bereich, der für die „Verpflegung der Passagiere an Bord" zuständig ist. Der Servicebereich an Bord einer Maschine gilt im Fluggeschäft als eine der wenigen Möglichkeiten zur Angebotsdifferenzierung und Imagepflege. Deshalb wird die Gestaltung der Verpflegung und des sonstigen Serviceangebotes als wichtiges Marketinginstrument von den Fluggesellschaften selbst geplant. Die Catering-Betriebe arbeiten streng nach deren Vorgabe: Die Mahlzeiten-Spezifikationen halten beispielsweise fest, auf welcher Seite des Tabletts der Orangensaft zu platzieren ist und dass 40 Gramm Pouletsalat pro Teller mit dem Viertel einer 30-Gramm-Tomate zu garnieren ist. Das Ganze ist schließlich noch auf dem Geschirr der Fluggesellschaft anzurichten, wobei Economy-, Business- und First Class unterschiedliches Geschirr und Besteck haben.

Darüber hinaus ist der Catering-Betrieb zuständig für die Zusammenstellung aller Gegenstände, die an Bord benötigt werden: für Handtücher, Zeitungen, Einreiseformulare bis hin zu Zahnstochern und zollfreien Artikeln. Für einen Langstreckenflug summiert sich das auf über 20000 Artikel, die in kleinen Metallwagen (Trolleys) verstaut werden. Ein Catering-Betrieb muss deshalb eine umfangreiche Lagerhaltung und Logistik steuern, um den Differenzierungswünschen der einzelnen Fluggesellschaften gerecht zu werden.

Organigramm Gate Gourmet Genf (vor dem Reengineering-Projekt)

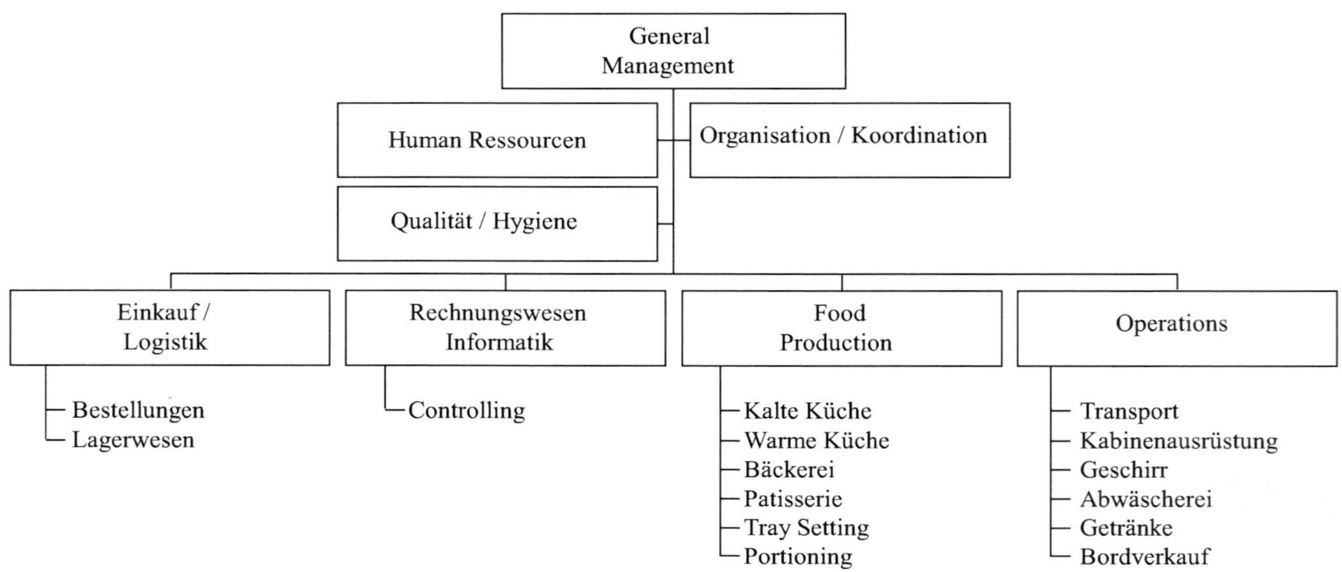

Abb. 12

Aufgabe des Catering-Unternehmens ist es, eine den Passagieren entsprechende Anzahl Mahlzeiten und Zubehör rechtzeitig vor Abflug an Bord zu liefern. Einige Fluggesellschaften bezahlen nur so viele Mahlzeiten, wie sich tatsächlich Passagiere an Bord befinden. Reservemahlzeiten gehen dann zulasten des Catering-Betriebs. Da sich die Anzahl der Passagiere häufig bis kurz vor dem Abflug ändert, steht der Catering-Betrieb vor dem Problem, entweder eine Reserveproduktion für alle Fälle bereitzuhalten, die dann im Zweifelsfall nicht bezahlt wird oder aber wenige „Last-minute-Mahlzeiten" teuer nachzuproduzieren.

2.2 Die Organisationsstruktur

Abbildung 12 zeigt das alte Organigramm des Genfer Betriebes von Gate Gourmet.

Es gibt vier funktionale Bereiche: Einkauf und Lagerhaltung, Rechnungswesen und Informatik, Produktion von Mahlzeiten (Food Production) sowie „Operations" (Be- und Entladung der Flugzeugkabinen). Als Zentralbereiche sind ausgegliedert: Personalwesen, Hygiene- und Qualitätsprüfung sowie Organisation.

Die Produktion der Mahlzeiten hat im Betrieb einen wichtigen Stellenwert. Kein Wunder, ist doch hier alles untergebracht, was zu einer professionellen Küche gehört: ein Rüstbereich (Salatwaschen usw.), kalte Küche, warme Küche, Fischküche, Bäckerei, Patisserie und schließlich Anrichte (Portioning) sowie Bestückung der Tabletts (Tray-setting). Im Portioning-Bereich werden die verschiedenen vorbereiteten Gerichte auf den Tellern angerichtet. Der Tray-Setting-Bereich ist dafür zuständig, auf kleinen Fließbandstraßen die Tabletts zu bestucken.

Der Bereich „Operations" ist für alle Getränke und die Standardausrüstung zuständig. Diese werden ebenfalls in Trolleys oder Boxen verstaut. Aufgabe dieses Bereichs ist außerdem die gesamte Entsorgung des Flugzeugs: Ausräumen der gebrauchten Trolleys, Müllentsorgung, Abwaschen der Trolleys, des Geschirrs und des Bestecks in riesigen Waschstraßen, wobei Trolleys, Besteck, Gläser sowie Geschirr in je eigenen Waschanlagen gereinigt werden. Am Ende eines jeden Waschganges wird das Besteck automatisch sortiert, das Geschirr nach Gläsern, Tellern, Tassen, Schälchen geordnet, verpackt und ins Lager zurückbefördert. Später holen sich Mitarbeiterinnen und Mitarbeiter der Abteilung „Food Production" das Geschirr zurück, wenn die Tabletts erneut vor einem Abflug bestückt werden müssen. Hier beginnt der Aufgabenkreislauf wieder von vorne. Die Mahlzeiten-Trolleys werden vor dem Abflug in Kühlräumen mehrere Stunden auf 6 °C gekühlt, bevor sie zusammen mit den Trolleys für Getränke- und Standardausrüstung wieder an Bord transportiert werden.

3. Das Business-Reengineering-Projekt

3.1 Ziel

„Ein Retourflug Zürich – New York in der Economy Klasse kostet 3 832 Franken. Das ist der für diesen Monat gültige offizielle Tarif, ausgehandelt an der Tarifkonferenz der Iata, dem internationalen Verband der Luftverkehrs-Gesellschaften. Mit einem kleinen Schönheitsfehler allerdings: Keiner bezahlt ihn. Flüge von Zürich nach New York und zurück sind heute nämlich zu unglaublichen Dumping-Preisen erhältlich, wie aktuelle Beispiele zeigen: mit der Lufthansa für 533 Franken, mit der British Airways für 599 Franken, mit Air France für 619 Franken und mit der Swissair für 620 Franken" (Sonntagszeitung 21.09.1996, S. 21).

Dieser kurze Zeitungsausschnitt verdeutlicht das schwierige Wettbewerbsumfeld der Fluggesellschaften, in dem sich auch die Catering-Unternehmen als typische Zulieferindustrie befinden. 1978 trat mit der Airline Deregulation in den USA die totale Liberalisierung des Flugmarktes – freie Kapazitäten, freie Frequenzen, freie Preise – ein. Diese Welle schwappte Ende der achtziger Jahre auch auf Europa hinüber. Die Folge davon ist, dass die Preise fallen. Den Preisnachlässen auf die Flugtickets folgt ein entsprechender Margendruck auf die Zulieferer – und das, obwohl die Catering-Aufwendungen der Fluggesellschaften heute lediglich noch 5 Prozent der Gesamtkosten betragen. Die Maßnahmen zur Kostenkontrolle bei den Fluggesellschaften hinterlassen deshalb auch im Cateringgeschäft ihre nachhaltigen Spuren und manifestieren sich durch einen erneut gesteigerten Druck auf die Ergebnismargen. Der Auftrag der Fluggesellschaften an die Catering-Unternehmen steht fest: die Ver- und Entsorgung des Flugzeuges mit Mahlzeiten und Ausrüstung. Das wird auch in Zukunft so bleiben. Was sich hingegen verändern muss, ist der Ablauf hinter den Kulissen, sodass Gate Gourmet Genf angesichts des geschilderten Wettbewerbsumfeldes konkurrenzfähig bleibt. Der „way to do buisiness" ist völlig neu zu überdenken.

3.2 Der Weg zum Ziel

Im Gate Gourmet Hauptquartier wurde im Frühling 1994 das erste Mal überlegt, ob Business Reengineering ein geeignetes Konzept sein könnte: Nicht eine Rationalisierung des Leistungserstellungsprozesses im Sinne „schneller, besser, billiger" sollte das Ziel sein. Vielmehr galt es, eine Neuausrichtung der Geschäftstätigkeit vorzunehmen, sodass Gate Gourmet auch in Zukunft fähig sein würde, Wettbewerbsvorteile gegenüber den Konkurrenten aufzubauen und zu sichern. Man einigte sich darauf, zunächst ein Pionierprojekt in einem mittelgroßen Betrieb durchzuführen. Die Wahl fiel auf Gate Gourmet Genf, weil das Management des Genfer Betriebes als sehr aufgeschlossen gilt, wenn es darum geht unkonventionelle Ideen anzupacken.

Ein zweitägiger Kick-off-Workshop wurde veranstaltet. Aufgabe war es, einen oder zwei Kernprozesse zu identifizieren. Sollte dies nicht gelingen – darüber bestand Einigkeit – könne Business Reengineering keine geeignete Methode für Gate Gourmet sein. Schließlich ist die

Kernprozessgenerierung das Herzstück des Business-Reengineering-Konzeptes. Darüber hinaus sollte ein grober Soll-Ist-Vergleich erfolgen, um mögliche Potenziale aufzuzeigen.

Der erste Schritt, die Entwicklung einer Prozessvision, war schnell getan: Obwohl der Bereich „Food-Production" die Hälfte der Mitarbeiter beschäftigte, war es Gate Gourmet schon seit längerem klar, dass sie nicht *„Gastronomen der Luft"* sind, sondern ihre Stärke in der *zeitgerechten Lieferung der gewünschten Leistung in der richtigen Menge und Qualität an Bord* sehen: Die Verursachung einer Flugverspätung ist der größte Fehler, der einem Catering-Unternehmen passieren kann. Essensreklamationen sind hingegen selten, eher werden fehlende Ausrüstungsteile bemängelt. Das reibungslose Zusammenspiel der verschiedenen Bereiche des Betriebes ist die Grundlage für die eigentliche Schlüsselfähigkeit. Gate Gourmet sieht demzufolge seine Kernfähigkeit in der Logistik, nicht in der Gastronomie. Das hat Folgen: Der traditionelle Küchenbereich schrumpft, weil die Herstellung von Mahlzeiten im Wege des Outsourcing immer mehr nach außen verlagert wird. Dies deshalb, weil die Mahlzeiten (mit Ausnahme der First Class und bei Sonderflügen) inzwischen kostengünstiger von darauf spezialisierten Industrien hergestellt werden können. Als Kernfähigkeit muss dagegen die *bedarfsgerechte, individuelle Zusammenstellung der gewünschten Leistung – und das bis wenige Minuten vor dem Abflug* ausgebaut werden.

3.3 Das Ergebnis

Im Ergebnis bedeutet dies eine völlige Veränderung des Ablaufs „hinter den Kulissen".

Die neue Organisation nach dem Business-Reengineering Projekt ist in Abbildung 13 dargestellt.

Es gibt jetzt vier Prozesse: drei Kernprozesse und einen Supportprozess, die quer zu den einstmals funktionalen Bereichen liegen. Neben dem General Management (GM) bleiben als Zentralbereiche Personalwesen (Human Resources), Rechnungswesen (Financial Services) und Einkauf (Supply Management) erhalten. Im Folgenden werden die neu gestalteten Prozesse vorgestellt.

3.3.1 Equipment Handling Process

Die alte Organisationsstruktur in Abbildung 12 hat gezeigt, dass es vor dem Reengineering-Projekt keine eindeutige Verantwortung für die Ver- und Entsorgung von Flugkabinen als umfassende logistische Leistung gegeben hat. Diese Leistung wird nun als ein Kernprozess gestaltet: der *Equipment Handling Process.*

Der Equipment Handling Process umfasst sämtliche Teilprozesse und Aktivitäten von der Entnahme der gebrauchten Trolleys aus dem Flugzeug bis zum erneuten Verstauen der Trolleys an Bord. Dazu wird das so genannte Flow-Line-Konzept eingeführt. Es gewähr-

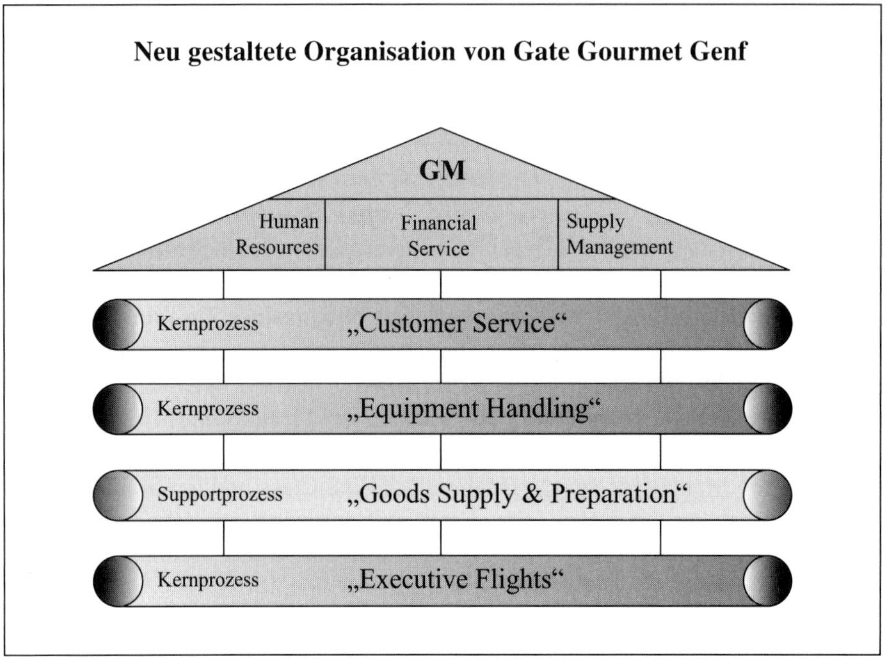

Abb. 13

leistet eine kundenorientierte Rundumbearbeitung: Der Prozess läuft ohne Schnittstellen vom Kunden (Entnahme der gebrauchten Trolleys an Bord) bis zum Kunden (Beladung des Flugzeuges mit neu aufgefüllten Trolleys) ab.

Der Arbeitsumfang des Equipment Handling Process ist für ein Prozess-Team zu groß, weil täglich über 100 Flüge abgewickelt werden müssen. Deshalb wird er gemäß der Triage-Idee horizontal in mehrere Varianten aufgeteilt.[24] Diese einzelnen Prozessvarianten werden Flow-Lines genannt.

Grundidee des Flow-Line-Konzeptes ist, dass das Geschirr eines Fluges als Einheit zusammenbleibt. Die Trolleys und das Geschirr werden in flexiblen Vielzweckmaschinen gewaschen und für das Bestücken der Tabletts (Tray-Setting) bereitgestellt. Dieses findet unmittelbar hinter den Waschanlagen statt. Das zentrale Geschirrlager entfällt. So werden mehrere Flow-Lines für Flüge mit unterschiedlichen Ausstattungen geschaffen: Langstreckenflüge und Kurzstreckenflüge, differenziert nach verschiedenen Fluggesellschaften. Den Vorteil dieses Verfahrens kann man leicht am folgenden Beispiel klar machen: Stellen Sie sich vor, Sie decken den Tisch mit dem Geschirr direkt aus der Geschirrspülmaschine,

24 Vgl. zur Definition und zu den verschiedenen Ausgestaltungsmöglichkeiten der Triage-Idee Kapitel II.2.

Flow-Line-Varianten des Equipment Handling Process

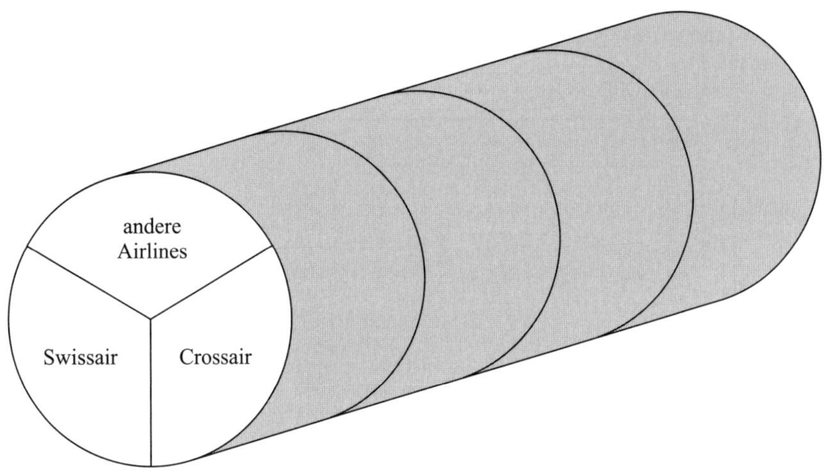

Abb. 14

ohne das Geschirr vorher in den Schrank ein- und wieder ausgeräumt zu haben. Das setzt allerdings voraus, dass Sie für Frühstück, Mittag- und Abendessen drei verschiedene Tische zur Verfügung stellen können. Dann hätten auch Sie drei verschiedene Flow-Lines. Abbildung 14 zeigt die verschiedenen Flow-Lines nach Anwendung des Triage-Prinzips. Je Flow-Line ist ein Team zuständig, innerhalb dessen Job rotation praktiziert wird.

Die Implementation des Equipment Handling Process war im jetzigen Betriebsgebäude möglich. Die Großgeschirrwaschanlagen wurden durch flexible, kleinere Anlagen ersetzt. Diese können alle verschiedenen Geschirrtypen reinigen. Pro Flow-Line steht jetzt eine Waschanlage zur Verfügung.

Im Frühjahr 1998 wurde die Implementation abgeschlossen. Vorher fanden im Betrieb Genf Probeläufe mit verschiedenen Flow-Line-Varianten statt. Die Varianten wurden zuerst an Computern simuliert. Die erfolgversprechendsten Varianten wurden anschließend als Prototyp (Pilot) getestet, bevor sie umgesetzt wurden. Es konnte realisiert werden: eine außerordentliche Verkürzung der Durchlaufzeiten und eine deutliche Reduktion der Lagerbestände. Früher dauerte der Kreislauf eines Trolleys vom Ausladen aus dem Flugzeug bis zum Wiederverstauen an Bord rund zwei Tage. Nur während zwei Stunden wurde aber tatsächlich an dem Trolley gearbeitet. Den Rest der Zeit stand er irgendwo im Weg. Heute werden durch das Flow-Line-Prinzip die internen Transportwege um weit mehr als die

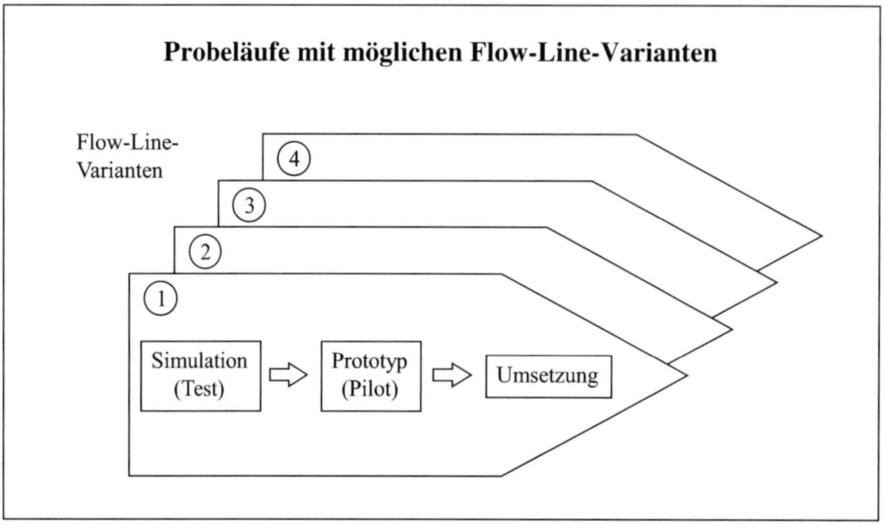

Abb. 15

Hälfte gekürzt. Dadurch wird die Umschlaghäufigkeit der Trolleys samt Geschirr und Besteck erheblich gesteigert. Abbildung 15 verdeutlicht noch einmal die verschiedenen Testphasen.

Zusätzlich werden die Transportwege auf dem Rollfeld vom Catering-Gebäude zum Flugzeug in den Equipment Handling Process integriert. Dadurch wird das so genannte Kiosk-System möglich: Einige Trolleys (zum Beispiel für Geschirr und Getränke) werden unmittelbar am Flugzeug wieder aufgefüllt, ohne den gesamten Prozess einer Flow-Line zu durchlaufen. Dazu werden die Transportfahrzeuge wie ein fahrbarer Kiosk ausgestattet.

Mit der Neugestaltung des Equipment Handling Process sind folgende Verbesserungen verbunden:

- Reduktion der Schnittstellen und damit der internen Transportwege. Integration des Transportes auf dem Rollfeld.
- Einheitliche Verantwortung für den Gesamtprozess vom Kunden zum Kunden.
- Entfallen der zentralen Lager. Die Ausrüstung eines Fluges bleibt in einer Flow-Line zusammen.
- „Pullproduction“ statt „Pushproduction“.
- Reduktion der notwendigen Betriebsfläche.
- Teamarbeit und Job Rotation innerhalb einer Flow-Line.
- Erhöhung der Flexibilität und der ganzheitlichen Arbeitsgestaltung.

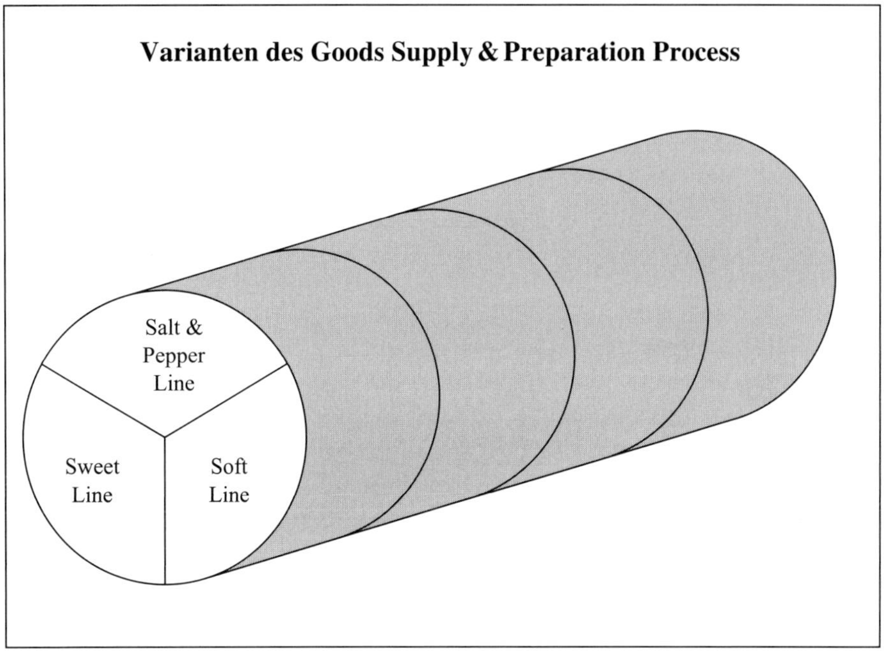

Abb. 16

3.3.2 Goods Supply & Preparation Process

Der *Goods Supply & Preparation Process* ist für die Bereitstellung der Mahlzeiten und der Lieferung von Non-Food-Artikeln zuständig. Er beinhaltet Aufgaben aus der ehemaligen Food Production, dem Operations-Bereich sowie dem Bestell- und Lagerwesen. Er ist als wichtiger *Supportprozess* ausgestaltet, weil er selber keinen direkten Kundenkontakt hat, sondern als interner „Zulieferer" den Equipment Handling Process unterstützt. Wie oben bereits erwähnt, werden zunehmend Teile der Food Production von Lieferanten zugekauft. Auch dieser Prozess wird in verschiedene Varianten unterteilt, für die jeweils ein Team zuständig ist. In Abbildung 16 sind die verschiedenen Varianten zu sehen.

Die *Salt & Pepper Line* ist für die Zubereitung von warmen Mahlzeiten zuständig. Die *Sweet Line* produziert Desserts, Patisserie und Kuchen. Die *Soft Line* ist für alle Getränke und Non-food-Artikel zuständig. Hier werden die Trolleys mit den Getränken, dem Standard-Zubehör und den zollfreien Artikeln vorbereitet. Grundidee ist, dass jedes Team für die Bestellung und Anlieferung der Waren sowie die Weitergabe ihrer Leistungen an den Equipment Handling Process verantwortlich ist. Im Idealfall soll der Lieferant seine Waren nicht mehr an ein Zentrallager liefern, sondern direkt an die jeweiligen Teams. Die Prozesskette zwischen Lieferanten und internem Kunden (Equipment Handling Process) wird in Abbildung 17 dargestellt.

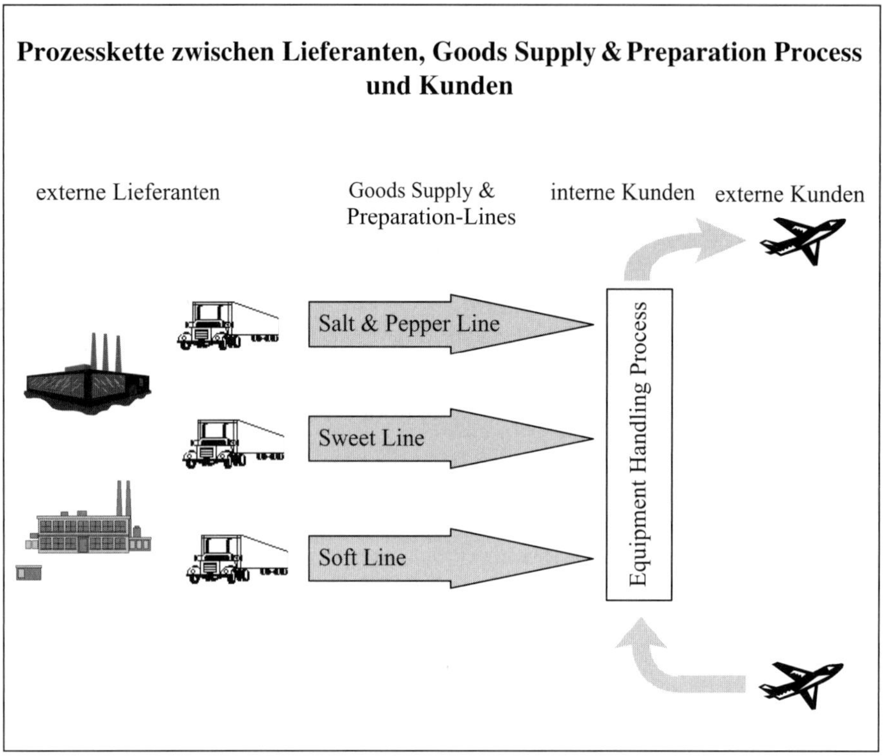

Abb. 17

3.3.3 Customer Service Process

Im *Customer Service Process* werden alle Tätigkeiten von der Offerte bis zur Rechnung zusammengefasst, die im Kontakt mit den Fluggesellschaften anfallen. Dieser Prozess liegt als Informationsabwicklungsprozess deckungsgleich über dem physischen Equipment Handling Process. Der Gesamtprozess wird nach Kunden aufgeteilt. Grundidee ist das *One-face-to-customer-Prinzip.* Die Verantwortlichkeit eines Kundenbetreuerteams erstreckt sich vom Offertwesen bis zum *Last-Minute-Service.* Der Last-Minute-Service wird in den Customer Service Process integriert. Dadurch haben die Teams täglich persönlich Kontakt mit ihren Kunden: Sie übernehmen die Auslieferung der Last-Minute-Mahlzeiten und sprechen dadurch unmittelbar mit den Flugbegleitern.

Im Customer Service Process ist auch die gesamte Informatik als interne Dienstleistungsfunktion integriert.

Neu gestaltetes Prozessmanagement bei Gate Gourmet Genf

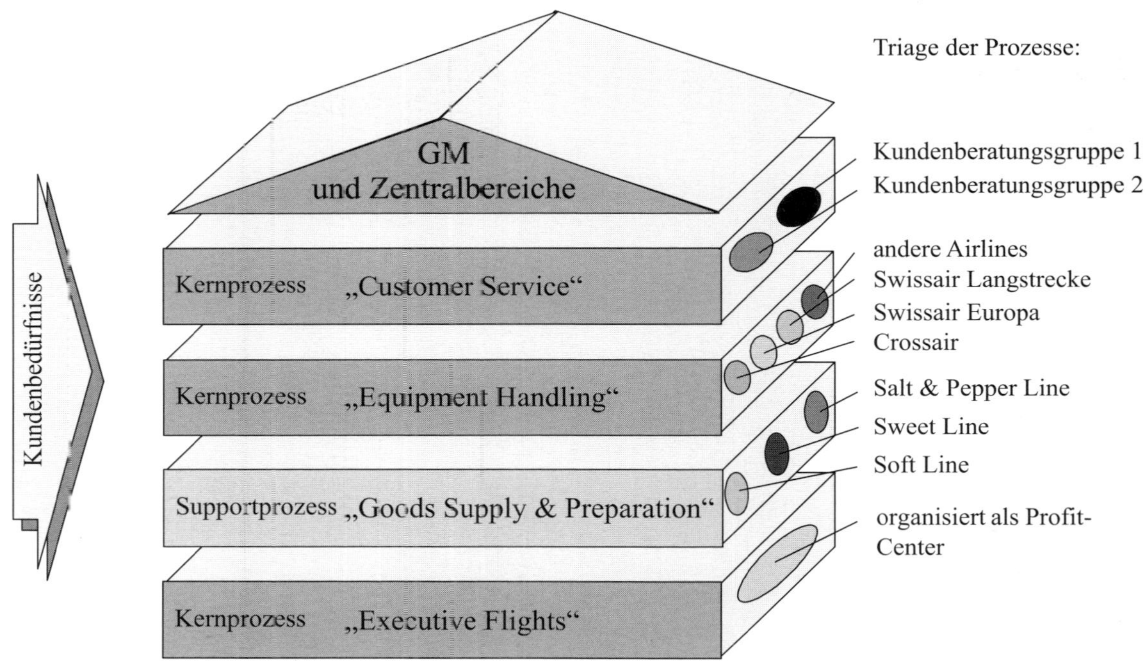

Abb. 18

3.3.4 *Executive Flight Process*

Ein weiterer – allerdings sehr kleiner – Kernprozess ist der *Executive Flight Process* mit circa sechs Mitarbeiterinnen und Mitarbeitern. Er wurde entwickelt, weil es in Genf zahlreiche Sonderflüge gibt. Dieser Prozess ist als eigenes Profit Center ausgestaltet und ähnlich wie ein Restaurationsbetrieb organisiert. Jede Catering-Bestellung wird individuell bearbeitet, weil meistens zahlreiche Sonderwünsche zu erfüllen sind. Das Service-Motto lautet: „never say no". Das Team arbeitet mit einer eigenen Küche und einer eigenen Administration.

In Abbildung 18 sind noch einmal abschließend die verschiedenen Prozesse mit ihren einzelnen Prozessvarianten dargestellt. Es wird deutlich, dass bei Gate Gourmet Genf die Prozess-Idee konsequent verwirklicht wird.

2. Die Triage-Idee

Mit der Triage-Idee ist die *horizontale Segmentierung* von Prozessen gemeint. Will man die Prozesse in mittleren oder großen Unternehmen in wenige strategisch relevante Kernprozesse zusammenfassen, so erfordert dies eine weitere Gliederung innerhalb der Kernprozesse. Das bedeutet, dass auch Business Reengineering trotz funktionsübergreifender Aufgabenbearbeitung nicht ohne Arbeitsteilung auskommt. Allerdings nimmt diese Arbeitsteilung spezifische Formen an. Im Folgenden werden drei Varianten der Arbeitsteilung innerhalb von Prozessen vorgestellt.[25] Es sind dies *erstens* die funktionale Segmentierung, *zweitens* die Segmentierung nach Problemhaltigkeit sowie *drittens* die Segmentierung nach Kundengruppen.

2.1 Funktionale Segmentierung

Eine eher den traditionellen Prinzipien folgende Segmentierung zeigt die nächste Abbildung. Diese Form der Segmentierung verwirklicht die Prozessidee nur eingeschränkt. Sie entspricht in ihren Grundzügen dem klassischen Produkt- oder Projektmanagement. Zwar gibt es eine einheitliche Verantwortung für den gesamten Auftragsabwicklungsprozess, innerhalb dieses Prozesses existiert aber die herkömmliche funktionale Arbeitsteilung. Dabei entstehen jedoch zahlreiche Schnittstellen innerhalb des Prozesses. Die *kundenorientierte Rundumbearbeitung* ist somit auf die prozessverantwortlichen Person (Process Owner) eingegrenzt.

Funktionale Segmentierung innerhalb von Prozessen

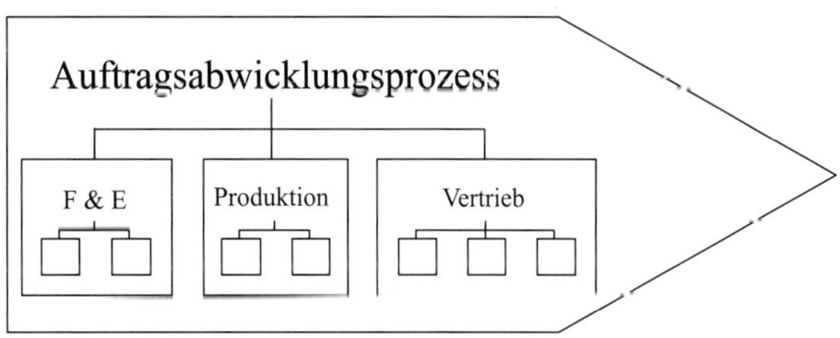

Abb. 19

25 Zu weiteren Gliederungsformen, namentlich den Mischformen zwischen prozessualer und funktionaler Segmentierung, vgl. das Fallbeispiel der Bruno Piatti AG in Kapitel IV.2.

2.2 Segmentierung nach Problemhaltigkeit

Die Segmentierung nach Problemhaltigkeit verbindet die horizontale Dimension der Prozessidee zusätzlich mit einer deutlich hierarchischen, das heißt vertikalen Strukturierungsidee. Gliederungskriterium ist die Komplexität beziehungsweise Routinisierbarkeit von Prozessen. Vorgeschlagen wird eine Dreifachgliederung.[26]

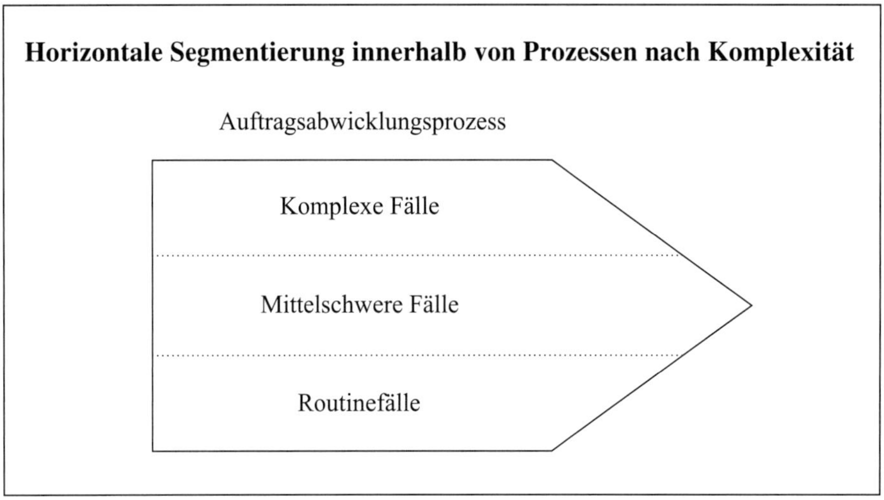

Abb. 20

Beispielsweise können Kreditbegehren nach Risiko segmentiert werden.

Das zeigt unser eingangs zitiertes Beispiel der Bank in Manhattan: Bisher ist man von der Annahme ausgegangen, dass jedes Kreditbegehren einzigartig sei. Die Arbeitsabläufe waren deshalb auf die Bewältigung jedes nur denkbaren Spezialfalles hin konstruiert. Der Berater White jedoch stellte fest, dass der überwiegende Teil der Kreditbegehren reine Routinefälle sind. Diese können unter entsprechenden Voraussetzungen durchaus von einer Mitarbeiterin oder einem Mitarbeiter (Case-Worker) alleine erledigt werden. Für problemhaltige, komplexe Fälle wurden andere Prozessvarianten vorgesehen, entsprechend den dort relevanten strategischen Erfolgsfaktoren.

26 Vgl. Hammer/Champy (1993, S. 55 f.). Die vorgeschlagene Dreifachgliederung kann im Bedarfsfall erheblich verfeinert werden, vgl. beispielsweise das zehnstufige **V**erfahren zur **E**rmittlung von **R**egulationserfordernissen in der **A**rbeitstätigkeit (VERA) von Österreich/Volpert (1987). Dieses Verfahren wurde als Analyseverfahren zur Messung von Problemhaltigkeit in der Arbeit ermittelt. Der Zweck ist die Förderung von persönlichkeitsförderlichen Arbeitsplätzen. Dies steht nicht im Mittelpunkt der Triage-Idee von Hammer/Champy.

Grundidee ist dabei nicht nur, dass zu routinisieren ist, was nur zu routinisieren geht, sondern auch, dass für jede Prozessvariante *one best way for each given situation* angegeben werden kann. Der *Vorteil* dieser Segmentierung besteht zum *einen* darin, dass die Idee der kundenorientierten Rundumbearbeitung konsequent eingehalten wird. Zum *anderen* werden auf diese Weise aufwendige Ausnahmeregelungen vermieden, da in jeder Prozessvariante nur noch Fälle gleichen Routinegehalts bearbeitet werden. Allerdings gibt es auch zwei schwerwiegende *Nachteile*:

- *Erstens* werden Tätigkeiten mit niedrigen Handlungsspielräumen ausgegrenzt, das heißt, es wird Job Enlargement, aber nicht immer Job Enrichment erreicht.[27] Typischerweise werden solche anspruchslosen Prozesse dann auch noch für Frauen zugeschnitten (und so die geschlechtsspezifische Tätigkeitssegregation verstärkt). Die Ausgrenzung von Tätigkeiten mit niedrigen Handlungsspielräumen widerspricht der Idee des Empowerment und steht dem ursprünglichen Anspruch von Hammer und Champy entgegen, mit Business Reengineering nur anspruchsvolle Arbeitsplätze zu schaffen.

- *Zweitens* ist die Segmentierung nach Komplexität nur dann möglich, wenn von vornherein klar ist, welcher Komplexitätsgrad gegeben ist. Dies ist aber nicht immer der Fall. Zum Beispiel ist bei Versicherungen der Prozess der Policenerstellung relativ einfach nach Komplexität zu segmentieren, etwa nach der Höhe der Versicherungssumme. In der Schadenabwicklung hingegen ist dies in der Regel nicht möglich. So stellt sich meist erst bei der Bearbeitung eines Schadenfalles heraus (zum Beispiel bei der Haftung von Ärzten gebenüber ihren Patienten), wie komplex er ist. Würde in einem solchen Fall die Komplexität vorgängig falsch eingeschätzt und die Schadensabwicklung der falschen Prozessvariante zugeordnet werden, so ergäben sich erhebliche Zeitverzögerungen, wenn der Irrtum endlich bemerkt wird. Der Fall müsste dann nämlich auf ein „neues Fließband gelegt werden". Er müsste in der richtigen Prozessvariante ganz von vorne bearbeitet werden. Schlimmer noch wäre der Fall, wenn der Irrtum nicht bemerkt würde. Dann würden dieselben Probleme auftauchen, die aus der Diskussion um die Fließbandproduktion bereits bestens bekannt sind, nämlich die routinisierte Bearbeitung von ihrem Wesen nach nicht routinisierbaren Prozessen.

27 *Job enlargement* bedeutet Erhöhung der Tätigkeitsvielfalt, *Job enrichment* bedeutet Anreicherung der Tätigkeit mit komplexen, problemhaltigen Aufgabenbestandteilen, vgl. Kapitel III.3.1.

FALLBEISPIEL

Statistisches Amt des Kantons Zürich

Am Fallbeispiel des Statistischen Amtes des Kantons Zürich kann demonstriert werden, dass die Segmentierung nach Komplexität möglich ist, ohne dass die geschilderten Nachteile auftreten. Das Beispiel vertritt darüber hinaus exemplarisch den Bereich der öffentlichen Verwaltung. Business Reengineering ist also auch im Bereich des New Public Managements (wirkungsorientierte Verwaltungsführung) anwendbar. Das Statistische Amt des Kantons Zürich startete Mitte der neunziger Jahre mit einem Business Reengineering-Projekt. Seit Januar 1998 wird in der neuen, prozessorientierten Organisation gearbeitet.

1. Das Statistische Amt und sein Umfeld

Im Statistischen Amt des Kantons Zürich sind rund 25 Mitarbeiterinnen und Mitarbeiter beschäftigt. Ihre Aufgabe ist die Beschaffung, Analyse und Aufbereitung von Gemeindedaten. Sie arbeiten an der stetigen Verbesserung der amtlichen Statistik, analysieren den Wandel im Kanton Zürich statistisch und stellen der Verwaltung Analyse- und Kontrollinstrumente zur Verfügung. Sie sind auch für die Berechnung des interkommunalen Finanzausgleiches zuständig. Darüber hinaus koordiniert das Statistische Amt die Vorbereitung und Durchführung von kantonalen und eidgenössischen Abstimmungen und Wahlen.

Das Umfeld des Statistischen Amtes ist dadurch gekennzeichnet, dass sich vor allem im Zuge des New Public Managements (wirkungsorientierte Verwaltungsführung) neue Management-Grundsätze in der öffentlichen Verwaltung durchsetzen. Die Grundidee ist, den einzelnen Verwaltungseinheiten mehr unternehmerische Freiheit zu geben und sie stärker dem Wettbewerb auszusetzen. Das Ziel sind mehr Kunden- und Bürgerorientierung, höhere Effizienz und geringere Kosten.

Einige zentrale Ideen des New Public Managements sind:

- *Output- statt Inputsteuerung: Globalbudgets und Leistungsaufträge*
  Die Verwaltungstätigkeit wird nicht über ein detailliertes Budget gesteuert, sondern über die zu erzielende Wirkung. Statt zu fragen: „Wie viel Geld wollen wir dem Statistischen Amt für Miete, Personal und EDV zur Verfügung stellen?“, wird gefragt: „Welchen Output soll das Statistische Amt erzeugen, und was darf dieser kosten?“ Der gewünschte Output wird in einem Leistungsauftrag genau umschrieben, die Kosten werden in einem Globalbudget festgelegt. Im Januar 1997 erhielt das Statistische Amt des Kantons Zürich als eines der ersten Ämter das Globalbudget.

- *Trennung der Käufer- von der Erbringerfunktion*
  Das Statistische Amt könnte nur noch als *Käufer* einer Leistung auftreten, deren *Erbringer* ein privater Wirtschaftsinformationsdienst ist. Es würde dann nur noch die

Koordinations- und Übermittlungsfunktion zu den gesetzgebenden Stellen übernehmen und die Erstellung der Leistung im Rahmen des Outsourcing ausgliedern. Bleibt das Statistische Amt der Erbringer, so begibt es sich in Wettbewerb mit privaten Anbietern. Das Statistische Amt muss sich also immer wieder mit privaten Anbietern messen (Benchmarking) und überlegen, welche Tätigkeiten gegebenenfalls im Rahmen des Outsourcing ausgegliedert werden könnten.

- *Trennung der strategischen und operativen Kompetenzen*
  Der Gesetzgeber trifft nur noch strategische richtungsweisende Entscheidungen. Die Umsetzung erfolgt vom (staatlichen oder privaten) Erbringer.

- *Controlling*
  Es wird nicht mehr nur die Ordnungsmäßigkeit des Verwaltungshandelns kontrolliert, sondern auch dessen Wirksamkeit.

- *Flache Hierarchien und Teamarbeit*
  Hier geht es um die Übertragung bewährter Managementkonzepte aus der unternehmerischen Praxis wie Lean Management, Total Quality Management oder eben auch Business Reengineering.

2. Ausgangslage – Die Organisationsstruktur, die Produkte und die bisherigen Arbeitsabläufe

Die Organisation des Statistischen Amtes vor dem Business Reengineering-Projekt ist in Abbildung 21 dargestellt.

Es handelte sich um eine objektorientierte Organisation, gegliedert nach Datenquellen. Daraus resultierten die vier Abteilungen Finanzen und Politik, Bevölkerung und Wirtschaft, Steuern sowie Umwelt und Verkehr. Jede Abteilung war selbstständig für Datenbeschaffung, -analyse und -aufbereitung zuständig. Sie kümmerte sich selbst um die notwendige Datenerhebung bei den kantonalen Gemeinden. An die Gemeinden wurden Fragebögen versandt, die diese ausfüllten und an die jeweilige Fachabteilung zurücksandten. Damit entstand zum Teil das Problem der Doppelerhebung, aber aus datenschutztechnischen Gründen war bislang eine Koordination nicht möglich gewesen. Außerdem waren 50 bis 70 Prozent der Daten aus den Gemeinden fehlerhaft oder unvollständig, sodass zahlreiche Rückfragen nötig waren. Schließlich kamen in den einzelnen Fachabteilungen unterschiedliche Datenverarbeitungssysteme zum Einsatz, sodass die Mitarbeiterinnen und Mitarbeiter nur zu den Daten aus ihrer Fachabteilung Zugriff hatten. Auch für die rechtzeitige Weitergabe der bearbeiteten Datensätze an die entsprechenden gesetzlich vorgeschriebenen Stellen war jede Fachabteilung selbst verantwortlich.

Die spezifischen Abläufe in jeder Fachabteilung werden aus der folgenden Beschreibung deutlich:

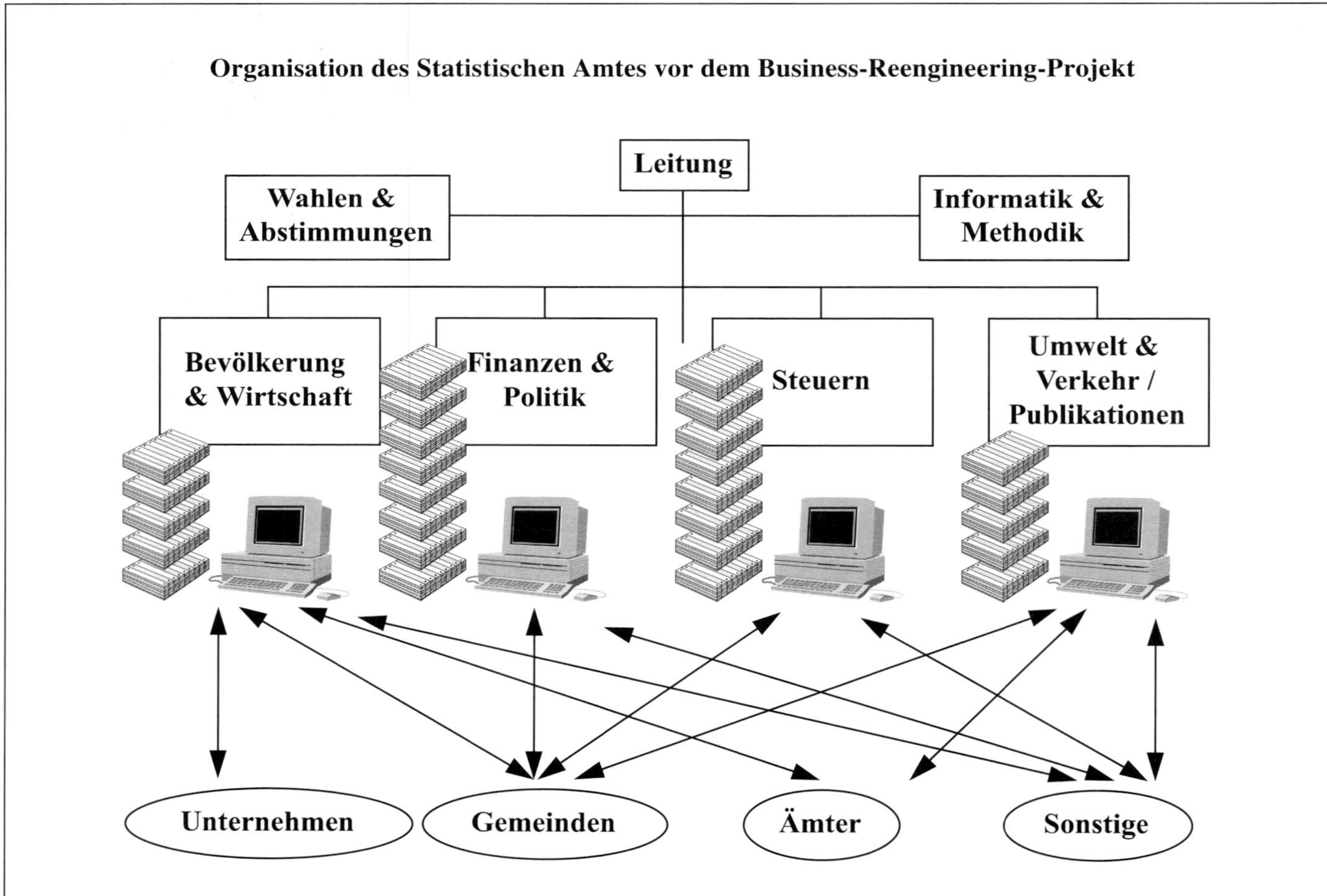
Organisation des Statistischen Amtes vor dem Business-Reengineering-Projekt
Leitung
Wahlen & Abstimmungen
Informatik & Methodik
Bevölkerung & Wirtschaft
Finanzen & Politik
Steuern
Umwelt & Verkehr / Publikationen
Unternehmen
Gemeinden
Ämter
Sonstige

Abb. 21

- *Fachabteilung Finanzen und Politik*
  Die benötigten Rohdaten bestanden aus den Daten über die Gemeindefinanzen und den Auswertungen der Wahlbüros. Diese Daten wurden durch Formulare erhoben und von einer EDV-Firma eingelesen. Anschließend wurde eine Kopie in die eigene Datenbank kopiert. Das Ergebnis der Auswertung wurde mit einem Tabellenprogramm eingelesen und mit Hilfe des Desktop Publishing Pagemaker verarbeitet. Der Output waren diverse Publikationen.

- *Fachabteilung Bevölkerung und Wirtschaft*
  Die benötigten Daten bestanden zum einen aus Volkszählungsdaten, zum anderen aus jährlichen Zählungen von Leerwohnungen, leer stehenden Geschäftsräumen sowie von Wohnbautätigkeiten, die im Auftrag des Bundes durchgeführt werden. Das Statistische Amt führt auch selber Erhebungen zum Beispiel zur Bodenpreisstatistik durch. Darüber hinaus griffen die Mitarbeiterinnen und Mitarbeiter dieser Fachabteilung auf bereits bestehende Datensammlungen der Gemeinden zurück. Dort waren die Daten auf verschiedene Datenträger wie Tabellen, Disketten oder Bändern gespeichert. Die Verarbeitung der Daten im Amt war deshalb mühselig. Der Output bestand in statistischen Berichten und Pressemitteilungen.

- *Fachabteilung Steuern*
  Den Dateninput der Fachabteilung Steuern bildeten Aufzeichnungen über Gemeindesteuern, Staatssteuern sowie die Einkommens- und Vermögensstatistik der Steuergemeinden. Diese Daten bestehen aus den unterschiedlichsten Steuerabrechnungen der einzelnen Gemeinden, die primär für das Steueramt, nicht aber für das Statistische Amt angefertigt werden. Deshalb mussten die Mitarbeiterinnen und Mitarbeiter die benötigten Daten zunächst einmal aus den Aufzeichnungen heraussuchen. Das eigentliche Datenerfassen war demgegenüber nur ein geringer Aufwand. Die meiste Zeit wurde für Kontrollaufgaben aufgewendet. Der „Output" dieser Abteilung bestand aus den Steuerdaten für die Gemeinden, Analysen des Finanzkraft-Indexes und des Steueraufkommens sowie Beiträgen für statistische Publikationen.

- *Fachabteilung Umwelt und Verkehr sowie Publikationen*
  Diese Abteilung war für zwei Aufgaben zuständig: *erstens* für die Erhebung und Bearbeitung von Umwelt- sowie Verkehrsdaten und *zweitens* für die Herstellung der Druckvorlagen für die Jahrbuchproduktion sowie weitere Publikationen des Statistischen Amtes. Die benötigten Umweltdaten erhoben die Mitarbeiterinnen und Mitarbeiter aus der Abfall- und Wasserstatistik sowie aus persönlichen Kontakten mit entsprechenden Fachstellen. Die Verkehrszählungen des Tiefbauamtes und die Frequenzerhebungen des Verkehrsbundes bildeten die Grundlage für die Verkehrsstatistik. Output war das Jahrbuch des Statistischen Amtes.

Die Fachabteilungen waren „kleine Königreiche", das heißt, sie besaßen eine hohe Autonomie und kooperierten wenig miteinander.

3. Das Business-Reengineering-Projekt

3.1 Das Ziel

Das Statistische Amt strebt für die Zukunft neben der Erfüllung der gesetzlichen Aufträge auch eine führende Rolle im Datenmarkt des Kantons Zürich an. Bislang gab das Statistische Amt seine aufbereiteten Datensätze hauptsächlich an Verwaltungsstellen und Behörden weiter. Künftig möchte es eine stärkere Ausrichtung auf den privatwirtschaftlichen Sektor erreichen, das heißt, seine Leistungen vermehrt an private Interessenten verkaufen. Ziel ist eine Steigerung des Datenoutputs ohne Personalaufstockung. Abbildung 22 gibt die Vision des Amtes als hypothetischen Zeitungsartikel wieder.

3.2 Der Weg zum Ziel

Als *ersten* Schritt erstellten die Mitarbeiterinnen und Mitarbeiter ein Leitbild. Dazu wurde eine Arbeitsgruppe geschaffen, in der jede Mitarbeiterin und jeder Mitarbeiter teilnehmen konnte. Das Leitbild macht den Willen und die Selbstverpflichtung zu mehr Unternehmertum deutlich. Der nachfolgende Kasten zeigt einen Ausschnitt daraus.

Leitbild des Statistischen Amtes des Kantons Zürich

Wir sind ein im Kanton Zürich tätiges modernes, öffentliches Dienstleistungsunternehmen, das Daten beschafft, verarbeitet und verkauft sowie Gemeinden und Behörden mit Daten versorgt. Als öffentliches Unternehmen sind wir der Objektivität und der politischen, wirtschaftlichen sowie kulturellen Neutralität verpflichtet und richten uns nach folgenden Zielen aus:

- Wir erfüllen gesetzliche Aufträge.
- Wir streben eine führende Rolle im Datenmarkt des Großraums Zürich an.
- Wir wollen unsere Kundinnen und Kunden zufriedenstellen.
- Wir betreiben ein Beschaffungsmarketing.
- Wir produzieren mit modernen Instrumenten.
- Wir wollen Außergewöhnliches leisten.
- Wir pflegen einen kooperativen Führungsstil.

Die Umsetzung des Leitbildes hat Konsequenzen auf die
- Betriebsabläufe,
- Organisation,
- Kommunikation,
- Koordination.

Zukunftsvision des Statistischen Amtes

Zürcher Statistik hoch im Kurs

Mit der Eröffnung des neuen Info-Corners in den Räumen der Alten Börse hat die Umwandlung des früheren Statistischen Amtes des Kantons Zürich zum Zürcher-Daten-Service und somit in ein modernes Dienstleistungsunternehmen der kantonalen Verwaltung seinen vorläufigen Abschluss gefunden.

VON ALFONS SONDEREGGER

Unter Anwesenheit der neuen Vorsteherin, der Direktorin des Innern, Frau Regierungsrätin Helen Issler und viel Prominenz aus Politik, Verwaltung, Wissenschaft und Wirtschaft, darunter die Generaldirektoren der UBS und Credit Suisse, wurde gestern der Info-Corner des Zürcher-Daten-Service in der Alten Börse feierlich eröffnet. In diesem Info-Corner liegen die neuesten Daten und Erkenntnisse über den Kanton Zürich und seine Entwicklung auf, können eigene Recherchen dank einer äußerst kunden- und bedienungsfreundlichen Informatik vom Besucher selber vorgenommen werden und erteilen zwei eigens dafür eingestellte Mitarbeiterinnen sämtliche allenfalls noch fehlende Auskünfte. Die vorhandenen Informationen können ausgedruckt, auf Disketten oder Optical Discs mitgenommen oder über die öffentlichen Modem-Linien an den eigenen Arbeitsplatz übertragen werden. Die Räumlichkeiten selber sind sehr modern und attraktiv gehalten und ermöglichen auch seinen Benutzern ein angenehmes Arbeiten.

Die beiden Mitarbeiterinnen des Info-Corners sind gleichzeitig auch für den täglichen Fax-Neuigkeiten-Dienst verantwortlich, der seit einigen Jahren zu den meistgenutzten Dienstleistungen des kantonalen Daten-Service gehört und nun dank dieser Personalaufstockung wesentlich ausgebaut werden konnte. Neu gibt es täglich ein Bulletin in den Bereichen: Gesellschaft, Wirtschaft, Raum und Kultur.

Die beiden Mitarbeiterinnen sowie der neue Info-Corner werden ausschließlich durch Eigeneinnahmen finanziert. Wie der Chef des Daten-Service, Dr. H. Kissling ausführte, gehen er und seine Mitarbeiterinnen und Mitarbeiter davon aus, dass darüber hinaus schon im ersten Jahr weitere Gewinne erzielt werden können. Mit einem Teil der Einnahmen finanziert der Zürcher-Daten Service grundlegende Studien zur Entwicklung des Kantons Zürich.

Anlässlich der Einweihung des Info-Corners wurde im Übrigen auch die im letzten Jahr finanzierte Untersuchung vorgestellt. Sie wurde von einem jungen Soziologen, Basil Blancpain, durchgeführt, der an einem privaten Forschungsinstitut tätig ist. Sie trägt den Titel „Der Steuerfußausgleich als Motor der sozialen Durchmischung des Kantons Zürich“ und wird im Wirtschaftsteil (siehe Seite 43) näher vorgestellt.

Mit der Eröffnung des Info-Corners sei eigentlich die Umwandlung vom Kantonalen Statistischen Amt zum Zürcher-Daten-Service, der finanziell selbsttragend funktioniere, abgeschlossen, führte Kissling in seiner Eröffnungsansprache aus. Allerdings hätten ihm seine Mitarbeiterinnen und Mitarbeiter bereits neue Pläne für weitere Dienstleistungen vorgelegt. Der Effi-Preis der Schweizerischen Kreditanstalt, welcher der Daten-Service im letzten Jahr für sein neues Management-Information-System erhalten hat, habe halt die ohnehin schon hohe Motivation noch weiter angestachelt. Es sei daher nicht unwahrscheinlich, dass er demnächst wieder eine neue Einrichtung eröffnen müsse, meinte er verschmitzt. Und tatsächlich spürte man auch bei den anwesenden Mitarbeiterinnen und Mitarbeitern des Daten-Service nach wie vor einen ungebrochenen Optimismus und Tatendrang.

Man darf daher gespannt sein, was uns der Zürcher-Daten-Service als nächstes vorstellen wird.

Abb. 22

Der *zweite* Schritt war die Bildung verschiedener fachabteilungsübergreifender Arbeitsgruppen. Deren Aufgabe ist es, Konzepte für die Gestaltung von zukünftigen Kundenbeziehungen zu entwerfen. Das Statistische Amt wollte eine *„Drehscheibe für Daten"* werden und lancierte deshalb den „Zürcher Daten Service". Was ist darunter zu verstehen? Heute geben noch viele Behörden und Ämter ihre eigenen Statistiken heraus. Das Statistische Amt kann jetzt diese Tätigkeiten übernehmen, damit die besser koordiniert werden können. Für jeden Kunden werden individuelle Datensätze und Statistiken aus einem umfangreichen Datenpool zusammengestellt. Dabei können die Mitarbeiterinnen und Mitarbeiter auf Daten zurückgreifen, die anderen Behörden gar nicht zur Verfügung stehen und somit im wahrsten Sinne des Wortes zu einer Drehscheibe werden. Dabei denkt das Statistische Amt nicht nur an Kunden aus der Privatwirtschaft: Auch mit Fachplanung betraute Amtsstellen (zum Beispiel Schul- oder Bauämter) könnten künftig die für ihre Planung benötigten Daten vom Statistischen Amt beziehen. Seine Kernkompetenz sieht das Statistische Amt vor allem in der Beratungsleistung für den effizienten Umgang mit den Daten.

Der *dritte* Schritt betraf den Aufbau einer relationalen Datenbank. Diese ermöglicht den Mitarbeiterinnen und Mitarbeitern den On-line-Rückgriff auf alle vorhandenen Daten von ihren Arbeitsplätzen aus.

Der *vierte* Schritt besteht in der Umsetzung des Leitbildes und der Arbeitsgruppenresultate in organisatorische Abläufe. So wurde im Rahmen eines Workshops zusammen mit Studierenden überlegt, ob diese Tätigkeiten als Kernprozesse gestaltet werden könnten. Im Folgenden wollen wir zeigen, wie Business Reengineering im Statistischen Amt angewendet werden konnte.

3.3 Kernprozessgestaltung im Statistischen Amt

Die neugestaltete Organisation des Statistischen Amtes sieht einen Kernprozess vor, den Datenanalyse- und -distributionsprozess. Auf diese Weise sind die Schnittstellen zu den Kunden in das Organigramm integriert. Datenakquisition und -management sind diesem Prozess vorgelagert und erfolgen kollektiv, um Doppelspurigkeiten zu vermeiden. Gemäß des Triage-Prinzips lässt sich der Kernprozess horizontal nach Komplexität weiter untergliedern. Es kann in Zukunft beispielsweise drei Varianten geben: eine für komplexe Datenverarbeitungssätze, eine weitere für mittelschwere und die dritte für reine Routinefälle. Der Aufbau der relationalen Datenbank ermöglicht im Statistischen Amt, dass jede Mitarbeiterin und jeder Mitarbeiter Zugriff auf alle Daten hat. Die Arbeitsteilung erfolgt nicht mehr nach Datenquellen, sondern nach dem Schwierigkeitsgrad der statistischen Auswertung. Auf telefonische, einfache Anfragen kann jede Mitarbeiterin und jeder Mitarbeiter sofort antworten. Dies war bisher nicht möglich, weil die Daten nur abteilungsspezifisch zur Verfügung standen. Nunmehr ist eine Kombination der Daten möglich, etwa von Bevölkerungs- *und* Steuerdaten.

Das Statistische Amt als Prozessorganisation

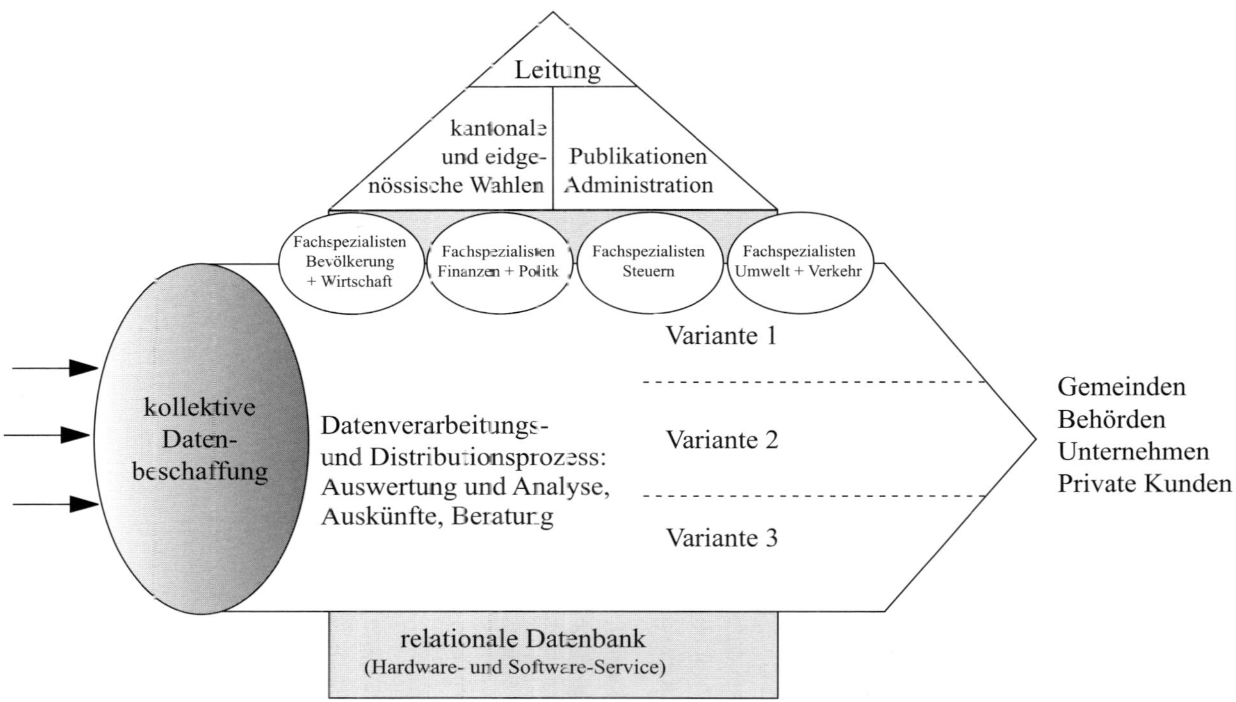

Abb. 23

Allerdings müssen im Statistischen Amt häufig „saisonale Spitzen“ abgefangen werden, beispielsweise wenn Wahlen anliegen. Dann wird die Mitarbeit der gesamten Belegschaft gebraucht. Deshalb sollte die Arbeit der Prozess-Teams innerhalb der einzelnen Prozessvarianten als Projektarbeit organisiert werden. Das bedeutet, dass Kundenaufträge je nach Auslastungsgrad der Teams immer wieder neu verteilt werden. Damit kann auch der entscheidende Nachteil der Segmentierung nach Komplexität aufgehoben werden: Jedes Team kann nämlich im Rotationsverfahren immer wieder qualifizierte Aufgaben bearbeiten. Auf diese Weise können in jeder Prozessvariante Lern- und Weiterbildungsmöglichkeiten geschaffen werden. Die ehemaligen Abteilungleiter der Fachebene nehmen neben ihrer Aufgabe als Process Owner auch die Funktion von Spezialisten wahr. Damit ist sichergestellt, dass den Teams Ansprechpartner für fachliche Einzelfragen zur Verfügung stehen.

Nicht nur die privaten Kunden oder Behörden, auch die Gemeinden profitieren von der organisatorischen Neugestaltung: Die Datenbeschaffung erfolgt kollektiv, sodass es für die Gemeinden eindeutige Ansprechpartner gibt. Darüber hinaus könnten die Gemeinden am statistischen und informationstechnologischen Know-how des Statistischen Amtes teilhaben: So könnten durch Installation von Computern in den Gemeinden die Daten on-line im Statistischen Amt abgerufen werden. Das ergäbe bessere Vergleichsmöglichkeiten und im Statistischen Amt würden Doppelerfassungen und Rückfragen vermieden werden.

Abbildung 23 zeigt, wie die Organisation des Statistischen Amtes nach dem Business-Reengineering-Projekt aussieht.

2.3 Segmentierung nach Kundengruppen

Die dritte Segmentierungsvariante ist dem Key-Account-Management ähnlich, geht jedoch über dieses hinaus. Key Accountment ist eine Form der Marketing-Organisation, bei der eine Kunden-Managerin oder ein Kunden-Manager für die Betreuung weniger Kunden oder auch nur eines einzigen, dann aber bedeutenen „Schlüsselkunden" zuständig ist. Allerdings realisiert Key-Account-Management die Idee der kundenorientierten Rundumbearbeitung nicht in Form der reinen Prozess-Idee. Vielmehr überlagert die Zuständigkeit für einzelne Kunden oder Kundengruppen im Key-Account-Management die anderen Unternehmensbereiche in Form einer Matrix. Der Key-Account-Manager ist deshalb kein Process Owner, sondern muss sich ständig mit den Funktions- oder Produktmanagern abstimmen. Die alten Schnittstellen bleiben bestehen: Sie werden nur besser als in der funktionalen oder divisionalen Organisation vom Key-Account-Manager überbrückt.

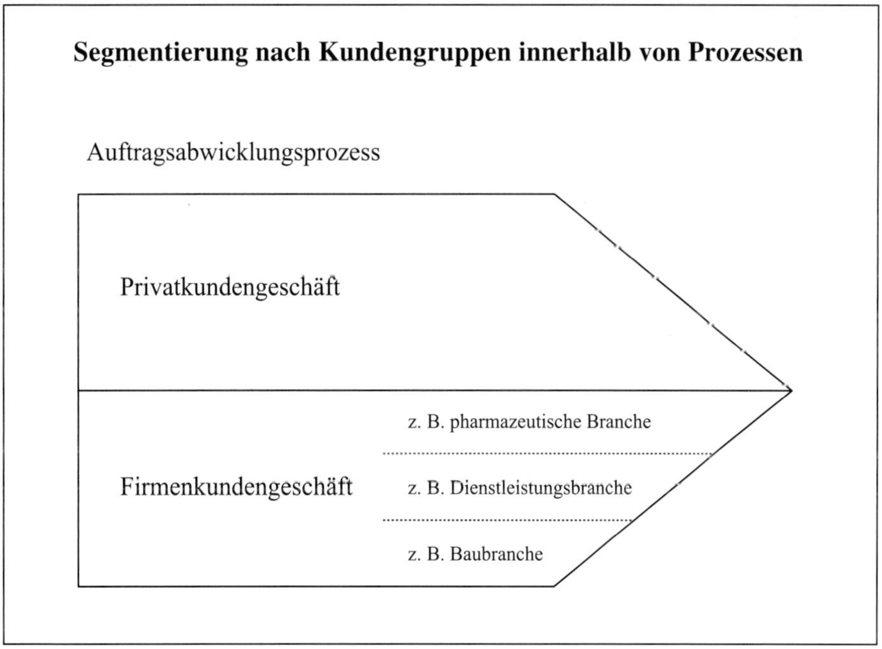

Abb. 24

Der *Vorteil* der Segmentierung nach Kundengruppen[28] besteht wie beim Key-Account-Management zum einen in der konsequenten Kundenorientierung nach dem *One-face-to-customer-Prinzip* und zum anderen in der Möglichkeit, die eigenen Prozesse mit denen der Kunden zu verknüpfen. So ist beispielsweise Gate Gourmet Genf mit den Buchungscomputern der wichtigsten Kunden verbunden und stimmt selbstständig die Mahlzeitenlieferung mit der entsprechenden Flugpassagieranzahl ab. Im Unterschied zum Key-Account-Management vermeiden nach Kundengruppen gegliederte Prozesse Schnittstellen. Dadurch entsteht ein enormer Flexibilitätsvorteil, und man geht Abstimmungsfehlern aus dem Weg.

Diesem Vorteil steht aber der *Nachteil* gegenüber, dass Spezialisierungsvorteile entfallen. Es kann zu Doppelspurigkeiten kommen, wenn für jede Kundengruppe die gleichen Aufgaben bearbeitet werden müssen. Außerdem kann die „unité de doctrine" verloren gehen, das heißt, für gleiche Kundenprobleme werden ungleiche Lösungen entwickelt.

---

28 Die Kundengruppen können nach Bedarf weiter unterteilt werden. Beispiele wären im Anlagengeschäft die Segmentierung nach Renovierungs- und Neuanlagengeschäft. Auch eine Segmentierung nach Regionen entspricht der kundenorientierten Segmentierung.

FALLBEISPIEL

Schweizer Bank[29] mittlerer Größe

Am Fallbeispiel einer Schweizer Bank mittlerer Größe illustrieren wir die Segmentierung nach Kundengruppen für den Kernprozess des Zahlungsverkehrs. Es zeigt auf, welche problemorientierten Lösungen möglich sind, um die Vorteile der Segmentierung nach Kundengruppen mit denen der Spezialisierung zu verbinden.

1. Das Unternehmen und sein Umfeld

Die für das Fallbeispiel ausgewählte Bank leitete Anfang der 1990er Jahre eine strategische Neuorientierung ein, nach deren Abschluss ihr Kerngeschäft das Private Banking für nationale und internationale Privatkunden, das Geschäft mit institutionellen Anlegern sowie das regionale Firmen- und Privatkundengeschäft umfasste. Dienstleistungen im Wertschriftenhandel und in der Wertschriftenverwaltung, im Devisen-, Geldmarkt- und Edelmetallgeschäft sowie im Corporate Finance ergänzten und unterstützten das Kerngeschäft.

Gegen Ende der 1980er Jahre verfügte die Bank über eine ungünstige Organisations- und Kapitalstruktur. Die Überkapitalisierung führte zu unbefriedigenden Rentabilitätswerten und verleitete zu einem übergewichtigen Interbankengeschäft. Überdies verursachten strukturelle Mängel – die Bank war an zahlreichen Gesellschaften direkt und indirekt beteiligt – ungünstige Mehrfachbesteuerungen von Gewinnen. Um diese Nachteile zu überwinden und die Bank auf die Herausforderungen der kommenden Jahre vorzubereiten, erfolgte gegen Ende des Jahres 1990 eine grundlegende Änderung ihrer Struktur.

Parallel zu dieser Umstrukturierung wurde ein internes Projekt zur Optimierung der Wirtschaftlichkeit und Rentabilitätserhöhung gestartet. Die strategischen Ziele des Projektes waren *erstens* die Neuorientierung der Bank und *zweitens* eine rasche und nachhaltige Ergebnisverbesserung. Dazu wurde die Konzentration auf zwei Kerngeschäfte formuliert: das regionale Firmen- und Privatkundengeschäft sowie das nationale und internationale Private-Banking-Geschäft. Die Organisation der Bank sollte künftig durch Gliederung nach Kundensegmenten besser auf die Kundenbedürfnisse zugeschnitten werden. Darüber hinaus sollte eine dezentralisierte Ergebnisverantwortung durch unternehmerisch verantwortliche Einheiten festgelegt werden. Die neue Organisation konnte rund anderthalb Jahre nach der Lancierung des Projekts realisiert werden.

---

29 Da sich die analysierte Bank Ende der 1990er Jahre vollkommen neu ausgerichtet hat, haben wir in der Neuauflage auf die Erwähnung des Namens der Bank verzichtet.

Im Rahmen des Effizienzsteigerungsprojekts gab es mehrere Teilprojekte:

1. Faktor-Nutzen-Analyse zur Optimierung des Mitteleinsatzes durch Überprüfung der Leistungen pro Organisationseinheit
2. Verkaufs-Produktivitätsanalyse zur Verbesserung des Kundenservices und zur Ertragssteigerung
3. Optimierung des Filialnetzes, wobei mehrere Filialen mit bestehenden anderen Filialen zusammengelegt wurden
4. Integriertes Planungs- und Informationssystem zur Ergebnismessung und Leistungsbeurteilung
5. Core Process Redesign zur Neugestaltung der Kernprozesse

Dabei zeigte sich, dass die bisherige Organisation infolge mangelhafter Kommunikation sowie falscher oder fehlender Standards viele Schwächen wie Doppelspurigkeiten, langsame Abläufe und Schnittstellenprobleme aufwies.

Im Folgenden stellen wir das Pilotprojekt im Zahlungsverkehr vor, welches im Rahmen des Core-Process-Redesign-Projektes bei unserem Fallbeispiel durchgeführt wurde.

2. Ausgangslage: Organisationsstruktur des Zahlungsverkehrs

Die alte Organisation des Zahlungsverkehrs ist in Abbildung 25 dargestellt:

Es handelte sich um eine objektorientierte Organisation, die nach Produkten und Regionen gegliedert war. Daraus resultierten die Abteilungen Zahlungsverkehr Inland, Zahlungsverkehr Ausland und Zahlungsverkehr Produkte. Diese waren wiederum funktional gegliedert.

Die Hauptaufgaben dieser Abteilungen bestanden erstens aus der Entgegennahme und Weiterleitung von Zahlungsinstruktionen, zweitens aus deren Verarbeitung und drittens aus deren Verbuchung und Ablage. Die Zahlungsinstruktionen wurden via Post, Kurier oder elektronische Medien (Telex, Fax, SIC, SWIFT) übermittelt. Die Verarbeitung beinhaltete Unterschrifts- und Bonitätsprüfung, Feinsortierung, Datenerfassung, -ergänzung und -kontrolle sowie die Erstellung des Datenträgers. Zu den weiteren Aufgabengebieten gehörten außerdem der Verkauf und die Beratung von Zahlungsverkehrsprodukten sowie Kundendienstleistungen und Trouble Shooting (Reklamationsbehandlung und Abklärungen für interne und externe Kunden). Die wichtigsten Dienstleistungen waren:

- Abwicklung des bargeldlosen kommerziellen und privaten Bargeldverkehrs über die Bank oder die Post,
- Zahlungen von Bankkunden auf ein Bankkonto,

Die alte Organisation des Zahlungsverkehrs

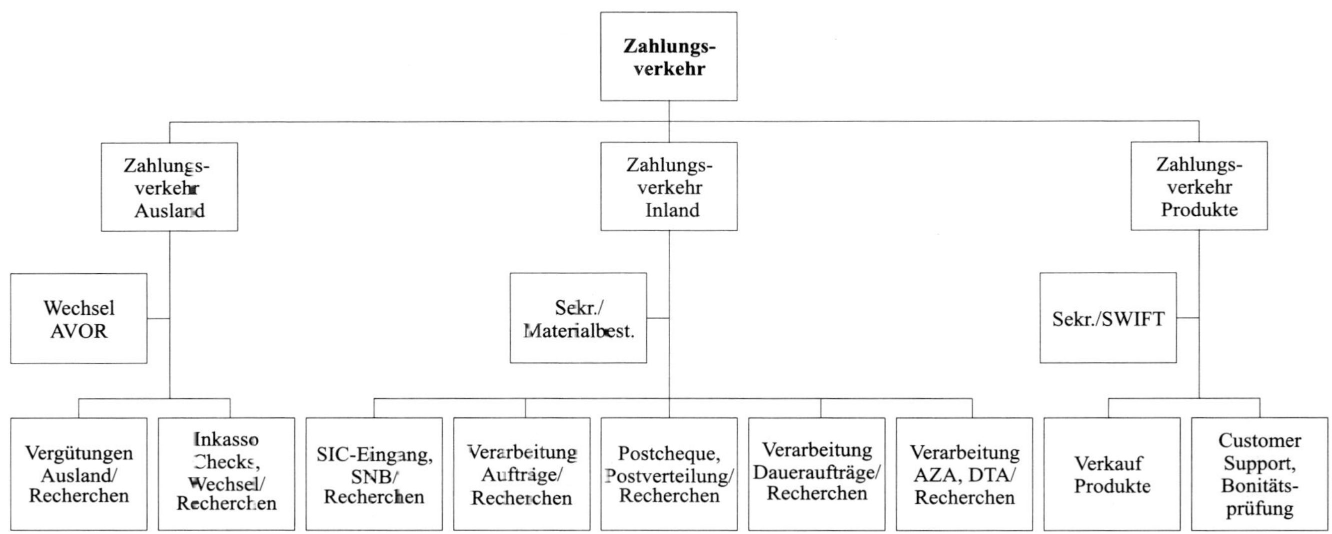

Abb. 25

- Zahlungsaufträge zugunsten Dritter, Deckungsanschaffungen, Bank-an-Bank-Zahlungen, Postzahlungen über Giro oder Mandat,
- Zahlungen von der Post auf ein Bankkonto, VESR-Zahlungen (**V**erfahren für (Bank) **E**inzahlungs**S**cheine mit **R**eferenznummern),
- Verarbeitung von Fremdwährungs- und Eigenwährungs-Schecks und Wechseln.

Die historisch gewachsenen Strukturen führten in unserem Fallbeispiel dazu, dass die Gruppen größtenteils „um die Systeme herum" organisiert wurden. Die technologischen Systeme bzw. die EDV-Applikationen bestimmten weitgehend die Aufbau- und Ablauforganisation. Dies brachte folgende Schwierigkeiten:

- Teilweise unklare und nicht adäquate Unterstellungsverhältnisse.
- Umständliche Abläufe und lange Durchlaufzeiten.
- Mangelnde Kundenorientierung durch ein Missverhältnis zwischen administrativen und produktiven Tätigkeiten.
- Zu viele Ansprechpartner im Zahlungsverkehr: Bei telefonischen Anfragen mussten Kunden unnötig oft weiterverbunden werden.
- Ausbildungsdefizit bei den Mitarbeitern: Das Know-how war auf wenige Leistungsträger verteilt. Dadurch entstanden Stellvertretungs- und Nachfolgeprobleme.
- Uneinheitliches Trouble Shooting (Reklamationsbehandlung und Abklärungen für interne und externe Kunden). Nicht überall gab es separate Gruppen für das Trouble Shooting mit der entsprechenden Spezialerfahrung als Voraussetzung für eine professionelle und schnelle Erledigung von Abklärungen.

Die Neuorganisation sollte nicht nur Effizienzverbesserungen bringen. Ebenso stand die Bildung von anspruchsvollen und attraktiven Arbeitsplätzen im Vordergrund. Dies deshalb, weil einfache und schwierige Aufgaben getrennt waren und die Mitarbeiterinnen und Mitarbeiter nicht die Möglichkeit hatten, über die Organisationsgrenzen hinweg unterschiedliche Systeme und Applikationen kennen zu lernen.

3. Das Business-Reengineering-Projekt

3.1. Ziel

Die genannten organisatorischen Schwächen im Service-Center Zahlungsverkehr sollten endgültig beseitigt werden. Zusammen mit der Beratungsfirma McKinsey & Co startete die Bank ein Core-Process-Redesign-Projekt (CPR-Projekt). Ziel dieses Projektes war die Neugestaltung der Kernprozesse, um die Kundenbedürfnisse nach qualitativ hochstehenden Dienstleistungen besser befriedigen zu können. Dies sollte einerseits durch eine neue kundenorientierte Organisationsstruktur und andererseits durch umfangreiche Weiterbildungsmaßnahmen bei den Mitarbeiterinnen und Mitarbeitern erreicht werden. Wir stellen den neu gestalteten Kernprozess der Abwicklung des Zahlungsverkehrs vor.

Zielsetzungen im Rahmen des CPR-Projektes

- Ausschöpfen von Verbesserungspotenzialen durch die Neugestaltung von Arbeitsabläufen
- Anpassung der Organisationsstruktur an die neuen Arbeitsabläufe
- Verbesserung der Kundenorientierung
- Festlegung und Dokumentation von Qualitäts-, Zeit- und Kostenstandards

3.2. Der Weg zum Ziel

In erster Linie waren Veränderungen in folgenden Bereichen notwendig, um die oben genannten Ziele zu verwirklichen:

1. Kenntnis der und Ausrichtung auf die Bedürfnisse der internen und externen Kunden
2. Erhöhte Professionalität und Effizienz der Leistungserbringung
3. Verstärkte (interne) Zusammenarbeit unter anderem durch Förderung der Teamorganisation
4. Aktive Kommunikation und Vernetzung

In einem ersten Schritt erarbeitete ein Projekt-Team, welcher Kundennutzen und welche Wertschöpfung durch den Leistungsauftrag und die entsprechende Produktgestaltung *(Value Proposition)* für den ausgewählten Untersuchungsbereich erzeugt werden sollte. In einem zweiten Schritt wurden die fünf bis sieben wichtigsten *Makro-Fähigkeiten* definiert, die zur Erfüllung der Leistungsaufträge (Value Proposition) notwendig waren. Weitere detailliertere Mikro-Fähigkeiten dienten zur genaueren Präzisierung jeder Makro-Fähigkeit. Daraus wurden im *dritten* Schritt *detaillierte Handlungsschritte* abgeleitet, welche die Umsetzung der definierten Fähigkeiten sicherstellen sollten. Die Projekt-Teammitglieder wurden von McKinsey-Beratern in dieser Methodik geschult. Die nachfolgende Tabelle zeigt beispielhaft für die Makro-Fähigkeit „Abwicklungen von Zahlungen" die daraus abgeleiteten Mikro-Fähigkeiten mit den dazugehörigen Handlungsschritten.

Die einzelnen Arbeits- und Handlungsschritte kennzeichnen den idealen Soll-Prozess. Die Projekt-Teams haben mit Hilfe dieses Soll-Prozesses die vorhandenen Defizite bzw. die bestehenden Mängel im Vergleich zum Ist-Zustand ermittelt. In der nächsten Projektphase wurden daraus weitere Teilprojekte definiert, die von verschiedenen Teams bearbeitet wur-

Handlungsschritte der Makro-Fähigkeit „Abwicklung von Zahlungen“		
Value		
„Ausführung und Avisierung von Franken- und FW-Zahlungen für Kunden der Schweizer Bank in marktgerechter Qualität (zeitgerecht und korrekt) zu marktüblichen Preisen mit möglichst tiefen Kosten“ (Ausnahme: Spezialdienstleistungen = kostendeckend)		
Makro-Fähigkeit	**Mikro-Fähigkeit**	**Arbeits- und Handlungsschritte**
Abwicklung von Zahlungen	Entgegennahme und Weiterleitung von Zahlungs-instruktionen	Post entgegennehmen
		Post öffnen und sortieren
		Kurierdienst intern + extern
		Verschlüsselung TX, FAX, SIC, SWIFT (Kontrolle + Verwaltung) = Z AVS
	Verarbeitung der Zahlungs-instruktionen	Unterschriftsprüfung
		Bonitätsprüfung
		Kurierdienst intern + extern
		Feinsortierung (Valuta)
		Intruktionen interpretieren
		Datenerfassung, -ergänzung, -kontrolle
		Datenträger erstellen
	Verbuchung der Zahlungs-instruktionen	Eingabe/Ergänzung/Kontrolle am Bildschirm
		Manuelle Belegerstellung
		Kurier an Zollstraße
		Manuelle Verbuchung, Erfassung + Kontrolle
	Ablage der Zahlungs-instruktionen	Verfilmung + Vernichtung
		Weiterleitung via DNSP an andere OEs (PC-Abschnitte, banklagernde Post, Spezial-Versand usw.)
		Abteilungsinterne Ablage + Weiterleitung
	Zusammenarbeit via ZV-Netze (SIC, SWIFT, SNB, Telekurs, PTT, Korrespondenten)	Kennen der Kontaktperson
		Kennen der Usanzen und Besonderheiten
		Gewährleistung des On-line-Betriebes SIC, SWIFT, Telex
		Kurier an SNB, PTT (VEIN)
		Weiterleitung von SAD-Band (PTT-RZ)

Abb. 26

den (Projekt 1: „Neuer Vergütungsauftrag"; Projekt 2: „Telebanking"; Projekt 3: „Führungsinformationssystem"; Projekt 4: „Teamorganisation"). So lauteten beispielsweise die Aufgaben für das Projektteam „Teamorganisation":

- Stärken-Schwächen-Profil der Mitarbeiter,
- Anforderungsprofile der Teams (Aufgaben, Funktionen, Messgrößen, Kompetenzen),
- Teamstrukturen (Gesamtstrukturen/Organigramm sowie Struktur der einzelnen Teams),
- Stellenbeschreibungen/Aufgabenkatalog,
- Mitarbeiter-Qualifikations-, Ausbildungs- und Entwicklungskonzept,
- Kosten-Nutzen-Rechnung und Vergleich alt/neu,
- Umsetzungsplan.

3.3. Ergebnisse

Die neu gestaltete Organisationsstruktur im Zahlungsverkehr ist in Abbildung 27 abgebildet.

Der Kernprozess der Abwicklung des Zahlungsverkehrs wurde nach Kundengruppen segmentiert. So war neu ein Team für Privatkunden, ein zweites für Firmenkunden und ein drittes für Anlagekunden zuständig. Diese drei Teams wurden von drei weiteren Teams, dem Team „Schecks", dem Team „Investigations" sowie dem Team „Verkauf Produkte" unterstützt. Damit wurden aus Gründen der Know-how-Spezialisierung und der Gewährleistung einer „unité de doctrine" (Team „Investigations" und Team „Verkauf Produkte") sowie der Ausnützung von Größenvorteilen (Team „Schecks") bewusst gewisse Aufgaben aus dem Kernprozess „Abwicklung des Zahlungsverkehrs" ausgelagert. Dies führte zu

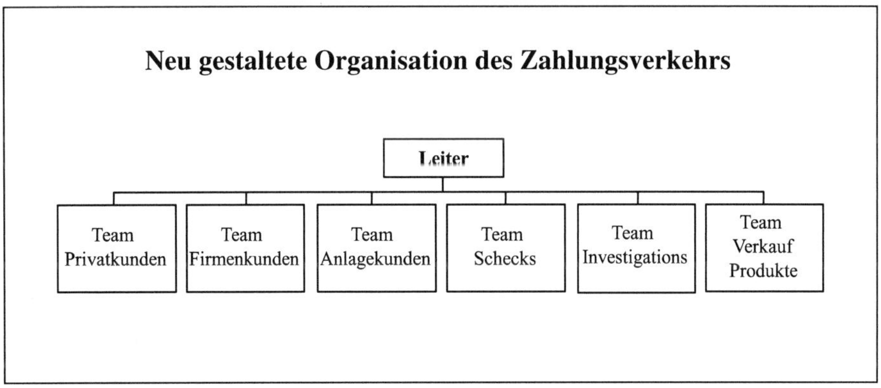

Abb. 27

einer matrixähnlichen Organisationsstruktur, da die Produktverantwortlichen fachspezifische Weisungsbefugnis gegenüber den Kundenverantwortlichen hatten. Das Team „Scheck“ war dabei für die Abwicklung von Schecks für alle Bankkunden, das Team „Investigations“ für Reklamationsbehandlung, Abklärungen sowie Qualitätssicherung und das Team „Verkauf Produkte“ für die Produktentwicklung zuständig.

Die Einführung der Teamorganisation ermöglichte die Überwindung der stark arbeitsteiligen Bearbeitung der Zahlungsverkehrsaufträge. Durch die Schaffung autonomer Teams mit Selbstverantwortung konnte eine erhebliche *Reduktion der Durchlaufzeiten* erzielt werden, da die Anzahl der Schnittstellen verringert werden konnte. Die einzelnen Teams waren neu für die vollständige Abwicklung in ihrem Bereich zuständig und als kundenorientierte Teams ausgestaltet, die nicht mehr nach Inland und Ausland differenziert waren. Die Teamorganisation brachte zudem klare Unterstellungsverhältnisse und eine geregelte Stellvertretung. Schulungen wurden durchgeführt, um in jedem Team ein umfassendes Know-how sicherzustellen. Damit konnte zugleich eine bessere Kundenberatung verwirklicht werden.

Die Zusammenfassung der Teilaufgaben in einem Prozess-Team ermöglichte ein Selbst-Controlling. Dies bedeutet, dass das Prozess-Team seine erbrachten Leistungen eigenverantwortlich messen konnte. Die traditionellen Vorgesetztenrollen änderten sich damit: Die Teamleiterinnen und -leiter führten ihr Prozess-Team nun als Coach. Das bedeutet, dass sie primär für die Motivationsförderung ihrer Teammitglieder verantwortlich waren. Gleichzeitig arbeiteten sie als Fachkraft im Team mit. Beurteilt wurden sie anhand ihrer Wertschöpfung. Als Messgrößen dafür dienten erstens die Entwicklung der Produktivität im Team, zweitens der Vergleich der Teamproduktivitäten und drittens die Kundenzufriedenheit. Die Qualifikationen und Kompetenzen der Prozess-Teammitglieder konnten dadurch verbessert werden, dass alle einen Stellvertreter ausbildeten und selbst als Stellvertreter ausgebildet wurden. Damit konnte gleichzeitig auch die Flexibilität für die Nachfolgeregelung in den einzelnen Prozess-Teams erhöht werden.

Zusammengefasst ergaben sich folgende Vorteile der neuen Organisationsstruktur:

- Abbau von Schnittstellen und Verringerung der Durchlaufzeiten
- Verflachung der Hierarchie: Die alte Organisationsstruktur basierte auf drei Abteilungsleitern und neun Gruppenleitern. Die neue benötigte nur noch fünf Teamleiterinnen und Teamleiter
- Selbst-Controlling
- Individuellere Betreuung der Privatkunden

3. Die Idee der informationellen Vernetzung

Business Reengineering ist erst durch die informationelle Vernetzung mittels neuer Anwendungen der Informatik populär geworden. Die papierbasierte Informationsübermittlung erreichte nämlich schnell ihre Grenzen, weil Zugriff, Verarbeitung und Verbreitung von Informationen aufwendig sind. Die neuen Informationstechnologien haben dies zunächst nur graduell, nicht prinzipiell verändert. Sie wurden bislang meist lediglich dazu verwendet, bestehende Arbeitsabläufe schneller und billiger zu gestalten, anstatt vollkommen neue Anwendungen zu ermöglichen. Dadurch behinderten sie bereichs- und funktionsübergreifende Aktivitäten. Genau hier setzt Business Reengineering an: Es will durch den Einsatz moderner Informationstechnologien nicht nur bestehende Prozesse automatisieren, sondern sie grundlegend neu gestalten. Es gibt mindestens neun Möglichkeiten, wie sich Informationstechnologien auf Prozesse auswirken können (vgl. Abbildung 28).

Auswirkung der Informationstechnologien auf die Gestaltung von Prozessen

Auswirkung von Informationstechnologien	**Bedeutung für die Gestaltung von Prozessen**
1. Automatisierung	Eliminierung menschlicher Arbeit aus dem strukturierten Prozess
2. Informatisierung	Sammeln von Prozessinformationen
3. Sequentialisierung und Parallelisierung	Veränderung der Aktivitätensequenz sowie Ermöglichen simultaner Bearbeitung
4. Zielorientierung	Verfolgen des Prozessstatus und Bearbeitungszustandes
5. Verbesserte Analyse	Verbesserung der Möglichkeit zur Analyse der gewonnenen Informationen und der Entscheidungsfindung
6. Überwindung geografischer Distanzen	Koordination der Prozesse über große Entfernung
7. Integration von Aufgaben	Koordination zwischen Teilaufgaben
8. Vergrößerung der intellektuellen Verarbeitungskapazität	Verbesserung der Generierung und Diffundierung von Wissen
9. Eliminieren von Schnittstellen	Minimierung kritischer Interdependenzen aus den Prozessen

Quelle: in Anlehnung an Davenport (1993, S. 51)

Abb. 28

Evolutionäre und revolutionäre Ebenen der IT-induzierten Umgestaltung von Unternehmensaktivitäten

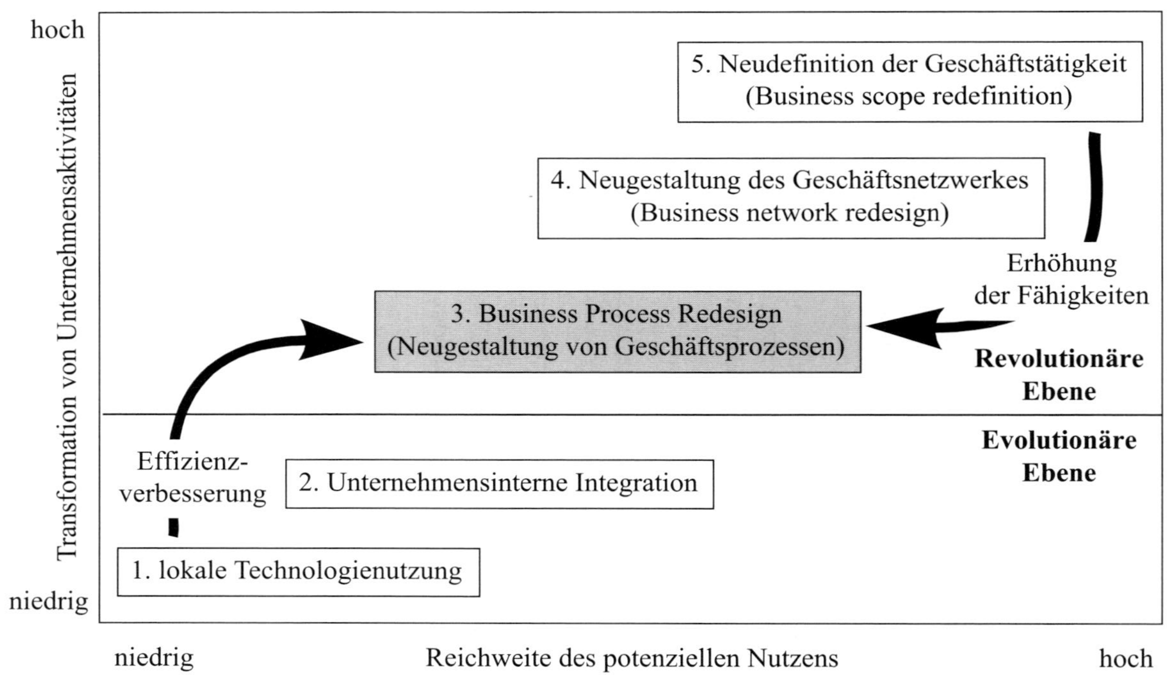

Quelle: in Anlehnung an Venkatraman (1994, S. 85)

Abb. 29

So erstaunt es auch nicht weiter, dass die meisten Autoren der Business-Reengineering-Literatur ihre Wurzeln in der Informatik haben: Wissenschaftlicher Background ist das Forschungsprogramm „Management in the 1990s" des Massachusetts Institute of Technology (MIT). Dieses hatte den Einfluss neuer Technologien auf Organisationen zum Thema. Ein wichtiges Ergebnis war, dass erfolgreiche Unternehmen Informationstechnologien nicht mehr im Sinne traditioneller Automatisierung verwendeten, sondern als „enabler" (Ermöglicher) für völlig neue Prozesse im Sinne einer revolutionären Umgestaltung.[30] Abbildung 29 zeigt auf fünf Ebenen, wie der Einsatz moderner Informationstechnologien die Umgestaltung von Unternehmensaktivitäten beeinflusst.

Die revolutionäre Wirkung der informationellen Vernetzung wird an folgendem aktuellem Beispiel anschaulich. Es zeigt, wie durch die unkonventionelle Anwendung neuer Technologien zugleich der Kundenutzen erhöht wird und das Unternehmen Kosten einspart:

> Eine holländische Supermarktkette ist dazu übergegangen, ihren Stammkundinnen und Stammkunden einen mobilen Scanner auszuhändigen, der am Einkaufswagen befestigt wird. Jede Ware, die der Kunde oder die Kundin aus dem Regal entnimmt, wird vom Scanner erfasst. Die Ware kann unmittelbar in die Tasche gepackt werden. An der Kasse wird dann ein fertiger Kassenbon präsentiert. Die Ware muss nicht mehr auf ein Band gelegt werden. Das spart Zeit und einen großen Teil des Kassenpersonals.

Die Realität hinkt der Forderung nach revolutionärem Einsatz von Informationstechnologien allerdings zeitlich hinterher. Eine Befragung der Consulting- und Marktforschungsunternehmung „Collaborative Strategies" aus dem Jahre 1997 ergab folgende Ergebnisse über den Einsatz neuer Informationstechnologien in Unternehmen,[31] die in Abbildung 30 zusammengefasst sind.

Die Unterstützung von Projektteams und die Erhöhung der Effizienz durch Büroautomation werden nach wie vor als wichtigste Einsatzfelder von Informationstechnologien angesehen. Die Unterstützung von Reorganisationen und Change Management durch Informationstechnologien spielt immer noch eine untergeordnete Rolle.

Erschwerend kommt hinzu, dass die erfolgreiche Einführung dieser unterstützenden Technologien häufig an sozialen Faktoren scheitert. Die Antwortverteilung auf die Frage „Was behindert eine erfolgreiche Einführung von neuen Informationstechnologien heutzutage in Ihrem Unternehmen am stärksten?"[32] präsentiert sich, wie aus Abbildung 31 ersichtlich.

---

30 IT-basierte Methoden und Werkzeuge zur Gestaltung von Geschäftsprozessen werden von Gadatsch (2002) entwickelt. Erfahrungen mit SAP zur Gestaltung von Business-Reengineering-Projekten beschreibt Kaiser (2002).

31 Vgl. www.collaborate.com .

32 Coleman (1997, S. 15).

Umfrage: Anwendungsgebiete von IT in Unternehmen	
Anwendung von IT bei:	Antworten
Büroautomation	101
Projekt-Teamunterstützung	86
Kundendienst	74
Elektronische Sitzungsunterstützung	70
Change Management	62
Multimedia-Integration	61
Reorganisationen	50
Wechsel von Mainframes zu Local Area Networks	31

Quelle: in Anlehnung an Coleman (1997, S. 18)

Abb. 30

Hindernisse bei der Einführung von modernen IT-Anwendungen

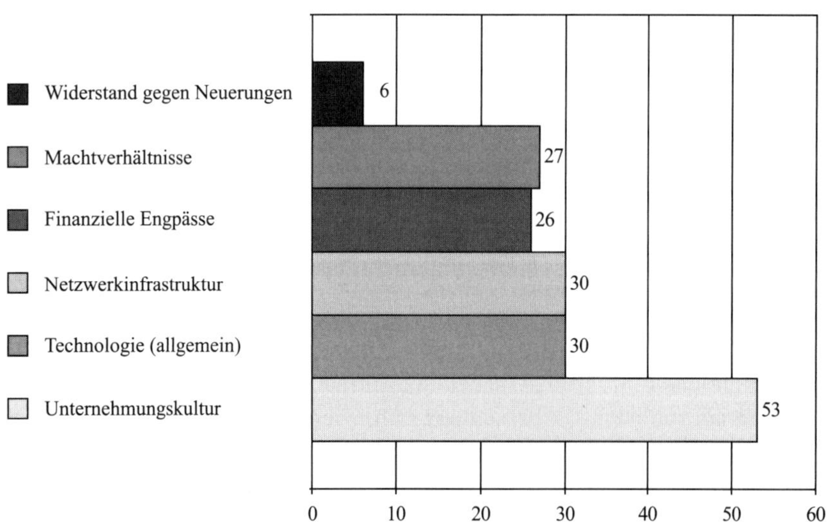

Quelle: in Anlehnung an Coleman (1997, S. 15)

Abb. 31

Viel stärker als technische oder infrastrukturelle Hindernisse behindert eine Unternehmenskultur eine erfolgreiche Nutzung von Informationstechnologien.

Wenden wir uns den galoppierenden Entwicklungen im Bereich der Telematik zu. Erst sie ermöglichen die zunehmende Anzahl von Vernetzungsmöglichkeiten und den vielfältigen Einsatz moderner Informationstechnologien innerhalb und zwischen Unternehmen. Tapscott macht zehn technologische Veränderungen dafür verantwortlich, dass die zunehmenden Möglichkeiten zur informationellen Vernetzung erfolgreich genutzt werden können:

Die zehn technologischen Veränderungen in der Telematik

	Alte Wirtschaft	**Neue Wirtschaft**
Signal	Analog	Digital
Prozessoren	Herkömmliche Halbleiter	Mikroprozessoren
System	Basierend auf zentralen Rechnern	Client Server Architektur
Netzkapazität	„Gartenweg"	„Datenautobahn"
Zugehörige Vorrichtung	Unintelligenter Zugang	Informationsgerät
Formen der Information	Separate Daten, Texte, Stimme, Bilder	Multimedia
System	Firmeneigen	Offen
Netze	Unintelligent	Intelligent
Software-Entwicklung	Handwerk	Objekt-Computertechnik
Schnittstelle	GUIs (grafische Benutzeroberfläche)	Multimedia User Interface (MUI), Multi User Dungeons (MUDs)

Quelle: Tapscott (1996, S. 124)

Abb. 32

Die einflussreichste Veränderung wird in der *Digitalisierung der Netze* gesehen. Im Zuge der Digitalisierung können verschiedenste Arten von Informationen in Sequenzen von Einsen und Nullen (Spannung, keine Spannung) umgewandelt werden. Die Informationen bestehen also nicht mehr aus analogen Signalen oder in physischer Form so wie beispielsweise Atome. Durch die Digitalisierung können Zahlen, Buchstaben, Töne, Bilder, Filmsequenzen und ganze 3-D-Welten mitsamt Bewohnern und eigener Sozialstruktur von den Rechnern als das Vorhandensein oder das Nicht-Vorhandensein von elektrischer Spannung interpretiert werden. Die Digitalisierungstechnologie hat gar Branchen miteinander in den Wettbewerb gestellt, die unterschiedliche Pfründe abzugrasen schienen: die Kabel- und Telefongesellschaften. Auf ihren Netzen können Kabelgesellschaften ebenfalls digitalisierte Informationen – beispielsweise vormals via analoge Telefonleitungen übertragene Gespräche – transportieren und dies viel schneller.

Die Lagerung und Verwaltung von digitalisierten Daten und deren Übermittlung werden gegenwärtig noch immer durch zwei der oben aufgeführten Technologien gehemmt: *Erstens* sind die bestehenden Netze (die Leitungen) häufig zu wenig leistungsfähig. *Zweitens* sind sogar die leistungsfähigsten Prozessoren (die Dateninterpretatoren) für viele Unternehmen noch unerschwinglich.

- Den *ersten* Engpass können zwei Entwicklungen beseitigen. Zum einen werden die in den Netzen verwendeten Protokolle (die in den Leitungen gesprochene Sprache) immer ausgeklügelter. Raffiniertere Methoden zur Kompression und Bündelung der digitalen Datenpakete ermöglichen in gleich bleibenden Netzen eine schnellere Übertragung. Zum anderen werden die bestehenden Netze physisch ausgebaut. Dies geschieht sowohl auf der Ebene von Unternehmensnetzwerken als auch auf der Ebene der Vernetzung, des Internets. LEOs (Low Earth Orbit Satellites) und Internet II sind bereits in der Umsetzungsphase. Die Geschwindigkeit, mit der Daten durch die Netze transportiert werden, wird in Bits/Sekunde gemessen. Dabei gilt: Je höher die Bandbreite des Netzes („Straßenbreite") ist, desto höher ist das bewältigbare Datenverkehrsaufkommen. In dieser Analogie entspricht das herkömmliche Telefonnetz einem Spazierweg von einem Meter Breite. Von einem Superhighway sprechen wir, wenn die Straßenbreite einige Kilometer überschreitet und wir Datenmengen von einigen öffentlichen Büchereien pro Sekunde durch die Netze schicken können.

- Den *zweiten* Engpass wird die Evolution im Bereich der Chipfertigung („leistungsfähiger, aber billiger") vermutlich selber eliminieren. In den letzten Jahren konnte die Rechengeschwindigkeit der leistungsfähigsten Prozessoren näherungsweise durch folgende Formel berechnet werden: „Zwei hoch die Leistungskraft von n, wobei n das jeweilige Jahr minus 1986 ist."[33] Daraus ergibt sich für 1998 ein Wert von 2 hoch 12, also über 4 Milliarden Instruktionen pro Sekunde, die ein Prozessor auf einem einzigen Desktoprechner bewältigen kann. Hätten Autos auch eine solche Entwicklung vollzogen, so würden sie heute 3 Franken kosten und 15 000 Stundenkilometer schnell sein. Allerdings wären sie auch bloß fünf Zentimeter lang und würden hin und wieder zusammenbrechen, wie dies Computer auch zu tun pflegen.

Intelligente Netze bedeuten: Ihre Benutzerinnen und Benutzer müssen nicht zuerst eine regelrechte Ausbildung darin absolvieren, ihre benötigten Informationen aus einer verzet-

33 Tapscott (1996, S. 127).

telten und möglichst tiefen hierarchischen Datenstruktur zusammenzusuchen. Zwei Entwicklungen helfen, diese eventuellen Missstände abzubauen: *Erstens* dezentrale Netzarchitekturen (Client-Server-Lösungen) und *zweitens* die Hypermediastrukturierung der in den Netzen angebotenen Inhalte.

- Ein dezentraler Aufbau von Netzwerken hilft, sich besser darin zurechtzufinden. Erste Navigationsentscheidungen, die beim Arbeiten mit zentralen Rechnern (Mainframes) noch notwendig waren, fallen nun weg. Beispielsweise haben einzelne Geschäftsbereiche in Unternehmen inzwischen ihre eigenen Server und müssen sich nicht mehr einen zentralen teilen.

- Hypermedia erlaubt, innerhalb und zwischen Dokumenten hin- und herzuspringen, ohne dass die Dokumente gesucht, aufgerufen und von Anfang bis Ende durchgelesen werden müssen.

Hypermedia liegt dem World Wide Web (WWW), einem Teil des Internets, zugrunde. Diese wissenschaftlichen, unternehmensbezogen-kommerziellen, persönlichen oder auch der Unterhaltung dienenden Homepages zeichnen sich allesamt durch Querverweise aus, die von einem Server-Computer am einen Ende der Welt zu einem anderen am entgegengesetzten Pol zeigen können. Wird Hypermedia innerhalb eines Unternehmensnetzwerkes verwirklicht, so kann mittels Querverweisen innerhalb von Dokumenten zwischen verschiedenen Servern im Unternehmen „gesurft“ werden. Diese informationsanbietenden Geräte können dabei geografisch beliebig weit verstreut sein und unterschiedlichen Geschäftsbereichen angehören.

Intranet heißt allgemein die Umsetzung von Hypermedia und anderen Internet-Technologien (Protokolle und Software, insbesondere Browser und Internetserver-Software) zur Informationsunterstützung innerhalb eines Unternehmens. So können beispielsweise Mitarbeiterinnen und Mitarbeiter ihre eigene Hauszeitung zusammenstellen. Darin können Meldungen in Textform enthalten sein, Ansprachen von Managern als Audiodateien sowie Filmdokumente von bedeutsamen Ereignissen innerhalb und außerhalb des Unternehmens. Ebenfalls denkbar sind in Echtzeit übertragene elektronische Diskussionen zwischen Mitarbeiterinnen und Mitarbeitern zu aktuellen Themen, die in Textform oder als öffentliche Videokonferenzen ausgestrahlt werden können. Die dezentrale Ablage von Daten in Intranets und im Internet, sowie die Vielzahl von Querverweisen, führt jedoch auch zu veralteten Dokumenten und zu einer Menge an Informationen, die häufig als belastend („Informationsüberlastung“) empfunden wird. Gegenwärtig werden verschiedene Software-Programme zur Reife entwickelt, die als Agenten oder Software-Roboter, „Softbots“ oder „Knowbots“ genannt, das Surfen und Suchen nach den relevanten Informationen übernehmen und das Resultat anschließend den Benutzern veranschaulichen. Mit der Zeit sollen sie zudem Standardkommunikation erledigen können und in die Netze eingebaut werden. Diese werden dadurch zunehmend „intelligent". Momentan können diese Anstrengungen am besten bei der Entwicklung der Suchsoftware im Internet, bei den so genannten „Suchmaschinen", beobachtet werden.

Benutzerschnittstelle bedeutet die Art und Weise, wie Benutzer von Computernetzwerken die gefundenen Daten betrachten, bearbeiten, speichern, drucken und versenden. Gemeint ist damit – vereinfacht ausgedrückt – wie sich diese und andere Befehle auf dem Bildschirm konkret anwählen lassen. Früher kommunizierten Programmierer und Anwender mittels auswendig gelernten Befehlen mit den Rechnern, indem sie diese auf schwarze Bildschirme eintippten. Gegenwärtig dominieren so genannte grafische Benutzerschnittstellen („Graphical User Interfaces", GUIs). Bei GUIs werden die Befehle durch Symbole, so genannte *icons,* auf dem Bildschirm abgebildet. Sie lassen sich per Mausklick anwählen. Der Bildschirm repräsentiert in der Regel einen virtuelle Schreibtischoberfläche mit Bürohilfsmitteln wie Papier (Textverarbeitung), Ablagefächer (Datenbankprogramme), Rechner (Tabellenkalkulation) oder Papierkorb. In Zukunft werden Benutzerschnittstellen vermehrt multimediale dreidimensionale Metaphern umzusetzen versuchen, wie zum Beispiel die Navigation in einem Bürohochhaus. In diesen Fällen sprechen wir von Multimedia-Benutzerschnittstellen und „Multi-User-Dungeons" (MUIs und MUDs). Wir haben bereits erlebt, wie die WWW-Internetseitenerstellung mit HTML (Hypertext Markup Language), die Art und Weise wie Informationen multimedial abgelegt und angezeigt werden, revolutioniert hat. Die dreidimensionale Variante davon heißt VRML (Virtual Reality Markup Language). Produkte dieser Programmierart sind MUDs. Im Internet wurde diese Idee bereits umgesetzt, um virtuelle Treffpunkte wie Städte oder Raumstationen einzurichten. In ihnen treffen sich Menschen aus aller Welt online, um miteinander via Text in Echtzeit zu kommunizieren. Ihren Kommunikationspartner wählen sie sich anhand seines Übernamens und seines „Avatars" aus. Ein Avatar ist eine dreidimensionale Grafikfigur, die im einfachsten Falle aus zwei „zusammengeklebten" Bildern, der Vorder- und der Rückansicht, besteht. Es ist heute noch kaum auszudenken, welche Anwendungen in Unternehmen und in deren Intranets entstehen werden, wenn diese Schrittmachertechnologie die Vorreiterrolle in Cyber-Spielen verlässt und in kommerzielle Produkte umgesetzt wird. Tapscott denkt noch visionärer und entwickelt gar die Mausanalogie zur Maulwurfanalogie weiter, denn Maulwürfe können graben und sich somit dreidimensional in Welten bewegen, die irgendwann den Bildschirm verlassen und uns als Hologramme in der Luft angezeigt werden.[34]

Welche Arten von Geschäftsprozessen können nun durch die skizzierten Entwicklungen in der Telematik neu gestaltet werden? Davenport und Short unterscheiden drei Prozessarten mit unterschiedlichem organisatorischen und informationstechnischen Anforderungen.[35]

34 Vgl. Tapscott (1996, S. 150).
35 Vgl. Davenport/Short (1990, S. 18 f.).

- Erstens *interorganisationale* Prozesse zwischen zwei oder mehreren Unternehmen. Bei diesen geht es um die Koordination zwischen Aktivitäten entlang der Wertschöpfungsketten, die dadurch immer mehr zu einem „Wertschöpfungsnetz" werden.[36] Ein Beispiel wäre die Bestellung bei Lieferanten via elektronischer Datenschnittstelle (EDI, „Electronic Data Interface"). Aufgabe der Informationstechnologien ist es hierbei, anfallende Transaktionskosten zu reduzieren, das heißt die Kosten, die bei Vertragsanbahnung, -abschluss und -überwachung anfallen. Aus diesen Überlegungen resultieren neue organisatorische Formen, wie das „virtuelle Unternehmen" oder „semipermanente strategische Allianzen".[37]

  EDI lässt sich heutzutage vielseitig einsetzen. Die dabei verwendeten Schnittstellen für den Austausch von Handels-, Produkt- oder Textdaten sind durch verschiedene Standards spezifiziert. Der bekannteste Standard heißt „EDIFACT" (EDI for Administration, Commerce and Transport) und versucht, Datenaustauschtransaktionen für möglichst viele Branchen gleichzeitig zu regeln. Daneben bestehen viele weitere branchenspezifische Standards. Abbildung 33 gibt einen Überblick über EDI-Anwendungen:

Einsatzmöglichkeiten von EDI

Quelle: in enger Anlehnung an Picot/Reichwald/Wigand (1996, S. 58)

Abb. 33

36 Tapscott (1996).

37 Zum virtuellen Unternehmen vgl. Kapitel IV.2.3.

- Zweitens *interfunktionale* Prozesse, die horizontal funktionsübergreifend innerhalb der Organisation verlaufen. Ein Beispiel dafür ist die Produktentwicklung. Informationstechnologien werden hier zur Überbrückung von Zeit und Raum eingesetzt. Produktentwicklungsteams können heute über den gesamten Globus hinweg zusammenarbeiten und dabei Skizzen austauschen, kostengünstig computergestützt in Echtzeit kommunizieren. Es ist bereits möglich, in virtuellen Design-Räumen um die zu konstruierenden Objekte, beispielsweise Autos oder Flugzeuge, „herumzugehen" und diese fahren bzw. fliegen zu lassen.[38]
- Drittens *interpersonale* Prozesse. In diesen werden verschiedene Aufgaben zu Prozess-Teams integriert. Die Prozess-Teams werden künftig die kleinste organisatorische Einheit darstellen. Dezentrale Datenzugriffsmöglichkeiten für alle Mitarbeiterinnen und Mitarbeiter sowie *groupware* ermöglichen eine zunehmend papierlose, simultane Informationsverarbeitung, ohne diese in starre Abläufe zu pressen.[39] Peters kennzeichnet dies treffend als *E-Mail-Ethos*.[40] Dadurch werden die Prozesse für die Mitarbeiter leichter überschaubar. Die kundenoriertierte Rundumbearbeitung kann realisiert werden.

Das Beispiel der Winterthur Versicherungen veranschaulicht im Folgenden, welche Konsequenzen die zunehmende Vernetzung und der Einsatz moderner Informationstechnologien haben kann.

---

38 So wurden beispielweise der Chrysler „Neon", der Ford „Mustang 1994" und die Boeing 777 zum Teil virtuell entworfen und getestet, vgl. Tapscott (1996).

39 Zur genaueren Definition des Begriffs Groupware vgl. Kapitel III.3.3.

40 Vgl. Peters (1993, S. 186).

FALLBEISPIEL

Winterthur Versicherungen

Das Fallbeispiel Winterthur Versicherungen zeigt exemplarisch, wie durch informationstechnologische Vernetzung ein Kernprozess (der Antragsbearbeitungsprozess) völlig neu gestaltet werden konnte. Dadurch wurde gleichzeitig die Arbeitsteilung zwischen Zentrale, regionalen Direktionen, Generalagenturen und Außendienst umgekrempelt. Die Organisationsstruktur ist jetzt flacher, und es entstand eine kundenorientierte Rundumbearbeitung. Möglich wurde dies durch den Einsatz des mobilen Notebook-Computers.

1. Das Unternehmen und sein Umfeld

Die zur Credit Suisse Group gehörende Winterthur ist in der Schweiz – mit einem Marktanteil von über 21 Prozent – der führende Allbranchen-Versicherer. Sie ist kompetenter Partner für Privatpersonen und Unternehmungen in allen Versicherungsfragen. Jeder dritte Haushalt und jede zweite Unternehmung sind Wintertur-versichert. Allein im Nicht-Leben-Geschäft generiert die Winterthur in der Schweiz ein Prämienvolumen von rund 3 Milliarden Franken.

Rund 5 000 MitarbeiterInnen arbeiten in der Market Unit Schweiz für das Nichtleben-Geschäft, davon rund ein Fünftel am Hauptsitz in Winterthur.

Die Anteile in den wichtigsten Versicherungssparten bewegen sich durchweg zwischen 15 und 25 Prozent. In der Branche Motorfahrzeug ist die Winterthur mit über einer Million Policen die unbestrittene Nummer Eins.

Das Reengineering-Projekt der Winterthur wurde im Bereich Privatkundengeschäft der Market Unit Schweiz Nicht-Leben durchgeführt.

Das Wettbewerbsumfeld der Versicherungen ist im wesentlichen durch die anfangs der neunziger Jahre erfolgte Deregulierungen gekennzeichnet. So ist die Genehmigungspflicht für Tarife und Bedingungen im Großrisikobereich der Schadensversicherung und weitestgehend die Genehmigungspflicht im Massengeschäft der Nicht-Lebens-Versicherung aufgehoben worden. Die Deregulierung und Liberalisierung hat eine verstärkte Differenzierung der Produkte, der Preise und der Absatzwege zur Folge. Dies stellt an die Versicherungsagenturen wie an die Kunden neue Anforderungen. Die Differenzierung von Versicherungsprodukten nimmt zu. So hatten Kunden bisher beim Abschluss einer Motorfahrzeug-Versicherung lediglich die Wahl zwischen Standardangeboten wie einer Vollkasko- oder Teilkasko-Versicherung. Heute kann sich die Kundin oder der Kunde aus vielen verschiedenen Versicherungskomponenten eine auf spezifische Bedürfnisse individuell abgestimmte Police zusammenstellen. Beispielsweise kann man sein Auto nach verschiedenen Risiken versichern: Hat das Auto eine Wegfahrsperre oder Scheibengravuren? Soll die teure Stereoanlage mitversichert werden oder nicht? Ist die Automarke reparaturfreundlich oder nicht? Alles dies fließt in die Tarifierung und damit in die Versicherungsprämie ein. Das erfordert einerseits eine hohe Qualität der Kundenberatung, andererseits einen viel höheren Rechnungsaufwand als früher. Die benötigte informationstechnologische Unterstützung wächst und setzt Versicherungsunternehmen unter zusätzlichen Kostendruck. Wie bewältigt die Winterthur diese neuen Anforderungen? Der erste Schritt war die Neugestaltung der Antragsbearbeitung, der zweite Schritt die der Schadenabwicklung. Im Folgenden stellen wir das Business-Reengineering-Projekt der Antragsbearbeitung dar, das als Erstes in Angriff genommen wurde.

2. Ausgangslage – Das Versicherungsgeschäft im Privatkundenbereich

2.1 Die Organisationsstruktur

Die Organisation der Market Unit Schweiz Nicht-Leben ist in Abbildung 34 dargestellt. Sie ist in die Abteilungen Distribution & Marketing, Technik, Schaden, Corporate Center, Informatik und Human Ressources gegliedert. Der Vertrieb gehört zum Bereich Distribution & Marketing. Die Marktbearbeitung erfolgt über ein diversifiziertes Vertriebsnetz. Wichtigste Stützpunkte sind die 6 Direktionen (Suisse Romande, Bern, Zürich, Zentral- und Nordwestschweiz, Ostschweiz sowie Tessin). Diese sichern über die ihnen angeschlossenen 85 Generalagenturen und 450 Hauptagenturen/Agenturen die für das Versicherungsgeschäft notwendige Nähe zum Kunden. Diese Struktur ist historisch und föderalistisch gewachsen. Rund 1 500 Außendienstmitarbeiterinnen und -mitarbeiter stehen in diesen „kleinsten Einheiten vor Ort“ im direkten Kundenkontakt. Sie schließen mit den Kunden die Verträge ab und sind auch für Änderungswünsche zuständig. Ihr Einkommen besteht zum großen Teil aus Provisionen. Jeder Außendienstmitarbeiter gehört einer Agentur oder Generalagentur an, welche für ein bestimmtes geografisches Gebiet zuständig ist.

2.2 Das Produkt

Schließt ein Kunde oder eine Kundin bei einer Versicherung eine Police ab, so soll damit das Bedürfnis nach Sicherheit befriedigt werden. Beim Abschluss einer Police möchten die Kunden gut beraten und über die verschiedenen Ausgestaltungsmöglichkeiten informiert werden. Tritt ein Schadenfall ein, sei es im Rahmen der Motorfahrzeug- oder der Haftpflichtversicherung, so sind sie an einer möglichst unbürokratischen raschen Erledigung ihres Vorfalls interessiert. Sie müssen wissen, an wen sie sich wenden können und sich darauf verlassen können, dass sie ihr Geld bekommen. Den Verantwortlichen der Winterthur war klar, dass in dieser Aufgabe, nämlich *der für die Kundinnen und Kunden zufriedenstellenden und unkomplizierten Abwicklung der Versicherungsanträge und der Schadenmeldungen*, ihre Kernfähigkeit liegt.

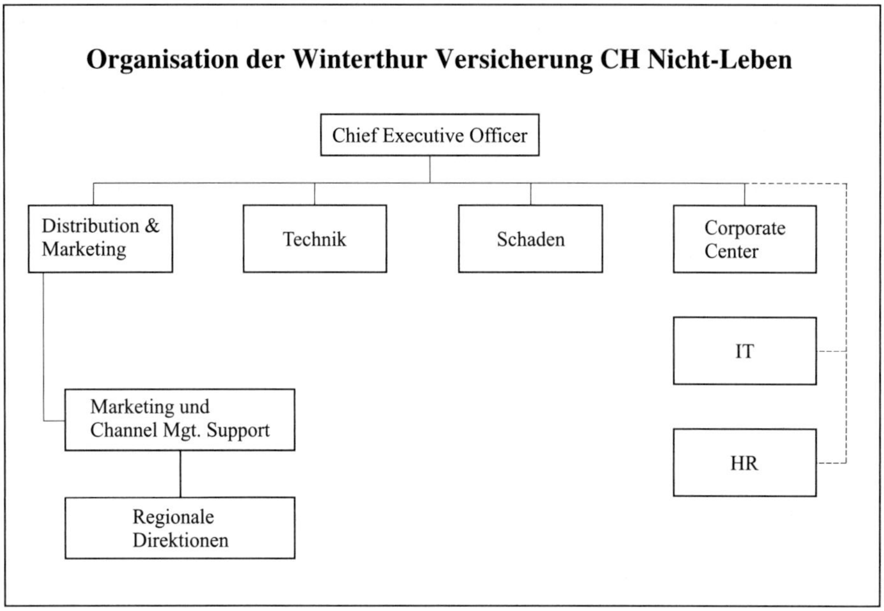

Abb. 34

2.3 Der bisherige Abschluss einer Versicherungspolice

Kundinnen oder Kunden, die eine Versicherung abschließen wollten, nahmen bisher entweder mit einem Berater oder einer Agentur Kontakt auf, um einen Termin zu vereinbaren. Die Mitarbeiterin oder der Mitarbeiter im Außendienst besuchte die Kunden in der Regel zu Hause. Informationen über Versicherungs- und Tarifgestaltungen wurden verschiedenen Handbüchern entnommen, die jährlich aktualisiert wurden. Manchmal gestaltete sich die Berechnung der erforderlichen Daten schwierig, sodass lediglich die benötigten Kundendaten aufgenommen werden konnten. Diese wurden später im Büro berechnet und den Kunden bei einem weiteren Besuch vorgelegt. Ein Antragsformular wurde dann ausgefüllt, von der Kundin oder dem Kunden unterschrieben und an die zuständige Agentur weitergeleitet. Dort wurden die Daten von Agenturmitarbeiterinnen und -mitarbeitern elektronisch erfasst. Fast 70 Prozent der Anträge waren dabei unvollständig oder fehlerhaft ausgefüllt. Sie wurden zur Nachbearbeitung an die Außendienstmitarbeiter zurückgeschickt. Die Folge: Neue Anfrage bei den Kunden, Vervollständigung des Formulars und nochmaliges Erfassen in der Agentur. Gleiches galt für die Anträge, in denen der Versicherungsabschluss in der vorhergesehenen Form aufgrund der Risikogruppe oder des bisherigen Versicherungsverlaufs nicht möglich war. Erst wenn alle Daten im Zentralcomputer korrekt erfasst waren, erfolgte die Erstellung der Versicherungspolice und der Beitragsrechnung. Diese wurde automatisch verpackt und im Direktversand an die Kunden geschickt.

Die folgende Abbildung zeigt noch einmal, wie viele Arbeitsschritte nötig sind, damit die Policenerstellung vollständig durchgeführt werden kann.

Bisheriger Prozess der Antragsprüfung und Policenerstellung

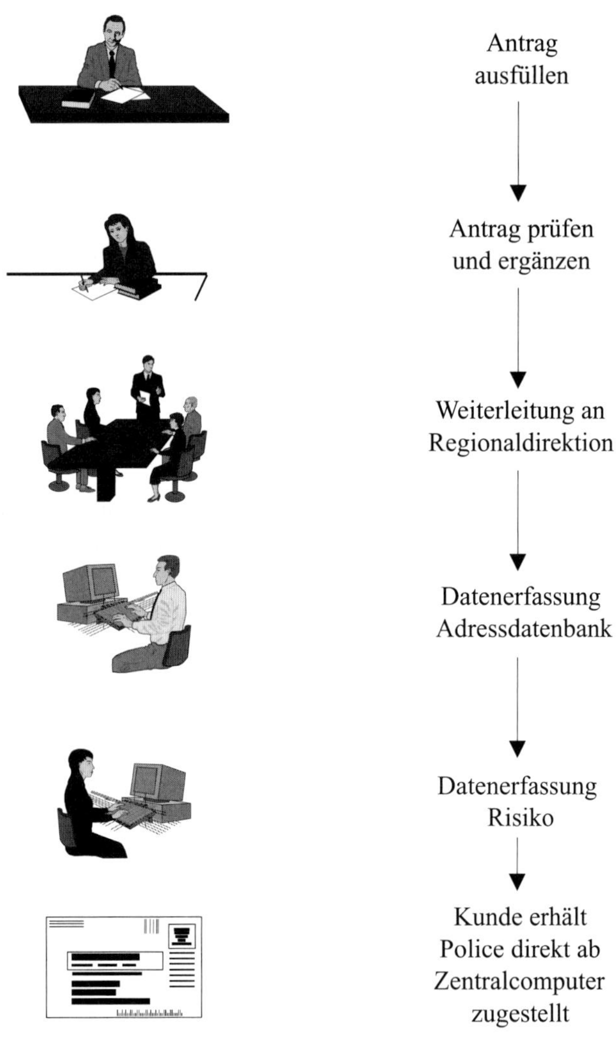

Abb. 35

Der Datenanfall ist riesig: Ein Bestand von 2,3 Millionen Policen muss verwaltet werden. Jährlich sind rund 1,3 Millionen Neugeschäfte und Änderungen nachzuführen. Dies ergibt jedes Jahr einen zu bearbeitenden Aktenberg, der dreimal so hoch ist wie der Eiffelturm. Hinzu kam, dass die Kunden zwar nur einen Ansprechpartner hatten, nämlich die Außendienstmitarbeiterin oder den -mitarbeiter. Dennoch gingen die Antragsdokumente durch zahlreiche Hände und damit die Verantwortlichkeit leicht verloren.

3. Das Business-Reengineering-Projekt

3.1 Das Ziel

Mitarbeiterinnen und Mitarbeiter der Winterthur beschäftigten sich laufend mit der Erneuerung der bestehenden Informationstechnologien. Zu diesem Zeitpunkt kamen nämlich in den einzelnen Generalagenturen und Agenturen unterschiedliche Informatik-Systeme zum Einsatz. Sollte man die bestehenden Anlagen nur vereinheitlichen oder etwas völlig Neues entwickeln? Sollte man mit einer neuen Technologie bisherige Funktionen unterstützen oder musste der Prozess der Antragsbearbeitung nicht grundlegend neugestaltet werden? Die Antwort war angesichts der Deregulierung nicht schwierig: Um die immer vielfältiger und aufwendiger werdenden Versicherungsangebote schnell und fehlerlos verarbeiten zu können, brauchte man neue Lösungen! Ein Team aus Mitarbeitern der Informatikabteilung und der Betriebsorganisation startete deshalb das Business-Reengineering-Projekt V3. V3 steht für Verkauf, Vorbereitung und Verarbeitung. Das sind die drei Phasen der Bearbeitung eines Versicherungsantrages.

Ziel dieses Projektes war es, durch den Einsatz einer neuen Informationstechnologie die Prozessbearbeitung „aus einer Hand" zu ermöglichen. Bisher galt der Spruch: „Jede Stelle ist eine Liegestelle", was Zeitverzug und Fehleranfälligkeit zur Folge hatte. Nun sollte eine kundenorientierte Rundumbearbeitung erfolgen. Die Prozesse sollten *vom Kunden zum Kunden* gehen und von einer *verantwortlichen Person* abgewickelt werden. 1 500 Außendienstleute sollten in die Lage versetzt werden, direkt vor Ort Versicherungsverträge abschließend zu bearbeiten. Dazu sollten sie automatisch mit Dokumenten und Vertragsbestimmungen beliefert werden, die zentral aktualisiert werden. Es gibt jetzt ein Winterthur-Netzwerk, das den Außendienstmitarbeiterinnen und -mitarbeitern zur Verfügung steht und Tarifänderungen über Nacht einspielt. Fazit: Anders als andere Versicherungsunternehmen, die ihren Außendienst mit mobilen Computern ausgerüstet haben, welche lediglich den Berechnungsvorgang unterstützen, haben die Winterthur Versicherungen den Prozess der Antragserstellung und -bearbeitung *grundlegend verändert.*

3.2 Der Weg zum Ziel

Ein Meilenstein war die Entwicklung neuer Prozesse mit integriertem Einsatz eines mobilen Notebook-Computers am ,,Point of sale" bzw. als umfassendes Arbeitsinstrument des Kundenberaters. Bei flächendeckendem Einsatz wird der mobile Notebook-Computer nicht nur große Kosteneinsparungen erbringen, sondern auch die Flexibilität im Markt erhöhen: Dank des mobilen Notebook-Computers kann die Anzahl der Kundenbesuche pro Tag verdoppelt werden. Eine Beratung kann von bisher ein bis zwei Stunden auf weniger als eine halbe Stunde verkürzt werden. Aktualisierte Tarife und Vertragsbedingungen können über Nacht in den mobilen Notebook-Computer überspielt werden. Damit kann die Winterthur viel rascher auf sich ändernde Marktbedingungen reagieren, etwa wenn Autodiebstähle in bestimmten Gebieten plötzlich zunehmen.

3.3 Das Ergebnis

Der Einsatz des mobilen Notebook-Computers beim Versicherungsabschluss hat nachhaltige organisatorische Konsequenzen. So können die Antragsformulare und weitere Informationen beim Kunden nicht nur erfasst, sondern auch gleich verarbeitet werden. Der mobile Notebook-Computer speichert sämtliche Informationen über Versicherungsbedingungen, Tarife und Gestaltungsvarianten, die das Nachblättern in den Handbüchern obsolet werden lassen. Diese Informationen lassen sich viel kurzfristiger als die Handbücher aktualisieren. Während früher der aufwendige Tarifänderungsprozess höchstens alle zwei Jahre einmal vorgenommen werden konnte, sind nun viel raschere Überarbeitungen möglich. Damit kann die Winterthur auf dem deregulierten Markt flexibel reagieren. Die neuen Tarife können über Nacht auf den mobilen Computer transferiert werden. Dazu wird der mobile Notebook-Computer in den Agenturen an so genannte Datentankstellen angeschlossen. Diese sind mit dem Computernetz der Zentrale verbunden. Von dort aus werden die aktuellen Datensätze via Datentankstelle dem mobilen Notebook-Computer übertragen. Zusätzlich bietet der mobile Notebook-Computer die Möglichkeit, dem Außendienstmitarbeiter alle über die Kunden verfügbaren Informationen zum Kundenbesuch mitzugeben. Die Agentin oder der Agent hat dann beispielsweise genaue Angaben zu bestehenden Versicherungen eines Kunden dabei und kennt dessen bisherige Schadenbiographie. Sie wissen, ob sie einen „guten" oder „schlechten" Kunden vor sich haben und können unmittelbar die Tarife anpassen.

Der neue Antragsbearbeitungsprozess

Hat eine Kundin oder ein Kunde einen Beratungstermin vereinbart, ist der Abschluss einer Versicherungspolice so gestaltet, wie aus Abbildung 36 ersichtlich wird:

Neu gestalteter Prozess der Antragsprüfung und Policenerstellung

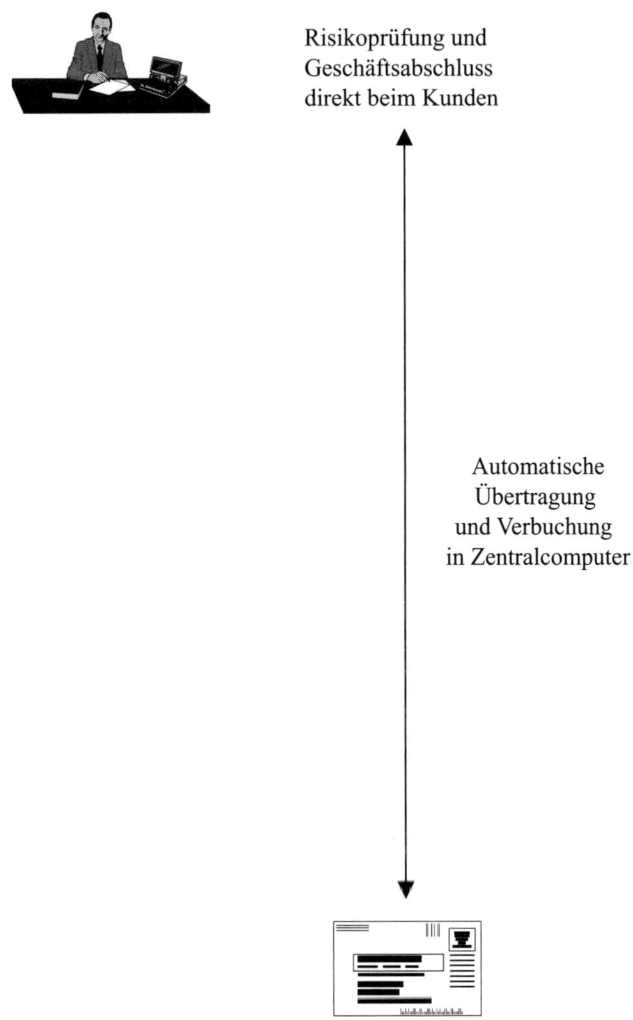

Abb. 36

- *Vor dem Kundenbesuch*
  Bevor die Mitarbeiterin oder der Mitarbeiter im Außendienst die Kunden besucht, wird der mobile Notebook-Computer in der Agentur mit den aktuellen Datensätzen „aufgetankt“. Zu den Kundendaten gehören nicht nur die üblichen Informationen über bestehende Verträge, sondern auch solche über mögliche Vertragsänderungen oder Neugeschäfte, die sich aufgrund des Vertragsverlaufes – insbesondere der Schaden- und Inkassosituation – ergeben. Außerdem können persönliche elektronische Nachrichten abgerufen werden, wie beispielsweise von der Agentur vereinbarte Termine.

- *Bei den Kunden zu Hause*
  Die Außendienstmitarbeiter beraten die Kunden über die verschiedenen Ausgestaltungsmöglichkeiten einer Police und erstellen diese vor Ort. Der mobile Notebook-Computer ersetzt das alte Antragsformular. Der Aufbau des Formulars auf der Bildschirmoberfläche des mobilen Notebook-Computers entspricht weitgehend dem bekannten Antragsformular, sodass die Umstellungsschwierigkeiten für die Berater gering sind. Verschiedene Varianten der Policengestaltung werden vom mobilen Notebook-Computer schnell und einfach ausgerechnet und die möglichen Prämienoptionen aufgezeigt. Die Kundin oder der Kunde erhält die Möglichkeit, sich einen individuellen Versicherungsschutz zusammenzustellen. Eine fehlerhafte Dateneingabe wird vom Computer sofort angezeigt. Korrekturen werden direkt vor Ort erledigt. Die Daten können persönlich erläutert werden. Im Rahmen der Annahmerichtlinien erfolgt das Underwriting automatisiert. Die verschiedenen Offerten können mit einem portablen Drucker ausgedruckt werden. Dies ist besonders wichtig, wenn sich die Kundin oder der Kunde nicht sofort entscheiden kann. Dann werden die Offerten im Computer gespeichert, sodass sich eine nochmalige Dateneingabe bei einem späteren Abschlusszeitpunkt erübrigt.

- *Nach dem Kundenbesuch*
  Die Außendienstmitarbeiter schließen ihre mobilen Notebook-Computer in der Agentur an die Datentankstelle an und übermitteln die Daten direkt auf den Großrechner in der Zentrale. Von dort aus werden die weiteren Verarbeitungsschritte wie Erstellung und Versand der Policen, der Rechnungen und die Berechnung der Provisionen vorgenommen. Die neue Prozessgestaltung bewirkt, dass die Generalagenturen entlastet werden, weil die Daten direkt vom Außendienst an die Zentrale übermittelt werden. Sie erhalten stärker als zuvor eine Beratungsfunktion für komplexe Versicherungsfälle oder können den Außendienst bei der systematischen Marktbearbeitung unterstützen (Mailings, telefonische Besuchsvereinbarung).

Abbildung 37 zeigt noch einmal abschließend, wie die Antrags- und Offertenverarbeitung durch den Einsatz der mobilen Notebook-Computer neu gestaltet ist.

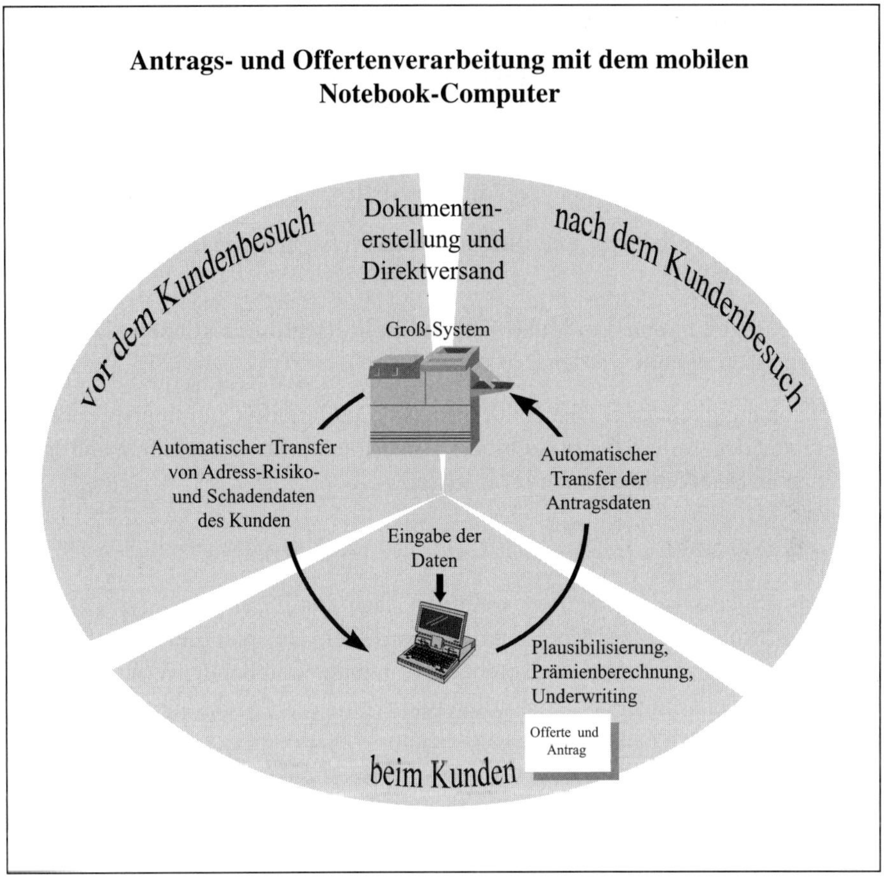

Abb. 37

Zusammengefasst sind die Vorteile des neuen Systems:

Für den Außendienst:

- Bessere und differenzierte Tarifgestaltung bei der Berechnung eines individuellen Tarifes entsprechend des jeweiligen Kundenprofils.
- Automatische Prämienberechnung.
- Zeiteinsparungen beim Beratungsgespräch.

Für die Kunden:

- Große Auswahl an Versicherungsprodukten und differenzierte Tarifgestaltung.
- Die Kundinnen und Kunden verfügen sofort über die Vertragsunterlagen.

Für die Winterthur Versicherungen:

- Die Qualität des Beratungsgesprächs steigt, da die Außendienstmitarbeiter durch den Computer „geführt" werden und alle relevanten Aspekte auch wirklich mit dem Kunden besprechen.
- Das nochmalige Erfassen von Anträgen in den Agenturen entfällt.
- Es findet ein selektiver und differenzierter Versicherungsabschluss durch den Außendienst statt.
- Änderungen in den Tarif- und Underwriting-Richtlinien können über das neue Netzwerk rasch verteilt werden.
- Unabhängigkeit vom Distributionskanal: Die mobile Computertechnologie ist nicht nur für den Außendienst geeignet, sondern auch für die telefonische Beratung oder ohne große Modifikationen im Internet.

Die neue Vertriebsstruktur bei den Winterthur Versicherungen

Business Process Reengineering verändert nach dem Grundsatz *„structure follows process"* die Strukturen eines Unternehmens, in diesem Beispiel die Vertriebsstruktur. Durch den neuen Einsatz der mobilen Notebook-Computer sind bei den Winterthur Versicherungen insbesondere die Generalagenturen und regionalen Direktionen betroffen. Die Änderungen ergeben sich hauptsichtlich auf Grund des Kompetenzzuwachses der Außendienstmitarbeiterinnen und -mitarbeiter vor Ort. Diese können jetzt rund 90 Prozent der Versicherungsanträge direkt beim Kunden abschließen.

In den regionalen Direktionen wird inzwischen vor allem das Firmengeschäft abgewickelt. Die Mitarbeiterinnen und Mitarbeiter werden vom Privatkundengeschäft entlastet. Nur noch Spezialfälle werden in der Regionaldirektion durch besonders ausgebildetes Personal bearbeitet.

In den Generalagenturen werden – wie die nachstehende Tabelle zeigt – keine Versicherungen mehr verarbeitet. Statt dessen widmen sich die Mitarbeiterinnen und Mitarbeiter primär der Aufgabe, den Außendienst zu unterstützen.

Anteil zu verarbeitender Versicherungsanträge in Prozent	**Regionale Direktion**	**Generalagentur**	**Außendienst**
vor dem Reengineering-Projekt	40 %	60 %	–
nach dem Reengineering-Projekt	10 %	–	90 %

Der Innendienst in der Generalagentur bereitet für den Außendienst die Kundenbesuche vor. Dazu gehören das elektronische Zusammenstellen der benötigten Kundendaten, das Vereinbaren von Beratungsterminen oder die Verwaltung marketingrelevanter Informationen. Ein Beispiel wäre das Herausfinden, wann bei welchem Kunden welche Police verlängert oder neu abgeschlossen werden muss.

Der neu gestaltete Antragsbearbeitungsprozess hat große Folgen für die Schadenabwicklung. Deshalb wurde mit dem Projekt SKIP der Schadenabwicklungsprozess als zweiter Kernprozess im Privatkundengeschäft in Angriff genommen. SKIP steht für Schadenkonzept mit informatikunterstützenden Prozessen. Ziel ist die schnellere und für die Kunden unbürokratischere Abwicklung der Schadenbearbeitung durch Minimierung von Schnittstellen und Liegezeiten. Künftig sollen die Kunden einen Schaden bei jeder Winterthur-Agentur, ihrem Versicherungsberater, per Internet oder bei einer „Rund-um-die-Uhr"-Telefonnummer melden können. Nach der Schadenentgegennahme erfolgt eine Triage: In der Regel lassen sich die Schadenfälle nach Zahl-, Normal- oder Komplexschaden typisieren. Für die Bearbeitung von Komplexschäden werden Spezialisten herangezogen, während bei den Zahlschäden keine detaillierten Abklärungen erfolgen, sondern gleich eine Zahlung an die Kunden erfolgt. Schadeninspektoren stehen zur Verfügung, um direkt vor Ort – beispielsweise nach einem Autounfall in der Werkstatt – die notwendigen Abklärungen durchzuführen. Damit entfällt das Hin- und Hersenden von Gutachten und Rechnungen. Der Innendienst erhält die notwendigen Befugnisse, um Schadenzahlungen zu veranlassen.

ERGEBNIS VON KAPITEL II

Business Reengineering ist durch drei neue Ideen gekennzeichnet.

- Die *Prozess-Idee*
  charakterisiert die Dominanz der Prozesse über die Unternehmensstruktur. Statt „*process follows structure*" heißt es nun „*structure follows process*"; die (vertikalen) Unternehmensstrukturen werden zu abhängigen Variablen der betrieblichen, funktionsübergreifenden Prozesse. Am Anfang jeder Prozessgestaltung steht die Identifikation von Kern- und Supportprozessen. Kernprozesse werden unmittelbar aus der Strategie abgeleitet und machen den nachhaltigen Wettbewerbsvorteil eines Unternehmens aus. Kernprozesse umfassen den gesamten Wertschöpfungsprozess eines Produktes oder einer Dienstleistung in einem Unternehmen, weisen unmittelbaren Marktkontakt auf und gewährleisten damit eine kundenorientierte Rundumbearbeitung. Supportprozesse unterstützen den reibungslosen Ablauf der Kernprozesse.

- Die *Triage-Idee*
  kennzeichnet die Segmentierung innerhalb der Kernprozesse in Prozessvarianten. Es gibt drei Varianten der Arbeitsteilung: *erstens* die funktionale Segmentierung, *zweitens* die Segmentierung nach Problemhaltigkeit sowie *drittens* die Segmentierung nach Kundengruppen.

- Die Idee der *informationellen Vernetzung*
  besteht darin, dass Informationstechnologien nicht nur dazu verwendet werden sollen, bestehende Abläufe im Sinne der Automatisierung schneller und billiger zu gestalten. Vielmehr sollen vollkommen neue Anwendungen dadurch ermöglicht werden, dass jede Mitarbeiterin und jeder Mitarbeiter auf alle Informationen dezentral zugreifen kann.

Drittes Kapitel

Vom Business Reengineering zum Prozessmanagement

Soll Business Reengineering mehr als nur ein Modekonzept sein, müssen die Strukturen des Unternehmens nachhaltig verändert werden, sodass ein umfassendes Prozessmanagement entsteht. Die drei Grundideen des Business Reengineering haben gezeigt, dass die Kernprozesse als neues Element der Organisationsgestaltung in den Mittelpunkt gerückt sind. Gelingt es dem Unternehmen, Kernprozesse zu identifizieren und so zu gestalten, dass sie den gesamten Wertschöpfungsprozess eines Produktes oder einer Dienstleistung umfassen, dann wäre das Schnittstellenproblem gelöst.

Business Reengineering wird dann zum Prozessmanagement, wenn die Prozess-Idee, die Triage-Idee und die Idee der informationellen Vernetzung im *gesamten* Unternehmen verankert und nicht nur ausgewählte Bereiche miteinander verknüpft werden. Dies bedeutet zugleich, dass das Management von Prozessen nicht mit der Gestaltung der Kernprozesse beendet ist. Es muss auch das Verhältnis der Prozesse zu den nach wie vor existierenden Zentralabteilungen systematisch einbezogen werden. Ebenso müssen die spezifischen Anforderungen an die Prozess-Teams bestimmt werden.

Erst wenn diese Probleme gelöst sind, wird sich Prozessmanagement als gleichberechtigtes Konzept neben dem traditionellen Funktional-, Produkt- und Projektmanagement etablieren können. In neueren Organisationsbüchern wird das Prozessmanagement als eine Organisationsform bereits diskutiert.[41]

Neuerdings widmet sich auch Hammer dem prozesszentrierten Unternehmen, das die Arbeitswelt nachhaltig verändert.[42] Wer sich davon allerdings ein umfassendes Konzept erhofft, wird enttäuscht. Die Botschaft seines Buches ist, erfolgreiche Prozesszentrierung sei primär eine Frage der Denk- und Sichtweise und weniger der strukturellen Implikation. Damit hat sich Hammer geschickt der Verpflichtung entledigt, konkrete Strukturelemente zum Prozessmanagement herauszuarbeiten.[43]

41 Vgl. zum Beispiel Picot/Dietl/Franck (2002).

42 Vgl. Hammer (1999).

43 Zu einer kritischen Übersicht über die aktuelle Reengineering- und Prozessmanagementliteratur vgl. Gaitanides (1998).

1. Das Unternehmen als Prozessorganisation

Die Umsetzung der in Kapitel II entwickelten drei Grundideen des Business Reengineering lässt eine völlig neue Organisationsform entstehen: die Prozessorganisation.[44]

Der Idealtypus einer Prozessorganisation ist in Abbildung 38 dargestellt. Die Prozessorganisation ist durch drei wichtige organisatorische Elemente gekennzeichnet: Kernprozesse, Supportprozesse und funktionale Schulen.[45] Jeder Prozess soll als Team ausgestaltet werden, das sich im Innenverhältnis im Wege der Selbstorganisation abstimmt.

- *Kernprozesse* sind strategisch relevante Wertschöpfungsprozesse. Sie sollten immer einen externen Marktkontakt haben, weil sie alle Aktivitäten umfassen, die zur Erfüllung eines Kundenauftrags benötigt werden. Sind einzelne Kernprozesse zu umfangreich für ein Team, so kann eine weitere horizontale Aufteilung (Triage-Idee) nach Funktionen, Komplexität der Teilprozesse oder nach Kundengruppen erfolgen.

- *Supportprozesse* erfüllen unterstützende Aufgaben und haben eine Zulieferfunktion für die Kernprozesse. Dies bedeutet, dass sie keinen direkten Marktkontakt haben müssen. Wichtig ist, dass die Leistungsverflechtung zwischen Kern- und Supportprozess so gering ist, dass der Supportprozess als eigenständige Leistung in Form eines Profit Centers separierbar ist.

- *Zentralabteilungen* bieten spezifische Fachkenntnisse an, die aufgrund der Realisierung von Spezialisierungsvorteilen nicht in die Kernprozesse eingegliedert sind. Wir werden sie später *funktionale Schulen* nennen.[46] Sie haben deshalb primär eine Dienstleistungsaufgabe, nämlich die Vermittlung von Wissen an die Prozesse.

Die Prozessorganisation ist ein Input-Transformations-Output-Modell: Den *Input* liefern Kundenbedürfnisse und Lieferantenleistungen. Er wird in den verschiedenen Prozessvarianten *transformiert*, bis der *Output*, die Kundenleistungen, entstanden ist. Die Prozessorganisation hat drei wesentliche Merkmale: die systematische Prozessgliederung, das Hereinholen der Kunden und Lieferanten in das Organigramm sowie die steigende Informatisierung der Prozesse.

---

44 Vgl. Osterloh/Frost (1999). Einen weiteren Leitfaden zur prozessorientierten Organisationsgestaltung bieten Becker/Kugeler/Rosemann (2003).

45 Zu den Kern- und Supportprozessen vgl. Kapitel II.1.4. Dank der Kernprozesse und der funktionalen Schulen ist unser Modell der Prozessorganisation auch für strategische Aufgaben geeignet und bildet nicht nur operative Prozesse ab wie die jüngst diskutierten Prozessorganisationsansätze von Benner/Tushman (2002, 2003).

46 Vgl. Kapitel III.2.

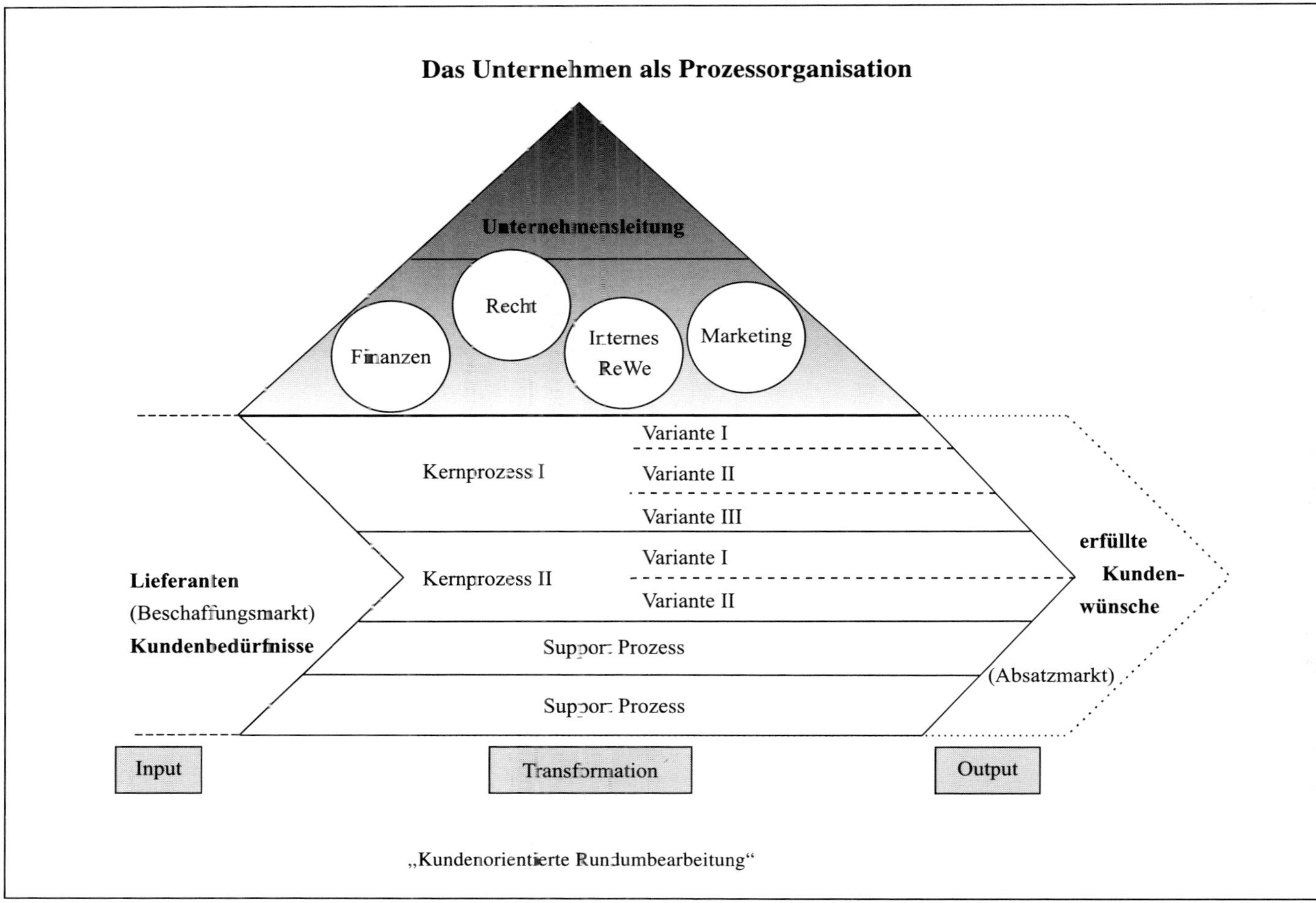
Das Unternehmen als Prozessorganisation
Unternehmensleitung
Recht
Finanzen
Internes ReWe
Marketing
Kernprozess I
Variante I
Variante II
Variante III
Kernprozess II
Variante I
Variante II
Support Prozess
Support Prozess
Lieferanten
(Beschaffungsmarkt)
Kundenbedürfnisse
erfüllte Kunden-wünsche
(Absatzmarkt)
Input
Transformation
Output
„Kundenorientierte Rundumbearbeitung“

Abb. 38

1.1 Systematische Prozessgliederung

Mit Ausnahme der Zentralabteilungen werden *alle* Vorgänge – nicht nur die auf der Ausführungsebene – als Prozesse erfasst. Erinnert sei an die Prozessorganisation bei Gate Gourmet Genf: Dort wurden die administrativen *und* physischen Vorgänge als deckungsgleiche Prozesse organisiert. In jedem Kernprozess wird das Prinzip der schnittstellenfreien kundenorientierten Rundumbearbeitung angestrebt. Zwischen Input und Output wird eine *einheitliche* Prozessverantwortung geschaffen. *Keine* Prozessorganisation liegt vor, wenn nur einzelne Abteilungen als Insellösungen miteinander verknüpft werden und außerhalb dieser Insellösungen die funktionalen Abteilungen erhalten bleiben. Diesen Fall zeigt die Abbildung 39.

Unvollständige Prozessorganisation: Insellösungen

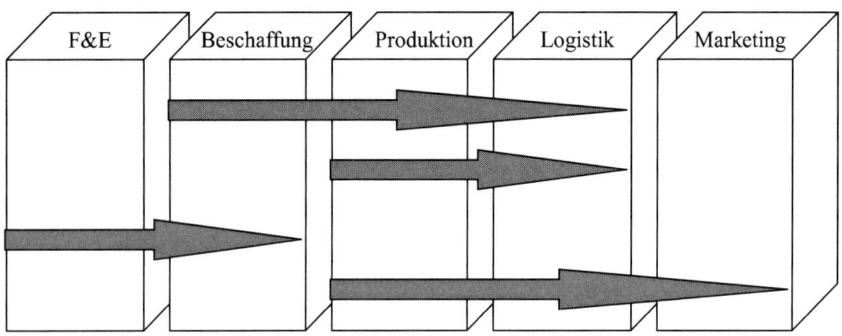

Abb. 39

Die *kundenorientierte Rundumbearbeitung* ist allerdings um so schwieriger zu erreichen, je größer das Unternehmen ist und je mehr die Leistungsprozesse aus Materialflüssen (und nicht bloß aus Informationsflüssen) bestehen. Aus diesem Grund sind vor allem Banken, Versicherungen und öffentliche Verwaltungen beliebte Beispiele für Business Reengineering. Jedoch zeigt das Beispiel Gate Gourmet Genf, dass auch Schwieriges nicht unmöglich ist.

Küchenbau Bruno Piatti AG

dass auch eine Synthese zwischen konsequenter Prozessgliederung und modularer Organisation sinnvoll sind, erläutern wir anhand des folgenden Fallbeispiels des Küchenbauunternehmens Bruno Piatti AG. Im Unterschied zu den in Abbildung 46 gezeigten Insellösungen werden hier die Module systematisch zu einer Prozesskette verknüpft. Obwohl die Anzahl der Schnittstellen drastisch reduziert werden konnte, wurden einige wenige Schnittstellen zugunsten von Spezialisierungsvorteilen bewusst in Kauf genommen.

1. Das Unternehmen und sein Umfeld

Die Bruno Piatti AG ist mit 120 Millionen Franken Jahresumsatz ein führendes Unternehmen im Schweizer Küchenbau. Sie beschäftigt zurzeit 350 Mitarbeiterinnen und Mitarbeiter.

Das Unternehmen wurde 1948 von Bruno Piatti als Mechanische Schreinerei gegründet. Es war tätig in den Bereichen Bauschreinerei, Innenausbau und Ladeneinrichtung. Zunehmend spezialisierte man sich auf die Herstellung und den Einbau von Küchen. Das Geschäft expandierte: Es wurden Fertigungsanlagen für die serienmäßige Produktion von Küchen in Betrieb genommen. Zu dieser Zeit beschäftigte die Bruno Piatti AG über 150 Mitarbeiterinnen und Mitarbeiter. Die Produktionskapazitäten wurden bis heute mehrfach erweitert und modernisiert. 1990/91 wurde eine umfassende Restrukturierung der Produktion nach den Prinzipien von Lean Produktion und Just-in-time durchgeführt. Parallel dazu erreichte die Bruno Piatti AG die Zertifizierung nach der Norm ISO 9001/EN 29001.

Die Bruno Piatti AG vertreibt die Küchen im Direktverkauf über Filialen sowie im Wiederverkauf über autorisierte Piatti-Vertretungen. Da heute über den Wiederverkauf ein Großteil der Küchen vertrieben wird, stellt das Netz mit 100 Regionalvertretungen einen wichtigen Wettbewerbsvorteil für das Unternehmen dar. Im Direktverkauf werden Generalunternehmen, Immobiliengesellschaften sowie Privatkunden beraten und beliefert.

2. Organisatorische Ausgangslage

Durch die erfolgreiche Restrukturierung in den Jahren 1991/92 ermutigt, beschloss die Geschäftsleitung, die Gesamtorganisation der Bruno Piatti AG an der neuen Unternehmensstrategie auszurichten. Vorstudien hatten gezeigt, dass dafür eine umfassende Restrukturierung der Auftragsabwicklung unumgänglich ist. Das Projekt erhält den Namen „Lean Office“, weil die administrativen Prozesse schlanker gemacht werden sollen.

Der bisherige Prozess der Auftragsabwicklung ist nach neun Funktionen aufgeteilt. Es sind dies die Funktionen:

- Außendienst,
- Kalkulation,
- Technische Sachbearbeitung,
- Arbeitsvorbereitung,
- Einkauf Kommissionsware und Zubehör (zum Beispiel elektrische Geräte oder Armaturen),
- Produktion,
- Montage,
- Spedition,
- Debitorenbuchhaltung.

Zwischen diesen Funktionen gibt es zahlreiche Schnittstellen wie Abbildung 40 zeigt.

Besonders heikel ist die administrative Bearbeitung eines Auftrags im ersten Teil der Prozesskette. Die Verkäuferin oder der Verkäufer in der jeweiligen Filiale muss für die Abfassung der ersten Offerte meist die Funktion Kalkulation in Anspruch nehmen, bevor der Vertrag abgeschlossen werden kann. Eine Verkürzung der Zeit zwischen Beratung und Vertragsabschluss würde die Produktivität steigern. Gegenwärtig ist in der Zentrale die Zusammenarbeit der Funktionsbereiche Kalkulation, Technische Sachbearbeitung, Arbeitsvorbereitung und Einkauf auf Kommission intransparent und aufgrund der hohen Arbeitsteilung wenig effizient. Doppelbearbeitungen oder Rückfragen zwischen den Abteilungen sind die Regel. Dadurch ist der Aufwand für die zeitliche Abstimmung von Aufträgen hoch. So haben die Kundinnen und Kunden häufig noch Änderungswünsche nach Vertragsabschluss.

Die Kundenorientierung in der Auftragsabwicklung kann erhöht werden, wenn in den Bereichen Kalkulation und Montage die Aufgaben zwischen Filiale und Zentrale neu und besser verteilt werden.

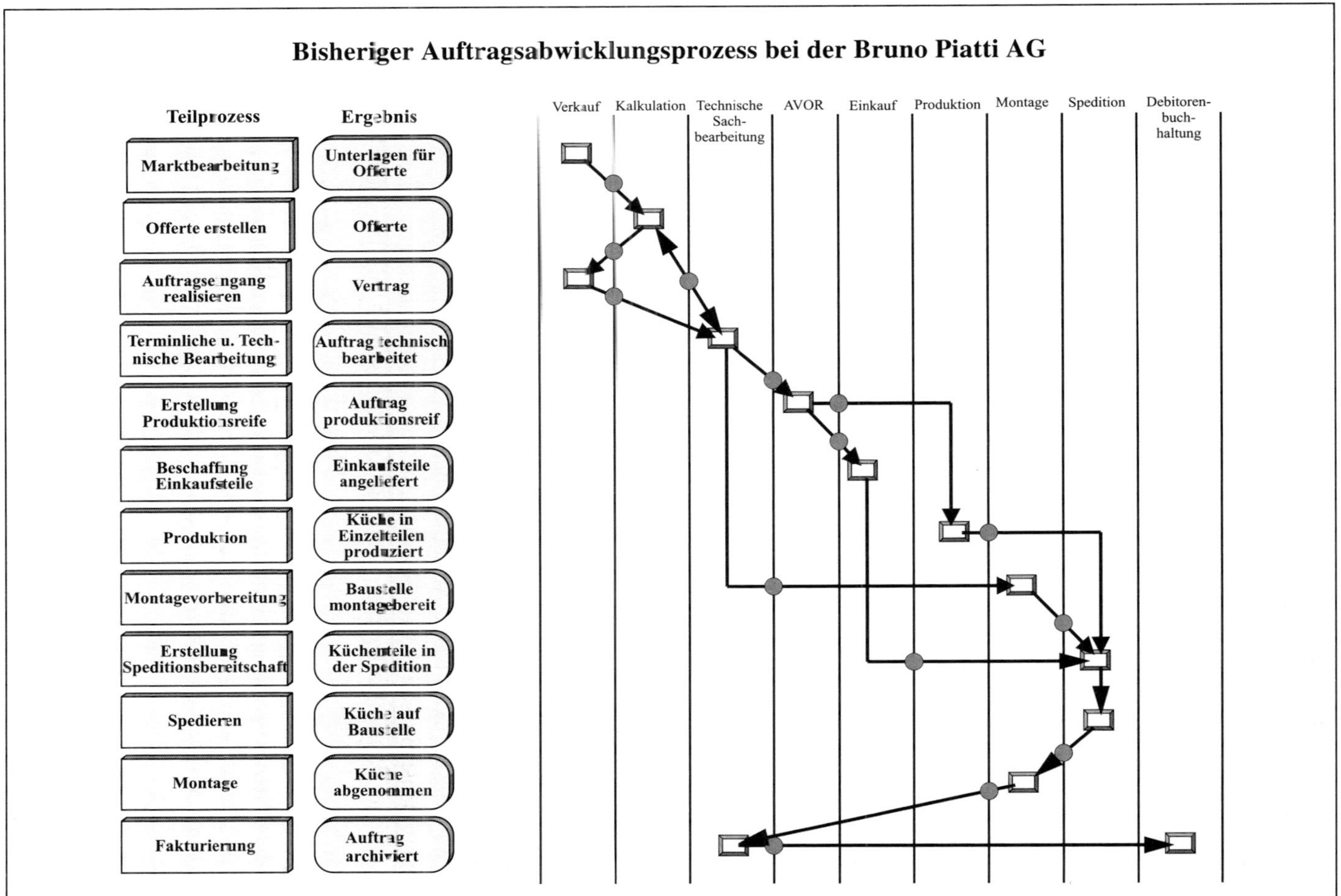
Bisheriger Auftragsabwicklungsprozess bei der Bruno Piatti AG
Teilprozess
Ergebnis
Marktbearbeitung
Unterlagen für Offerte
Offerte erstellen
Offerte
Auftragseingang realisieren
Vertrag
Terminliche u. Technische Bearbeitung
Auftrag technisch bearbeitet
Erstellung Produktionsreife
Auftrag produktionsreif
Beschaffung Einkaufsteile
Einkaufsteile angeliefert
Produktion
Küche in Einzelteilen produziert
Montagevorbereitung
Baustelle montagebereit
Erstellung Speditionsbereitschaft
Küchenteile in der Spedition
Spedieren
Küche auf Baustelle
Montage
Küche abgenommen
Fakturierung
Auftrag archiviert
Verkauf
Kalkulation
Technische Sachbearbeitung
AVOR
Einkauf
Produktion
Montage
Spedition
Debitorenbuchhaltung

Abb. 40

3. Das Business-Reengineering-Projekt

3.1 Das Ziel

Ziel ist die Erhöhung der Kundenzufriedenheit und die Steigerung der Effizienz. Diese soll durch Verkürzung der Auftragsabwicklungsdauer sowie durch die Reduktion von Fehlern erreicht werden.

3.2 Der Weg zum Ziel

Die Bruno Piatti AG strebt eine Synthese zwischen konsequenter Prozessgliederung und modularer Organisation an. So bleiben die Vorteile der funktionalen Spezialisierung bei der Produktion erhalten, wo sie besonders ins Gewicht fallen. Durch die Prozessgliederung wird eine Ausrichtung an die Kundenwünsche gewährleistet.

3.3 Das Ergebnis

Die neue Prozessstruktur in Abbildung 41 zeigt die Reduktion der Organisationseinheiten von neun funktionalen Abteilungen auf fünf Leistungszentren. Es sind dies:

- Verkauf,
- Baustellenmontage,
- Bestellzentrum,
- Produktionszellen,
- Logistik.

Das neue Informatiksystem unterstützt die Planung, die Kalkulation bei der Offerterstellung sowie die interne Auftragsabwicklung. Dadurch werden die Tätigkeiten zu vollkommen veränderten Tätigkeitsbündeln zusammengesetzt. Ein wichtiger Gestaltungsaspekt in der neuen Prozessstruktur ist die Aufteilung der Prozessaktivitäten in unmittelbar kundenbezogene und interne Aktivitäten. Nur die unmittelbar kundenbezogenen Leistungszentren – Verkauf und Baustellenmontage – haben Kundenkontakt. Die internen Aktivitäten – Bestellzentrum, Produktionszellen und Logistik – sind als Supportprozesse mit funktionalen Schwerpunkten ausgestaltet.

Im *Verkauf* wird die Privat- und Industriekundschaft vom ersten Kontakt bis zum Vertragsabschluss betreut. Die Verkäuferinnen und Verkäufer sind nicht nur für Akquisition, Beratung und Verhandlungsführung, sondern auch für die Erstellung von Offerten zuständig.

Der *Baustellenmontage* obliegt die Verantwortung für den Aufbau der Küchen vor Ort. Eine wichtige Aufgabe der Baustellenmontage ist auch die terminliche Steuerung von Produktion und Logistik. Die Baustellenmontage übergibt die Liste der Teile der bis in alle Einzelheiten beschriebenen Küche dem Bestellzentrum.

Die neue prozessorientierte Struktur bei der Bruno Piatti AG

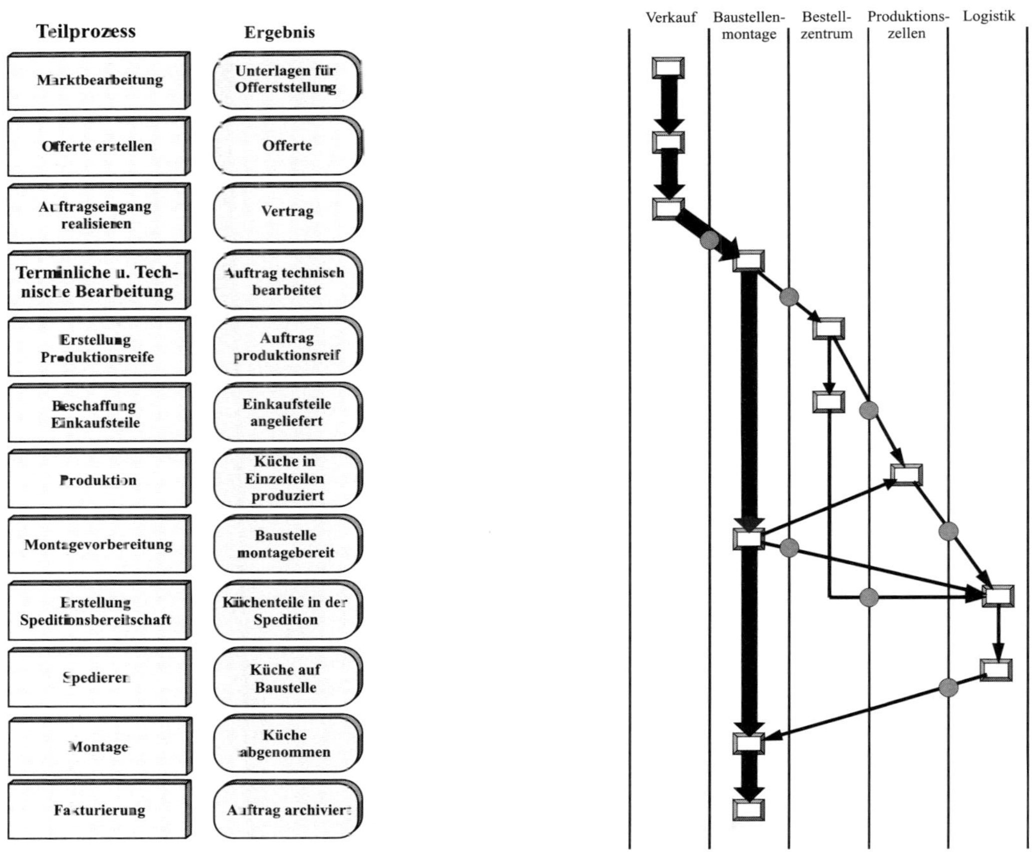

Abb. 41

Im *Bestellzentrum* gehen zentral alle Aufträge für verkaufte Küchen ein. Die Aufträge werden nach Küchenteilen, wie Holzkomponenten, Granitplatten, Armaturen usw., gesplittet. Das Bestellzentrum ordert die erforderlichen Mengen der Küchenteile bei externen und internen Lieferanten. Aus der eigenen Komponentenproduktion stammen die Küchenteile aus Holz.

Die *Produktionszellen* umfassen die Produktion. Deren Restrukturierung war Gegenstand eines 1992 abgeschlossenen Projektes. Die Auslösung für die Produktion der Küchenteile eines Auftrags erfolgt in Abhängigkeit vom Baufortschritt des Gebäudes, in dem die Küche montiert werden soll. Zuständig für diese Meldung ist die Baustellenmontage.

Aufgabe der *Logistik* ist es, die intern und extern angelieferten Küchenteile der Baustellenmontage nach deren Terminvorgaben auf der Baustelle zur Verfügung zu stellen. Neben der kommissionierten Lagerhaltung übernimmt die Logistik auch den Transport der Küchenteile.

Die *Baustellenmontage* montiert auf der Baustelle oder bei den Kunden die Küche und nimmt diese gemeinsam mit der Bauführung ab. Nach der endgültigen Fertigstellung der Küche wird abschließend die Fakturierung ausgelöst.

Im Ergebnis sind die Abläufe grundlegend neu gestaltet worden. Die Anzahl der Schnittstellen wurde von 14 auf sieben reduziert, die Anzahl der Abteilungen von neun auf fünf. Es gibt nun einen zentralen Kernprozess *Kundenbetreuung*, der die beiden Bereiche Verkauf und Baustellenmontage umfasst. Die internen Aktivitäten sind nur teilweise reine Supportprozesse. Sie stellen Mischaktivitäten aus Support- und Funktionalaufgaben dar, das heißt, sie enthalten strategisch wichtige Elemente.

1.2 Hereinholen der Kunden und Lieferanten in das Organigramm

Kunden und Lieferanten können in die Prozessorganisation integriert werden. Sie werden in das Organigramm hineingeholt. In der klassischen funktionalen Organisation kommen die Kunden in den Stellenbeschreibungen nur an den wenigen Schnittstellen nach außen vor: im Beschaffungs- und Absatzbereich. Die übrige Organisation ist sozusagen *kundenfrei*. Im Gegensatz dazu wird in der Prozessorganisation die gesamte Wertkette kundenorientiert definiert; das Fenster zum Kunden wird geöffnet. Es entsteht die *nahtlose Organisation*, das heißt eine Organisation ohne scharfe Abgrenzungen zu den Kunden.

So haben bereits viele US-amerikanische Spitäler so genannte *care-pairs* eingeführt, das heißt Teams aus je zwei Krankenschwestern beziehungsweise -pflegern, die jeden Patienten vom Eintritt in die Aufnahmestation bis zur Entlassung begleiten. Je ein Team arbeitet in der Tagesschicht und eines in der Nachtschicht. Das Team betreut die Patientin oder den Patienten, übernimmt einfache Untersuchungen selbst und geleitet die Patienten durch die verschiedenen Abteilungen. Es organisiert nicht nur alle Behandlungen, sondern ist auch Ansprechpartner für medizinische und persönliche Fragen. Dem Team steht in jedem Krankenzimmer ein mobiler Computer zur Verfügung, der die aktuellen Informationen über die Patienten enthält. Darüber hinaus übernimmt das Team auch die administrativen Tätigkeiten, die im Rahmen des Spitalaufenthaltes nötig sind. Die Vorteile dieses Verfahrens sind offenkundig: Die Patienten fühlen sich „rundumbetreut“. Sie haben jemanden, an den sie sich jederzeit wenden können und der über ihren Fall genau Bescheid weiß. Irrtümer, die durch Schnittstellen auftreten können, werden verhindert. Tragische Extremfälle, die leider immer wieder vorkommen, etwa die Verwechslung von Patienten im Operationssaal, können nicht mehr auftreten. Das Pflegepersonal kann sich endlich um die Patienten kümmern. Das ist schließlich auch der Grund, warum die meisten von ihnen diesen Beruf gewählt haben. Die Ärzte erhalten die Befunde anderer Abteilungen schneller. Darüber hinaus werden sie von Papierarbeit entlastet. Es ist eine Win-Win-Situation für Patienten (Kunden) und Krankenhauspersonal. Die Kunden sind nun ins Organigramm integriert.[47]

47 Instrumente einer prozessorientierten Krankenhausführung werden von Ziegenbein (2001) entwickelt.

1.3 Steigende Informatisierung der Prozesse

Steigende Informatisierung bedeutet, dass mit jedem Prozessschritt die im Prozess verarbeitete Information zunimmt.[48] In der kundenorientierten Rundumbearbeitung kann jedes Mitglied eines Prozess-Teams die Informatisierung mitvollziehen. Dies wird in dem soeben geschilderten Beispiel deutlich: Jedes *care-pair* hat jederzeit Zugriff auf *alle* Patienteninformationen. In der traditionellen hierarchischen Organisation werden Informationen hingegen nur selektiv weitergegeben, das heißt, es verfügen nur wenige Mitarbeiterinnen und Mitarbeiter über entscheidungsrelevante Informationen. Dies verursacht häufige Rückfragen, lange Bearbeitungszeiten und schwerwiegende Irrtümer.

> So stehen im Beispiel der Manhattan-Bank[49] allen Mitgliedern des Prozess-Teams die benötigten Informationen für die Kreditvergabe zur Verfügung, die vorher nur wenigen Vorgesetzten und Spezialisten bekannt waren. Aufgaben, die traditionellerweise nur zentral erledigt werden konnten, können deshalb dezentral bearbeitet werden, weil jeder Mitarbeiter und jede Mitarbeiterin on-line auf die Daten zugreifen kann.

2. Verhältnis der Prozesse zu den Funktionen

Prominente Vertreter des Business Reengineering erwecken den Eindruck, als könnten alle funktionalen Abteilungen zugunsten von funktionsübergreifenden Prozessen aufgelöst werden.[50] Dies ist aber nur teilweise möglich. Richtig ist, dass die Bedeutung funktionaler Abteilungen als klassische Linienfunktionen gegenüber den neu gestalteten kundenorientierten Prozessen stark zurückgegangen ist. Wer Linienverantwortung ausüben will, muss künftig Process Owner werden. Jedoch verbleiben in jedem Unternehmen einige Zentralbereiche wie in der Abbildung 38 gezeigt wurde. In vielen Bereichen kann auf die Vorteile der funktionalen Spezialisierung nicht verzichtet werden. Oder können Sie sich vorstellen, dass das im vorherigen Abschnitt geschilderte *care pair* auch Ihre Blinddarmoperation durchführt? Das wäre nur dann möglich, wenn jedem care pair auch ein Chirurg oder eine Chirurgin angehört. Dies würde allerdings zu einer unwirtschaftlichen Unterauslastung der Chirurgen führen. Ebenso ist es schwer vorstellbar, dass jeder Prozess über seine eigenen Juristen, sein eigenes Rechnungs- und Finanzwesen, seine eigene Forschung und Entwicklung oder seine eigene Marketingabteilung verfügt. Dies würde zumindest dann zu teuren

---

48 Vgl. Zuboff (1988).

49 Vgl. Kapitel I.

50 Vgl. zum Beispiel Hammer/Champy (1993, S. 65 ff.), Rummler/Brache (1995, S. 5 ff.) und Kaplan/Murdock (1991, S. 28 ff.).

Doppelspurigkeiten führen, wenn der Prozessumfang beschränkt ist. Es handelt sich dabei um den immer wieder aktuellen organisatorischen Dauerbrenner der Ein- oder Ausgliederung von Funktionen. Dieser ist keineswegs neu. Dasselbe Problem tritt auch bei der traditionellen produkt-, projekt- oder regionalorientierten Organisation auf.

So haben viele produktorientierte Organisationen die Marketingfunktion in einer eigenen Spezial- oder Zentralabteilung ausgegliedert. Der Grund: In der Spezialabteilung sind Profis konzentriert, die sich das jeweils neueste Fachwissen leichter aneignen können. Weil alle anfallenden Marketingprobleme zentral gelöst werden, entstehen Größenvorteile („economies of scale"), zum Beispiel durch spezialisierte Apparate oder Mengenrabatte. Schließlich tritt die Marketingabteilung nach außen einheitlich auf. Sie schafft ein einheitliches Firmenimage und sorgt dafür, dass Kunden mehrerer Produkte trotzdem nur einen Ansprechpartner haben. Ähnliches gilt für andere Spezialfunktionen, zum Beispiel Beschaffung, Personalwesen sowie Forschung und Entwicklung. Das Problem ist also nicht neu, sondern gilt analog für die Prozessorganisation.

In der Unternehmenspraxis gab es schon immer zahlreiche Mischformen zwischen reiner Ein- und Ausgliederung. Abbildung 42 zeigt, wie solche Zwischenformen für das Prozessmanagement aussehen können.

- *Funktionale Spezialisierung:* Reine Ausgliederung zur Realisisierung von Größeneffekten („economies of scale"): Die betrachteten Funktionen bilden eine eigenständige organisatorische Einheit mit vollständigem Weisungsrecht.

- *Richtlinienmodell:* Funktionale Spezialisierung mit Richtlinienkompetenz und einer teilweisen Ausgliederung bestimmter Aufgabenbereiche. Die funktionalen Bereiche sind für Grundsatzentscheidungen der betreffenden Aufgaben allein entscheidungsbefugt.

- *Matrixmodell:* Funktionsmanager und Prozessmanagerinnen sind nur gemeinsam entscheidungsberechtigt.

- *Servicemodell:* Die Prozessmanager können auf die funktionalen Spezialabteilungen als interne Dienstleister zurückgreifen. Die internen Dienstleister entscheiden selbstständig über das „Wie" der Serviceleistung und stellen sie in Rechnung. Koordinationsprinzip ist ein interner Markt.[51] Das Unternehmen als Prozessorganisation aus der Abbildung 38 entspricht dem Servicemodell.

- *Reines Prozessmodell:* Vollständige Eingliederung zur Realisierung von Synergieeffekten („economies of scope") und der Schaffung einheitlicher Verantwortungsbereiche. Alle Aufgaben der Teilfunktionen werden vollständig von den Prozessen übernommen. Funktionale Spezialabteilungen werden aufgelöst und in die Prozesse integriert.

---

51 Zur genauen Definition dieser Koordinationsprinzipien vgl. Osterloh (1997) und Kapitel IV.1.5.

Modelle der Ein- und Ausgliederung von Funktionen in Prozesse

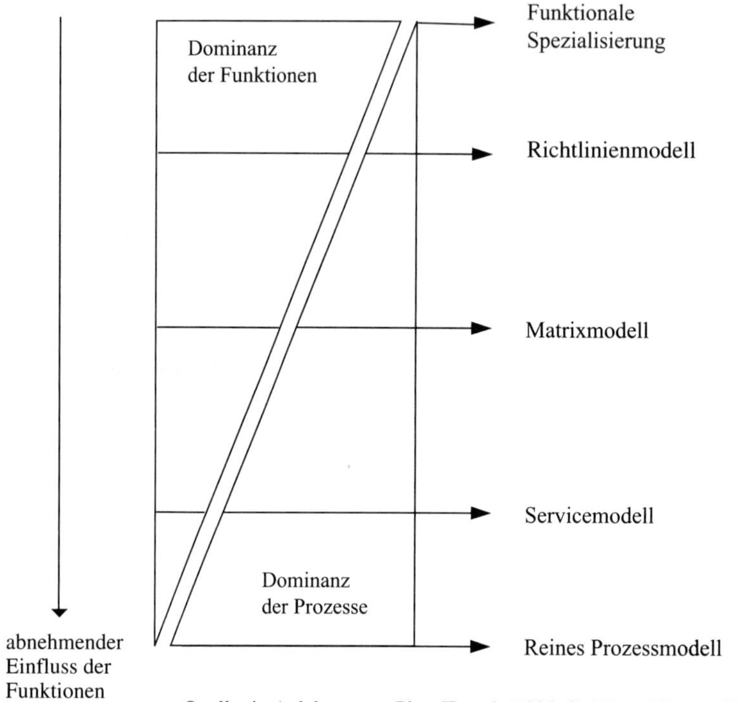

Quelle: in Anlehnung an Picot/Franck (1995, S. 30) und Frese (1998, S. 465)

Abb. 42

Die funktionale Spezialisierung, das Stabs- oder Richtlinienmodell und das Matrixmodell können das Prinzip der kundenorientierten Rundumbearbeitung nicht realisieren. Aber auch beim Servicemodell gibt es Schnittstellen. Warum kann in diesen Fällen dennoch von einer Prozessorganisation gesprochen werden? *Erstens* liegen beim Servicemodell erheblich weniger Schnittstellen vor (quantitativer Aspekt). *Zweitens* sind die Schnittstellen weniger schwerwiegend (qualitativer Aspekt). Trotz Schnittstellen ist nämlich die kundenorientierte Rundumbearbeitung gewährleistet. Die einheitliche Verantwortung für einen gesamten Kernprozess ist nicht aufgesplittert. Die funktionalen Elemente haben für die Prozesse einen dienenden Charakter. Sie bieten spezifische Kenntnisse an, die in den Prozessen nicht ausreichend vorhanden sind. Deshalb sollten die funktionalen Elemente nicht als herkömmliche funktionale Abteilungen, sondern als „Think Tanks", Kompetenzzentren oder *funktionale Schulen* ausgestaltet sein.[52]

52 Vgl. hierzu Kapitel VI.1.1.

Praktisch bedeutet dies, dass die funktionalen Schulen Cost Centers sind. Es muss von Fall zu Fall ausgehandelt werden, welcher Anteil des Budgets für Dienstleistungen und welcher für eigenständigen kreativen Wissenserwerb verwendet werden darf. Wichtig ist, dass funktionale Schulen ebenso wie die Kernprozesse zum Wettbewerbsvorteil des Unternehmens beitragen. Im Unterschied zu den Kernprozessen haben sie jedoch keinen direkten Kundenkontakt.

> Eine typische Zwischenform der teilweisen Eingliederung des Einkaufs finden wir bei Gate Gourmet Genf. Dort ist zwar jedes Prozess-Team des Goods Supply & Preparation Process für die Bestellung und Anlieferung der Ware selbst zuständig. Doch der Einkauf und das Aushandeln der Rahmenverträge erfordert spezifisches Fachwissen, das in den Prozess-Teams nicht im ausreichenden Maße vorhanden ist. Um Größen- und Spezialisierungsvorteile auszunutzen, werden die Rahmenverträge im zentralen Supply Management ausgehandelt. Dort bestehen bereits seit Jahre enge Beziehungen zu den Lieferanten und ein fundiertes Einkaufs-Know-how. Für die Erbringung einer wettbewerbsfähigen Kundenleistung ist Gate Gourmet darauf angewiesen, das im Supply Management benötigte Fachwissen kontinuierlich weiterzuentwickeln.

3. Ausgestaltung der Arbeit in Prozessen – Prozess-Teams und Process Owner

Häufig kann der Arbeitsumfang eines Prozesses oder einer Prozessvariante nicht von einer Person bewältigt werden. Wie wird in diesen Fällen die kundenorientierte Rundumbearbeitung ohne Schnittstellen realisiert? Durch Process Owner und Prozess-Teams.

3.1 Prozess-Team

Das Prozess-Team ist eine Gruppe von Mitarbeiterinnen und Mitabeitern, die zusammen einen Prozess oder eine Prozessvariante vollständig bearbeiten. Das Team erhält alle Entscheidungsbefugnisse, die es benötigt, um im Rahmen seiner Prozessvariante alle anstehenden Aufgaben selbstständig lösen zu konnen. Was aber kennzeichnet ein Team?

Ein Team ist mehr als eine Ansammlung von Personen am gleichen Ort und zur gleichen Zeit. Vielmehr hat ein Team folgende Merkmale.[53]

53 Vgl. zum Beispiel Steinmann/Schreyögg (1993) und von Rosenstiel (1999).

Ein Team ist eine kleine Anzahl von Personen mit

- unterschiedlichen Fähigkeiten,
- häufigen „Face-to-face"-Kontakten,
- einem gemeinsamen Ziel,
- einem Zusammengehörigkeitsgefühl (Teamgeist, esprit de corps, Wir-Gefühl),
- eigenen Gruppennormen,
- wechselseitiger (statt hierarchischer) Kontrolle und
- partizipativer Kooperation,

die über einen längeren Zeitraum hinweg zusammenarbeiten. Teams haben einen Teamsprecher oder eine Teamsprecherin, die nach außen hin das Team vertreten. Im Innenverhältnis haben diese jedoch keine Vorgesetzten-, sondern eine Moderatorenfunktion.

Teams sind nicht umsonst zum Schlüsselbegriff aller modernen Organisationskonzepte geworden, haben sie doch eine Reihe von entscheidenen Vorteilen gegenüber der klassischen hierarchischen Struktur.

Die *Vorteile* eines Teams sind:

- Die unterschiedlichen Fähigkeiten der Teammitglieder erhöhen die Qualität der Entscheidungen.
- Das Zusammengehörigkeitsgefühl bewirkt eine höhere Arbeitszufriedenheit, geringere Fehlzeiten und niedrigere Fluktuation.
- Die gemeinsamen Gruppennormen ersparen Einigungskosten.
- Die wechselseitige Kontrolle verhindert Trittbrettfahren im Sinne des:
  „Toll **E**in **A**nderer **M**acht's".
- Die partizipative Entscheidungsfindung verringert die Widerstände bei der Umsetzung.
- Bei komplexen Aufgaben wird die Entscheidungsunsicherheit durch „Face-to-face"-Kommunikation reduziert.

Teamarbeit kann allerdings auch Nachteile haben:

- *Gruppendenken*
  Ist das Zusammengehörigkeitsgefühl zu stark und die Normen zu starr, besteht die Gefahr des Gruppendenkens.[54] Damit ist die Neigung gemeint, vorschnell Einmütigkeit herzustellen, indem das autonome und kritische Denken dem Harmoniebedürfnis ge-

54 Vgl. Janis (1972).

opfert wird. Gruppendenken kann man aber wirkungsvoll entgegentreten, indem man gezielt für eine Meinungsvielfalt im Team sorgt. Gut geeignet sind: möglichst unterschiedlicher Background der Gruppenmitglieder, Bildung von Parallelgruppen, Mitgliedschaft in verschiedenen Gruppen sowie Ernennung eines *advocatus diaboli*. Alle diese Maßnahmen sind zugleich Voraussetzungen für wirkungsvolles organisationales Lernen.

- *Gesteigerter Zeitbedarf*
  Partizipative Konsensbildungsprozesse beanspruchen mehr Zeit als das Erteilen von Befehlen. Das ist ein unbestrittener Nachteil. Dieser wird aber in den meisten Fällen durch die höhere Entscheidungsqualität und die niedrigeren Widerstände bei der Umsetzung mehr als ausgeglichen.

- *Mobbing*
  Die enge wechselseitige Abhängigkeit innerhalb eines Teams macht dieses empfindlich gegenüber Gruppenmitgliedern, die nicht den Gruppennormen entsprechen. Dies kann zur Folge haben, dass diese Gruppenmitglieder systematisch belästigt und von wichtigen Gruppenentscheidungen ausgeschlosen werden.[55]

Teamarbeit ist um so wirkungsvoller, je mehr folgende Kriterien erfüllt sind.[56]

- *Purposing*
  Erfolgreiche Teams verwenden viel Zeit damit, sich über die Ziele (purposes) klar zu werden und zu einigen. Darüber hinaus formulieren sie konkrete Zielvorgaben wie „Senkung der Durchlaufzeit um 40 Prozent".

- *Timing*
  Besonders hohe Leistungen werden bei einer Zusammenarbeit von einen bis fünf Jahren erzielt. Jede Gruppe muss nämlich zuerst die Phasen des „Forming, Storming, Norming" durchlaufen, bevor sie für das eigentliche „Performing" fit ist. Dies bedeutet, dass eine Gruppe die Phasen der Gruppenbildung, des Zusammenraufens und der Formulierung von Gruppennormen durchlaufen muss, bevor eine hohe Leistung erzielt werden kann.

- *Right mix*
  Das Team sollte aus weniger als zehn Mitgliedern bestehen. Die Teammitarbeiterinnen und -mitarbeiter sollten nicht nur einen heterogen fachlichen Background haben, sondern eine gute Mischung aus funktionalem Expertenwissen, Problemlösungswissen und sozialer Kompetenz bilden.

---

55 Vgl. Neuberger (1994). Er definiert einen Mob als eine „spontane, zu Schandtaten bereite Zusammenrottung" (S. 8).

56 Vgl. Tuckman (1965), von Rosenstiel (1999) und Katzenbach/Smith (1998).

Alle diese Merkmale gelten auch für Prozess-Teams. Was aber macht aus einem Team ein Prozess-Team? Es sind drei Charakteristika.

1. *Kundennähe*
   Die Mitglieder eines Prozess-Teams sollen unmittelbar mit den Kunden Kontakt haben. Ein gutes Beispiel wurde bereits im Fallbeispiel Gate Gourmet Genf beschrieben: Dort übernehmen die Mitarbeiterinnen und Mitarbeiter des *Customer Services Process* die Auslieferung der Last-Minute-Mahlzeiten, um täglich im Kontakt mit den Flugbegleitern zu stehen. Aus einem klassischen Büro-Job wurde ein Customer-Service-Job.

2. *Empowerment*
   Das Prozess-Team erhält die Entscheidungsbefugnisse, die es benötigt, um die Kunden in der jeweiligen Prozessvariante zu befriedigen. Aber wie weit geht das? Was ist, wenn die Interessen des Prozess-Teams nicht mit denen der Firmenleitung übereinstimmen? Darf der Busfahrer entscheiden, welcher Bus angeschafft wird? Hier ist es schwierig, allgemeingültige Kriterien zu bestimmen. Die Winterthur Versicherungen haben das Problem für den Außendienst folgendermaßen gelöst: Im neu gestalteten Antragsbearbeitungsprozess hat der Außendienst nunmehr Annahmekompetenz, das heißt, er kann mit dem Kunden vor Ort den Vertrag abschließen. Der Ablauf des Beratungsgesprächs und die Tarifierungskriterien sind jedoch durch den mobilen Notebook-Computer vorstrukturiert. Um Loyalitätskonflikte zu vermeiden, ist der Außendienst allerdings nicht für die Schadenabwicklung zuständig.

Das Empowerment erfolgt in zwei Richtungen:

- Die *horizontale Komprimierung* erhöht die Menge der Aufgaben, für die ein Prozess-Team verantwortlich ist. Dieses „Job Enlargement" erweitert den Tätigkeitsbereich und umfaßt alle zur Erfüllung der kundenorientierten Rundumbearbeitung notwendigen Aufgaben. Somit soll der „Dafür-bin-ich-nicht-zuständig"-Effekt verhindert werden.
- Die *vertikale Komprimierung* erweitert die Entscheidungsspielräume von Prozess-Teams und weist ihnen alle zur kundenorientierten Rundumbearbeitung notwendigen Entscheidungsbefugnisse zu. Dieses „Job Enrichment" hilft, den „Das-darf-ich-nicht-entscheiden"-Effekt zu verringern.

Job Enlargement:	Eine Mitarbeiterin oder ein Mitarbeiter verknüpft viele unterschiedliche Tätigkeiten miteinander. Diese können aber durchaus reine Routinetätigkeiten sein, das heißt wenig Entscheidungsmöglichkeiten enthalten.
Job Enrichment:	Jede Tätigkeit ist mit Entscheidungsmöglichkeiten verknüpft und löst deshalb höherwertige Lernprozesse aus.

Zusammen bewirken die beiden Maßnahmen der Komprimierung einen erweiterten Handlungsspielraum und somit persönlichkeitsförderliche Arbeitsplätze in Prozess-Teams.[57] Wird lediglich der Tätigkeitsspielraum erhöht, besteht dagegen die Gefahr, dass Null plus Null wiederum Null ergibt.[58] Abbildung 43 veranschaulicht die Idee der Komprimierung in Prozess-Teams.

Erweiterter Handlungsspielraum durch Prozessmanagement

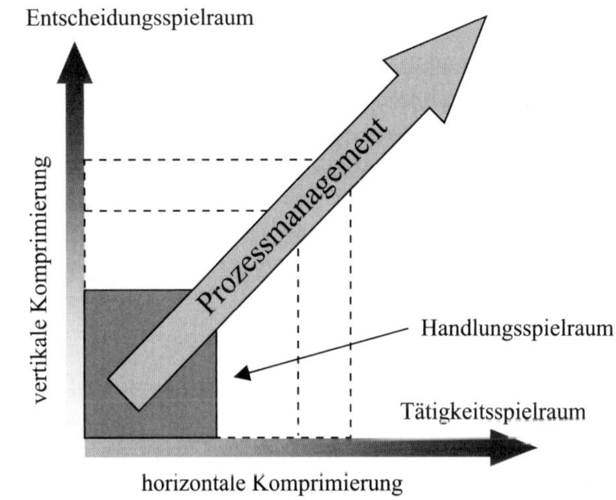

Quelle: in Anlehnung an Ulich/Großkurth/Bruggemann (1973)

Abb. 43

3. *Unterstützende Informationssysteme*
   Viele Informationen, die früher nur in funktionalen Spezialabteilungen vorhanden waren, können heute in modernen Informationssystemen gespeichert werden. Dadurch entfallen Schnittstellen, weil das Prozess-Team von seinem Arbeitsplatz aus on-line auf diese Informationen zurückgreifen kann. So ermöglicht der Aufbau einer relationalen Datenbank den Mitarbeiterinnen und Mitarbeitern im Statistischen Amt den Zugriff auf alle Datensätze. Bisher standen die Daten nur abteilungsspezifisch zur Verfügung. Jetzt können alle Mitarbeiterinnen und Mitarbeiter eines Prozesses auf telefonische Kundenanfragen sofort eine Antwort geben.

57 Zum Konzept des Handlungsspielraums, vgl. Ulich (1998).
58 Vgl. Herzberg (1968, S. 52 f.)

Bei dem Übergang von der Einzel- zur Teamarbeit ist eine Umstellung des Lohnsystems nötig. Dies ist der Prüfstein dafür, dass es die Unternehmensleitung mit der Teamarbeit wirklich ernst meint. Leistungsorientierter Individuallohn fördert Verteilungskonflikte und behindert den Teamgeist. Stattdessen muss eine leistungsabhängige Entlohnung auf Teamebene eingeführt werden. Innerhalb des Teams muss individuelles „pay for performance" durch „pay for knowledge" ersetzt werden. „Pay for knowledge" erhöht den Anreiz zur Weiterbildung und zum organisationalen Lernen.[59]

3.2 Process Owner

Der Process Owner ist für einen gesamten Prozess verantwortlich. Er oder sie hat Linienverantwortung. Ist ein Prozess in mehrere Varianten segmentiert, so gibt es für jede Variante wieder eine verantwortliche Person. Auf diese Weise entsteht auch in der Prozessorganisation ein Über- und Unterordnungsverhältnis, das inhaltlich durch Delegation, Partizipation und Standardisierung ausgestaltet ist.[60] Die Process Owner vertreten gegenüber der vorgesetzten Stelle ihr Prozess-Team. Im Innenverhältnis sollten sie jedoch weniger eine Vorgesetzten-, sondern eine Moderatoren- oder Coachfunktion einnehmen.[61]

3.3 Unterstützende Informationssysteme: Groupware

Wozu braucht es Groupware? Was ist damit gemeint? Groupware sind Informationssysteme zur gezielten Unterstützung von Gruppenarbeit beispielsweise in Prozess-Teams. Groupware besteht aus spezifischen Software-Applikationen und teilweise aus der dazugehörigen spezifischen Hardware.[62]

Die interdisziplinäre Forschungsrichtung, die sich mit Groupware auseinander setzt, heißt „Computer Supported Cooperative Work", kurz CSCW. Sie wird von Psychologen, Wirtschaftswissenschaftlerinnen, Informatikerinnen, Linguisten, Anthropologinnen und Soziologen vorangetrieben. Ziel ist zum einen, bisherige Groupware-Systeme zu beurteilen und zum anderen, Anregungen zur Entwicklung neuer zukunftsweisender Groupware-Applikationen zu geben. Die Hauptschwierigkeit dieser Forschung liegt in der Dynamik des untersuchten Gegenstandes. Oftmals sind die untersuchten Anwendungen in zu wenigen Unternehmen im Einsatz, um aus den Untersuchungen zuverlässige Aussagen abzuleiten.

---

59 Vgl. Hackman (1987).

60 Vgl. zu diesen drei Formen Kapitel V.3.2.1.

61 Vgl. zum Coaching Schreyögg (1995).

62 Zu einer Ausführlichen Diskussion des Groupwarebegriffs siehe Teufel et al. (1995).

Psychosoziale Entstehungsprozesse von Innovationen am Beispiel moderner Informationstechnologien

Stufe 1: Entstehung der Innovation unter äußerem Druck oder Sachzwang
Erster Computereinsatz in USA 1946 nach dem Weltkrieg für militärische Zwecke: ballistische Messungen, erst später ein Instrument zum Abbau der unüberwindbaren Administrationsberge.

Stufe 2: Euphorischer Boom der Innovation (sie ist „in“)
Computer in Banken und Verwaltungen, in Produktions- und Steuerungsprozessen breit eingesetzt, EDV unter anderem eine Status- und Prestigefrage, ein psychologisches „Muss“.

Stufe 3: Schwarzmalerei als Ausdruck der Angst vor der Innovation
Verteufelung des Computers als arbeitsplatzfressend, gesundheitsschädigend, unkontrollierbar und krisenanfällig: „Kurs auf den Eisberg“, Computer als unmenschlich und gefährlich.

Stufe 4: Grenzsetzung als Folge der Schwarzmalerei (Beachtung des realistischen Anteils der Verteufelung)
Datenschutz, kritischere Beurteilung von Mammut-Projekten, Relativierung der EDV-Gläubigkeit, schärfere Kosten-Nutzen-Kalkulation, Dezentralisierung (und damit Teilentmachtung) der EDV, Betonung der Grenzen der Maschinen-Intelligenz.

Stufe 5: Integration der Innovation in bestehende Kulturen, Traditionen und gewohnte Abläufe
Computer kopiert bestehenden Arbeitsvorgang oder bewältigt nur leicht zu vereinfachende Teilabschnitte eines Prozesses, revolutioniert aber den Informations-Verarbeitungsprozess noch nicht.

Stufe 6: Kreativer Sprung in der Anwendung der Innovation unter Ausschöpfung des eigentlichen Potenzials der Neuerung (neue ganzheitlich-vernetzte Integration mit Kulturveränderung)
Computernetzwerke, Datenbanken, Künstliche Intelligenz, Verknüpfung mit Telematik und anderen Informations-Systemen zu einer neuen Technologie, Bildung eines neuen Welt- und Lebensverständnisses durch EDV-Integration auf höhere Stufe.

Quelle: Müri (1995, S. 404/405)

Abb. 44

Zudem verläuft die Entwicklung sehr schnell. Die Folge ist, dass die Annahmen auf deren Grundlage die Aussagen abgeleitet wurden, nicht mehr länger gültig sind.[63]

Schließlich ist bei Groupware-Technologien noch nicht klar, welche der neuen Anwendungen sich in Zukunft durchsetzen werden. Zurzeit befinden sich Groupware-Anwendungen in der Einführungsphase von Technologien. Nicht einmal deren Entwickler können vorhersagen, in welchen Kontexten davon besonders rege Gebrauch gemacht werden wird. Es könnte passieren, dass sich dieselbe Situation wiederholt, wie bei der Erfindung des Internets: Dessen Erfinder hatten zunächst keine Ahnung, dass elektronische Post-Systeme zumindest bis zum explosiven Wachstum des World Wide Web zum wichtigsten Dienst im Netz der Netze werden würden.

Müri unterscheidet sechs Phasen, die jede bahnbrechende Neuerung durchlaufen muss, bis sie zur Selbstverständlichkeit wird.[64] Sie sind in Abbildung 44 dargestellt. Der Einsatz von Informationstechnologien ist dabei bereits zur sechsten Stufe vorgedrungen. Dies bedeutet, dass wir moderne Informationstechnologien als Teil unserer Arbeits- und Lebenswelt nicht nur akzeptieren, sondern als integralen Aspekt des Lebens ansehen.

Auch Groupware-Anwendungen werden diese Phasen durchlaufen. Einzelne Technologien wie elektronische Post-Systeme stehen am Ende der Stufenfolge, andere wie Gruppenentscheidungsunterstützungssysteme oder unternehmensinterne Desktopkonferenzen (text- oder videobasiert) stehen eher am Beginn. Intranetlösungen, auch verteilte Hypertextsysteme genannt, stehen dazwischen. Es ist nicht selten der Fall, dass Unternehmen heute zwar über ein Intranet verfügen, aber noch nicht genau wissen, wozu es in einigen Jahren eingesetzt werden soll.

Es existieren diverse Klassifikationsschemata, die versuchen, einen Überblick über Groupware-Anwendungen zu geben. Die bekannteste wird Raum-Zeit-Matrix genannt und geht auf Johansen zurück:[65]

- Die *Zeitdimension* unterscheidet asynchrone (zeitversetzte) und synchrone (gleichzeitige) Kommunikation. Idealtypisch für asynchrone Kommunikation wäre ein Briefwechsel im klassischen Sinne. Synchrone Kommunikation mit sofortigem Feedback findet beispielsweise beim Gespräch unter vier Augen („face-to-face“) statt.

- Die *Raumdimension* unterscheidet zwischen „benachbart“ und „entfernt“, je nach Ausmaß der räumlichen Trennung der kommunizierenden Individuen und Gruppen.

---

63 Vgl. zur Forschungsproblematik und dem Forschungsstand Metz (1994).
64 Vgl. Müri (1985).
65 Vgl. Johansen (1988) und im deutschsprachigen Raum Wagner (1995).

Zusammen genommen ergibt sich folgende Abbildung:

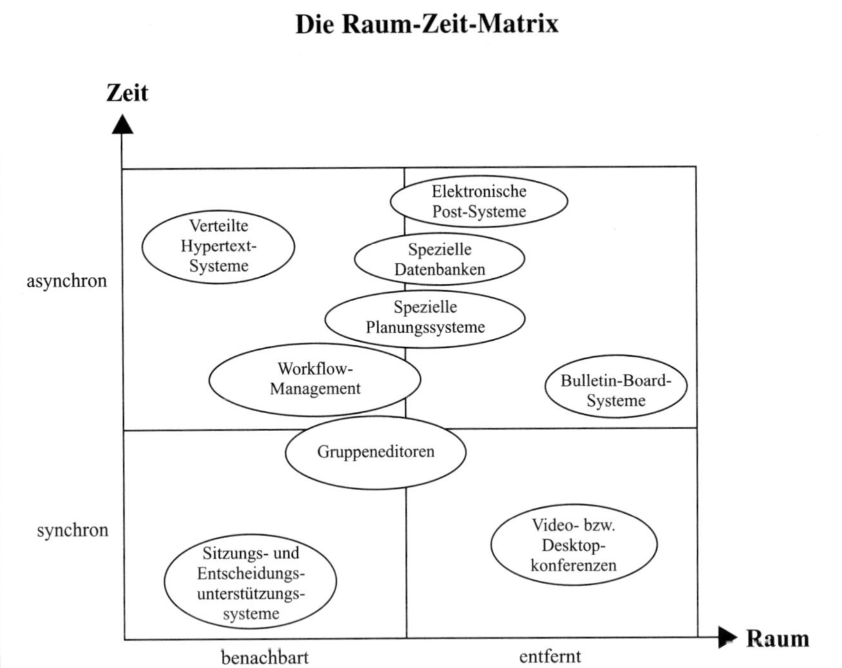

Quelle: Teufel et al. (1995, S. 25)

Abb. 45

Diese Einteilung der noch zu besprechenden Groupware-Tools ist nicht unumstritten. Insbesondere die Schnittstellen der Quadranten in Abbildung 45 scheinen für künftige Anwendungen interessant zu sein, um eine möglichst gute Unterstützung von Prozess-Teams und Gruppenarbeit gewährleisten zu können.

Basierend auf der folgenden Klassifikation von Teufel et al. wollen wir die wichtigsten Groupware-Technologien erklären. Welche Arten von Vorgängen in Prozess-Teams können überhaupt durch Groupware unterstützt werden? Gruppenprozesse in Prozess-Teams lassen sich im wesentlichen in drei Kategorien einteilen:[66]

66 Vgl. Teufel et al. (1995, S. 12).

- **Kommunikation** ist die Verständigung mehrerer Personen untereinander.
- **Koordination** bezeichnet jene Kommunikation, die zur Abstimmung aufgabenbezogener Tätigkeiten, die im Rahmen von Gruppenarbeit ausgeführt werden, notwendig ist.
- **Kooperation** bezeichnet jene Kommunikation, die zur Koordination und zur Vereinbarung gemeinsamer Ziele notwendig ist.

Je nachdem, ob Groupware-Anwendungen eher zur Unterstützung von Kommunikation, Koordination oder Kooperation eingesetzt werden sollen, ergibt sich eine entsprechende Einordnung. Sie ist in Abbildung 46 zu sehen:

Klassifikationsschema nach Unterstützungsfunktionen von Groupware

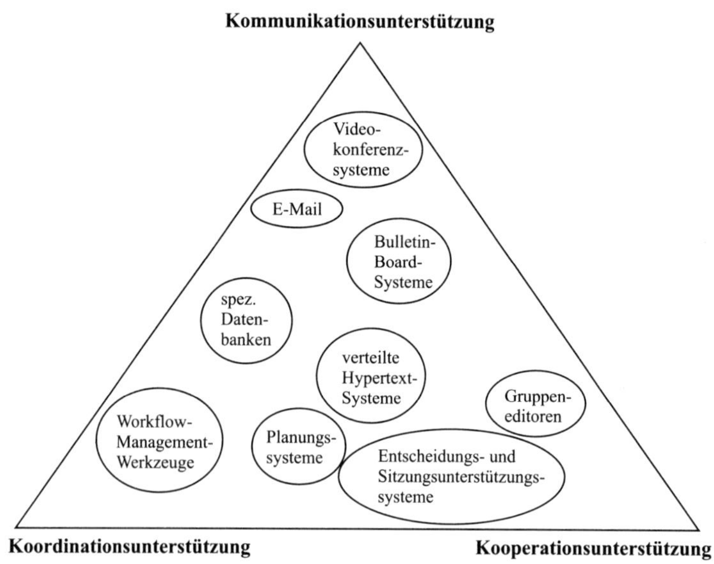

Quelle: in enger Anlehnung an Teufel et al. (1995, S. 27)

Abb. 46

- *Videokonferenzen* ermöglichen eine synchrone Kommunikation zwischen verschiedenen Personen mit Ton- und Bildwiedergabe. Sie existieren seit etwas mehr als vierzig Jahren und wurden zuerst als so genannte „Picturephones" durch AT&T eingeführt. Die Begeisterung hielt sich allerdings in Grenzen, denn die Technologie wurde als bedrohlich und kontrollierend empfunden. Mit zunehmender Bedeutung der Reisekosten global tätiger Managerinnen und Manager erfuhren Videokonferenzen einen neuen Entwicklungsschub. Technisch hält die Entwicklung heute noch an: Neue Komprimierungsverfahren für die zu übermittelnden Ton und Videosequenzen und Leitungen mit höherer Bandbreite werden laufend entwickelt. Trotzdem sind Videokonferenzen mit hoher Übertragungsqualität noch immer teure Kommunikationsmittel. Videokonferenzen können jedoch nicht herkömmliche Meetings oder Geschäftsreisen ersetzen. Vielmehr dienen sie der Entscheidungsvorbereitung. Geschäftsreisen können danach effizienter vonstatten gehen.

- *Electronic-Mail (E-Mail)* ist ein elektronisches Post System. E-Mail dient zur asynchronen Übermittlung von textbasierten Informationen über wahl- oder festgeschaltete Leitungen auf unternehmensinternen Netzen („Local Area Networks", LANs) wie auch auf Weitverkehrsnetzen („Wide Area Networks", WANs). E-Mail ist ein schnelles, zuverlässiges und kostengünstiges Kommunikationsmittel zur Überbrückung von Raum und Zeit.*Textbasierte Desktop-Konferenzen* stellen eine Art simultanes E-Mail-System dar. Dabei werden Texte verfasst und an Benutzer, die *zeitgleich* in dasselbe System eingeklinkt („eingeloggt") sind, verschickt. Wie bei E-Mail können auch hier Dokumente beliebiger Natur (Texte, Bilder, Video, Töne, Datenbanken) an eine Nachricht angeheftet und versendet werden. Im Internet wird diese synchrone Form textueller Kommunikation IRC („Internet Relay Chat") genannt. IRC könnte auch für unternehmensinterne Netzwerke genutzt werden . Vermutlich würde es dann „Intranet Relay Chat" heißen. Bei dieser Variante der Kommunikationsunterstützung erhält man wenige Sekunden nach einer eingegebenen Nachricht eine Antwort. Deshalb sind textbasierte Desktop-Konferenzen eine synchrone Kommunikationsmethode und dienen der kostengünstigen Überwindung von Raumdifferenzen.

- *Bulletin-Board-Systeme* sind Diskussionsforen. Als Analogie dient das „schwarze Brett", das nach Themen getrennt ist. Deren Benutzer können ihre Beiträge direkt an einen vorangegangenen Beitrag ankleben. Damit bleibt der Diskussionsverlauf jederzeit sichtbar. Personen, die regelmäßig den Inhalt des schwarzen Bretts lesen, werden Abonnenten genannt, weil sie das jeweilige Diskussionsforum abonniert haben. Mit der Zeit ergeben sich so genannte Diskussionsfäden („threads"). Das Navigieren zwischen ursprünglichen Fragestellungen und den dazugehörigen Antwortketten erfolgt durch anklicken der Hyperlinks. Dies sind Verknüpfungen zwischen Hypermedia-Dokumenten. Technisch gesehen sind die Diskussionsbeiträge nichts anderes als teilweise strukturierte E-Mails. Diese Teilstruktur stellt sicher, dass der aktuelle Beitrag hierarchisch richtig in die richtige Diskussion eingeordnet wird. Im Internet werden diese Diskussionsforen „USENET“ genannt. Der Einsatz in Unternehmen erfolgt mittels der Intranet-Idee oder kommerziellen Produkten.

- *Spezielle Datenbanken* sind Informationslager. Sie sind so organisiert, dass von verschiedenen Standorten dezentral auf sie zugegriffen werden kann. Sie sind relational, wenn nicht alle Informationen in einem einzigen Behälter oder in einer einzigen Tabelle gespeichert sind. Vielmehr sind die Daten in verschiedene Tabellen aufgeteilt, die durch gemeinsame Felder relational miteinander verbunden sind. So kann beispielsweise die funktionale Schule „Personal“ die Personalstammdatenverwaltung auf ihrem eigenen Server pflegen. Die Informationen über die Leistungen der einzelnen Prozess-Teammitglieder werden dagegen auf den Servern der Kern- und Supportprozesse gespeichert. Eine eindeutige Personalnummer erlaubt die Verbindung zwischen den Daten auf beiden Servern.

- *Verteilte Hypertext-Systeme* werden auch Intranet genannt. Dabei handelt es sich um eine Art unternehmensinternes Internet. Der Bildschirm präsentiert den Benutzern multimediale Seiten wie im World Wide Web. Die Seiten sind ebenfalls mittels Hyperlinks verbunden und bei umfangreichen Intranetlösungen häufig auf verschiedenen Servern im Unternehmen verteilt. Zudem besteht die Möglichkeit, E-Mails innerhalb und außerhalb des Unternehmens zu versenden. Die Schnittstelle zwischen Intranet und Internet wird „Firewall“ genannt. Diese Feuerwand ist für die Datensicherheit verantwortlich und soll unberechtigtes Eindringen in andere Rechner verhindern, die in irgendeiner Form mit einem Intranetserver verbunden sind.

- *Planungssysteme* werden zurzeit vor allem für die Terminabstimmung gemeinsamer Aktivitäten eingesetzt. Alle Gruppenmitglieder können jederzeit auf die elektronischen Agenden ihrer Kolleginnen und Kollegen zurückgreifen. Via E-Mails können Besprechungsanfragen mit bereits vorgemerkten Terminen verschickt werden. Die Antworten auf die Anfrage ergeben eine Teilnehmer-Liste. Die Termine werden automatisch in die elektronischen Agenden übernommen. Dieses System funktioniert jedoch nur, wenn alle Mitglieder eines Prozess-Teams ihre Verfügbarkeit in den gemeinsamen elektronischen Kalendern auch wirklich vermerken und aktualisieren. Systeme für die Unterstützung von Projektmanagement ermöglichen die gemeinsame Planung von Projektnetz- und -zeitplänen. Sie unterstützen die Projektfortschrittskontrolle und erinnern die Gruppenmitglieder rechtzeitig an wichtige Meilensteine.

- *Gruppeneditoren* unterstützen die synchrone Bearbeitung von gemeinsamen Daten mit dem Ziel, die Geschwindigkeit und die Qualität der Resultate zu verbessern. Gruppeneditoren funktionieren nach dem WYSIWIS-Prinzip („What You See Is What I See“). Dieses Prinzip erlaubt mehreren Benutzern gleichzeitig an Texten und Grafiken zu arbeiten. Sie sehen auf ihren Bildschirm jeweils dasselbe, obwohl sie sich an verschiedenen Orten befinden. Jeder Benutzer besitzt einen „cursor“ mit einer spezifischen Farbe. So können die übrigen Benutzer die Bewegungen und Änderungen gleichzeitig nachvollziehen. Gruppeneditoren werden beispielsweise für die Erstellung von Buchmanuskripten oder die Konstruktion von technischen Zeichnungen eingesetzt.

- *Entscheidungs- und Sitzungsunterstützungssysteme* helfen den Ablauf von Sitzungen zu strukturieren. Häufig wird auch von Gruppenentscheidungsunterstützungs-Systemen („Group Decision Support Systems“, GDSS) gesprochen. Sie funktionieren folgendermaßen: Bei Sitzungen wird jedem Teilnehmer ein Computer zur Verfügung gestellt. Diese Geräte sind miteinander vernetzt und je nach Ausgestaltung des Sitzungszimmers an eine zentrale, große Anzeige angeschlossen. Auf dieser sowie auf den individuellen Bildschirmen wird zuerst der Ablauf der Sitzung angezeigt. Während der Diskussion gibt jeder seine Lösungsvorschläge direkt in den Rechner ein. Diese werden durch eine spezielle Software gesammelt und nach vermerkter Priorität geordnet. Die Sitzungsteilnehmerinnen und -teilnehmer diskutieren die gesammelten Alternativen und stimmen darüber ab. Das System sammelt, kategorisiert, speichert und druckt zum Schluss alle Ideen, Kommentare und Abstimmungsresultate der Sitzung für alle übersichtlich aus. Entscheidend ist, dass die elektronischen Diskussionsbeiträge anonym verfasst werden können. Dadurch erhofft man sich eine ausgeglichenere Verteilung der Beiträge und weniger statusdominierte Diskussionen.

- *Workflow-Management* „umfasst alle Aufgaben, die bei der Modellierung, der Simulation sowie bei der Ausführung und Steuerung von Workflows erfüllt werden müssen“.[67] Workflows sind endliche, meist einfache, standardisierbare und arbeitsteilig auszuführende Folgen von Aktivitäten. Die Beendigung einer Aufgabe kann den Start einer anderen Aufgabe auslösen. Workflows beinhalten auch den Dokumentenfluss. Mit einem grafischen Workflow Editor wird der Workflow, dessen Rückkopplungen und Verzweigungen einfach abbildbar. Der Workflow-Simulator dient der Konsistenzüberprüfung, bevor das Workflow-Tool eingesetzt wird. Die Workflow-Steuerungs-Zentrale steuert den Fluss der Dokumente bzw. Informationen zwischen den Bearbeitern und kontrolliert den Bearbeitungsfortschritt. Ein Workflow-Monitor zeigt den jeweils aktuellen Zustand des Workflows an.[68] Der Action Workflow-Ansatz geht auf Winograd und Flores zurück.[69] Er geht nicht nur von sequenziellen Arbeitsabläufen aus, sondern ermöglicht auch Querverbindungen zwischen einzelnen Workflows sowie Vor- und Rückläufe nach bestimmten Regeln.

---

67 Teufel et al. (1996, S. 28).

68 Für die Darstellung einzelner Workflow Management Softwaretools vgl. Bach/Brecht/Hess/Österle (1996).

69 Vgl. Winograd/Flores (1986).

Das Gesamtmodell eines Workflow-Management-Systems ist durch die Workflow-Management-Coalition folgendermaßen abgebildet worden: [70]

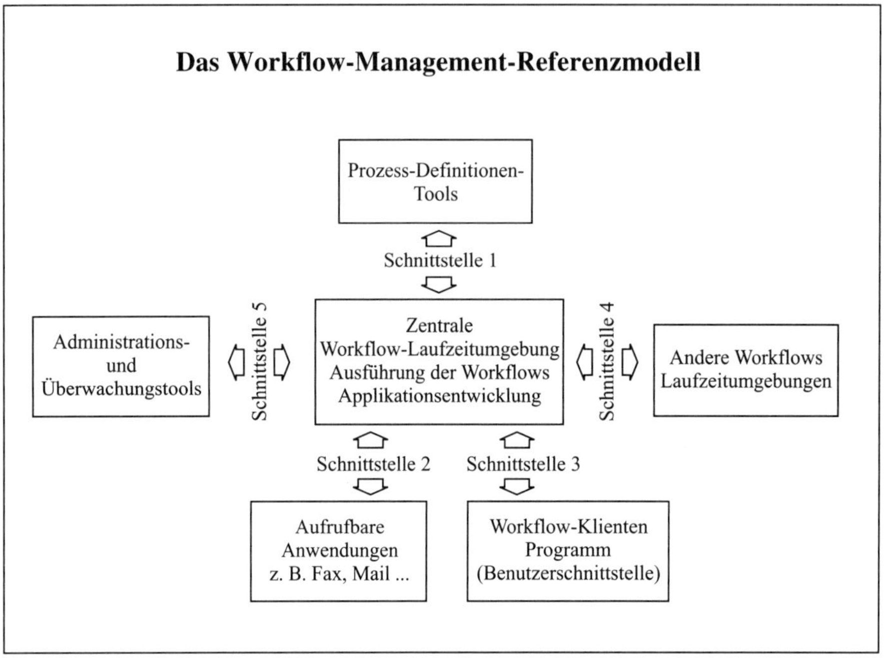

Abb. 47

Moderne Groupware-Anwendungen vereinen bereits mehrere der in Abbildung 46 dargestellten Anwendungen. So beinhaltet Lotus Notes, das bekannteste Groupware-Produkt, in der maximal ausgebauten Variante neben einem ausgereiften Bulletin-Board-System auch E-Mail, spezielle Datenbanken, ein verteiltes Hypertext-System (Lotus Domino-Intranet- und Internetserver), Planungshilfen (elektronische Kalender), Gruppeneditorenfunktionalitäten (Lotus Domino.Doc) und einen Workflow-Zusatz.[71] Ferner kann diese Software mit spezifischer Programmierung (Programmiersprache: Lotus Script) zusätzlich an die jeweilige Unternehmenssituation angepasst werden.

Alle Groupware-Anwendungen unterstützen bis zu einen gewissem Maß die Kommunikation innerhalb und zwischen Prozess-Teams. Diese Form der Kommunikation wird computerbasierte Kommunikation („Computer Mediated Communication", CMC) genannt. Dazu gehören E-Mail, Bulletin-Board-Systeme, Multi User Dungeons (MUDs) und syn-

70 Vgl. http://www.wfmc.org.

71 Vgl. http://www.lotus.com.

chrone textbasierte Computerkonferenzen. Können mit elektronischen Medien ähnlich reichhaltige Informationen wie mit „Face-to-face"-Kontakten übermittelt werden? Reichhaltige Informationen beinhalten neben dem Inhaltsaspekt auch den Beziehungsaspekt. Mit der Beantwortung dieser Frage befasst sich das Forschungsgebiet CMC („Computer Mediated Communication").

Wir wollen nun einige interessante Ergebnisse aus diesen Forschungen schildern. Grundlage dieser Forschungen bildet die Theorie der Informationsreichhaltigkeit von Kommunikationsmedien („Media Richness") von Daft/Lengel (1984). *Informationsreichhaltigkeit* meint die mögliche Informationsübertragungskapazität eines Kommunikationsmediums. Der Beziehungsaspekt einer Information kann immer dann besonders gut übertragen werden, wenn das verwendete Kommunikationsmedium eine möglichst hohe Informationsreichhaltigkeit aufweist. Abbildung 48 zeigt verschiedene Kommunikationsmedien:

Informationsreichhaltigkeit von Kommunikationsmedien und der Bereich effektiver Kommunikation

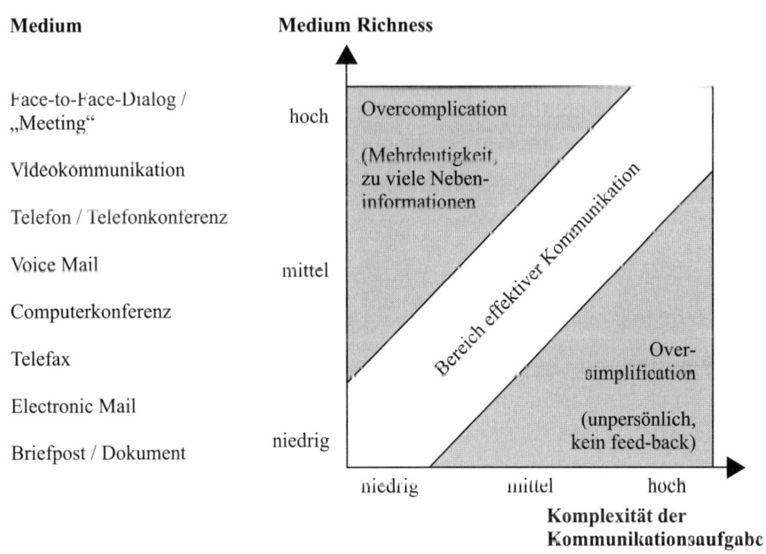

Quelle: Pribilla/Reichwald/Goecke (1996, S. 21) in Anlehnung an Daft/Lengel (1984)

Abb. 48

Es existiert ein Bereich effektiver Kommunikation, der als optimaler Pfad bezeichnet wird. Was heißt das? Je nach Kommunikationsaufgabe muss die Informationsreichhaltigkeit eines Kommunikationsmediums unterschiedlich hoch sein. So werden E-Mail und Computerkonferenzen deshalb lediglich als Unterstützung für wenig komplexe Kommunikationsaufgaben befürwortet. Videokommunikation hingegen wird ein höheres Potenzial zugeschrieben, weil auch Signale wie Gestik und andere audio-visuelle Anhaltspunkte vermittelt werden können.

Auch die Studien von Sproull und Kiesler (1986, 1992) liefern Erkenntnisse zur Informationsreichhaltigkeit. Die beiden Autorinnen entwickelten die so genannte *Demokratisierungs-These der Kommunikation.* Sie beobachteten „face-to-face-meetings" und stellten fest, dass einzelne Teilnehmer den Gesprächsablauf deutlich dominierten. Statusunterschiede und Zurückhaltung hinderten die anderen Gruppenmitglieder oft daran, ihre Gedanken und Bedenken zu äußern. Dies, obwohl sie zum Teil beträchtliches Wissen und Erfahrung aufzuweisen hatten. Auch Geschlechterunterschiede spielen eine zentrale Rolle.[72] Die Demokratisierungshypothese besagt, dass durch den Einsatz von CMC diese Unterschiede verschwinden oder abgeschwächt werden. Begründet wird dies mit der Signalarmut von CMC-Medien: Weil lediglich geschriebener Text ausgetauscht wird, können ausschließlich sachliche Informationen und keine Anhaltspunkte zu sozialen Aspekten („social cues") transportiert werden, die einigen Organisationsmitgliedern zum Nachteil gereichen könnten. Die wichtigsten Ergebnisse dieser Untersuchungen sind:

- Die fehlenden Kontextinformationen bezüglich der Beziehungsaspekte führen zu sorgfältigerer Formulierung von Nachrichten,
- der Einfluss und die Kontrollmöglichkeit von hierarchisch höheren Personen nimmt bei Entscheidungsfindungsprozessen tendenziell ab,
- eine gleichmäßigere Verteilung von Kommunikationsbeiträgen ist beobachtbar,
- unerfreuliche Meldungen werden vorzugsweise über elektronische Post versendet,
- die Benutzer formulieren bei der Verwendung elektronischer Medien viel ungezwungener. Fluchen, wetten und „schreien" kann häufiger als im direkten Gespräch beobachtet werden. Dieses Phänomen wird „flaming" genannt.

Kiesler und Sproull fanden mit ihrer Demokratisierungs-Hypothese die Theorie der Informationsreichhaltigkeit weitgehend bestätigt. In aktuellen Studien wird zusätzlich untersucht, welche grundsätzlichen Koordinationsmechanismen in Organisationen, auf Märkten und in Computernetzen von Bedeutung sind.[73]

---

72 Für die Diskussion, wie sich Frauen und Männer in elektronischen Diskussionen geschlechterspezifisch verhalten, vgl. Herring (1994) und Ferris (1996).

73 Vgl. dazu die Forschungen am „Center of Coordination Science" des MIT: http://ccs.mit.edu.

Die Theorie der Informationsreichhaltigkeit von Kommunikationsmedien ist allerdings nicht unbestritten geblieben. Neuere Erkenntnisse im Bereich der computerunterstützten Kommunikation bezweifeln gar die Nützlichkeit des Maßstabs „Informationsreichhaltigkeit". So bringt die „Social Processing Theory", die vor allem durch Walther geprägt wurde, bringt folgende Vorbehalte an:[74]

- CMC-Teams benötigen zum Ausbilden der Sozialstruktur lediglich mehr Zeit: Dann entsteht eine Art „E-Mail-Ethos" mit denselben sozialen Beziehungen zwischen den Gruppenmitgliedern wie sie auch bei „Face-to-face"-Kontakten beobachtet werden können. Obwohl bei textbasierten, elektronischen Kommunikationsmedien die wichtigsten sozialen Anhaltspunkte („social cues" wie Geschlecht, Status, Ort, Aussehen etc.) zunächst fehlen, entstehen mit der Zeit Interaktionen bei denen auch implizite soziale Botschaften (Beziehungsaspekte) transportiert werden. Nach der „Social Processing Theory" durchlaufen Gruppen, die mit CMC-Medien kommunizieren, verschiedene Stadien:
  - Die Kommunizierenden versuchen zuerst, ihre Nachrichten möglichst eindeutig und sorgfältig zu verfassen. Auf der Empfängerseite werden die Nachrichten besonders aufmerksam gelesen und interpretiert.
  - Dadurch entsteht mit der Zeit eine Vorstellung darüber, wie die einzelnen Gruppenmitglieder in verschiedenen Situation wohl denken und handeln würden. Die Gruppenmitglieder lernen sich also zuerst durch sensibles und genaues Formulieren kennen, bis sie das Gefühl haben, die anderen Personen und deren Denken zu durchschauen. Danach sind auch flüchtigere Formulierungen und ungenauere Statements möglich. Man geht davon aus, dass die anderen, sobald sie genügend Erfahrungen in der elektronischen Konversation haben, die elektronischen Textnachrichten genügend deuten können. Die Frage, weshalb sich die Gruppenmitglieder die Mühe machen, derart sorgfältig und aufwendig zu kommunizieren, beantwortet die „Social Processing Theory" mit so genannten „beziehungsorientierten Motiven". Sie veranlassen die Teammitglieder unabhängig von den eingesetzten Kommunikationshilfsmitteln dazu, die anderen Individuen im Team kennen zu lernen, eine interne Sozialstruktur der Gruppe auszubilden und schließlich gemeinsam arbeitsausführend tätig zu werden.
- CMC-Medien besitzen ebenfalls soziale Anhaltspunkte, die aber anders ausgestaltet sind, als bei herkömmlicher „Face-to-face"-Kommunikation. Walther und Tidwell (1995) betonen in diesem Zusammenhang die Wichtigkeit der Dimension Zeit. Dies aus zwei Gründen:

---

74 Vgl. Walther (1992, 1995, 1999).

- Erstens spielt die Tageszeit, zu der eine Nachricht versendet wird, eine wichtige Rolle. Eine Nachricht mit primär sozialem Inhalt wird als intimer wahrgenommen und intensiver interpretiert, wenn sie während der Nachtzeit verschickt wurde. Eine aufgabenbezogene Nachricht oder eine aufgabenorientierte Weisung wird dagegen als weniger dringend und belästigend empfunden, falls sie nachts verschickt wird.
- Zweitens werden schnelle Antworten auf soziale Nachrichten als weniger gefühlvoll interpretiert, während schnelle Antworten auf aufgabenbezogene Nachrichten als stärker engagiert wahrgenommen werden.

Diese Ergebnisse gelten freilich nur für asynchrone elektronische Kommunikationssysteme, bei denen eine verzögerte Antwort nicht automatisch auf Desinteresse oder technische Schwierigkeiten hinweist.

■ In CMC-Medien wird versucht, fehlende Gestik-Signale durch Schreib-Konventionen wettzumachen. Wichtig sind dabei vor allem Abkürzungen, Gefühlsausdrücke in Anführungszeichen („lach“), Handlungen zwischen Sternchen, die im RL („Reales Leben“) jetzt ausgeführt würden (*John beugt sich über den Tisch und erwidert sehr ernst*...) und so genannte „Emoticons“ (Icons für Emotionen). Beispiele für Emoticons sind (jeweils um 90 Grad nach links gedreht):

:-) oder :)	ein lachendes Gesicht
;-) oder ;)	ein zwinkerndes Gesicht
:-(oder :(	ein enttäuschtes/trauriges Gesicht
:-} oder :}	mir geht’s soso lala
:-P	Zunge rausstrecken
:-O	schreiendes Gesicht
:-&	verschwiegenes Gesicht
@}-‘-,-‘—	Rose reichen, Kompliment
AABBCC	Großbuchstaben bedeuten lautes Ausrufen

Im Ergebnis ist man sich heute einig, dass Groupware-Anwendungen ein großes Nutzenpotenzial besitzen. Keineswegs sollen sie „Face-to-face“-Kontakte erstetzen. Es geht nicht um die Frage des Entweder-oder, sondern darum, wie und wann elektronische Kommunikationsmedien die Arbeit von Prozess-Teams vereinfachen, beschleunigen und gleichzeitig anspruchsvoller werden lassen können.

ERGEBNIS VON KAPITEL III

Damit aus Business Reengineering ein Prozessmanagement wird, müssen

- *alle* Prozesse systematisch und kundenorientiert gestaltet werden,
- alle Prozesse einen verantwortlichen Process Owner haben,
- die Vorteile der funktionalen Spezialisierung systematisch mit der Prozessgliederung verknüpft werden,
- aus Gruppen entscheidungsbefugte Prozess-Teams werden, die durch den Einsatz von Groupware-Instrumenten unterstützt werden können.

Viertes Kapitel

Was kann Business Reengineering von bewährten Konzepten übernehmen?

Business Reengineering behauptet, ein gänzlich neues Konzept zu sein. Ist das wirklich der Fall? Oder ist Business Reengineering doch nur *alter Wein in neuen Schläuchen* oder des Kaisers neue *Kleider*?[75] Die Antwort lautet „sowohl als auch“. Business Reengineering ist ein *Management Mongrel*,[76] das heißt eine Mischung aus bekannten Ansätzen und neuen Ideen mit japanischen und amerikanischen Elementen. Um den Neuigkeitsgrad auszuloten und gleichzeitig zu prüfen, welche bewährten Elemente bereits erfolgreich umgesetzt wurden, soll Business Reengineering im Folgenden mit einigen bekannten Management- und Organisationskonzepten verglichen werden. Es sind dies *erstens* bekannte organisatorische Konzepte, wie sie in den meisten Organisationslehrbüchern zu finden sind: Ablauforganisation, Projektorganisation, divisionale und modulare Organisation sowie die Profit Center Organisation. *Zweitens* handelt es sich um aktuelle Managementkonzepte. Wir stellen die Konzepte des Total Quality Mangement, des Lean Management und der Virtuellen Unternehmung vor. *Drittens* sind dies ausgewählte Planungsinstrumente, die organisationsrelevant sind, nämlich das Konzept der Wertkette und die Netzplantechnik.

Der Griff in den klassischen Instrumentenkasten des Managements bedeutet nicht, dass wir den revolutionären Gehalt von Business Reengineering bestreiten wollen, denn schließlich sollen in diesem Konzept zunächst widersprüchlich erscheinende Ideen gleichzeitig realisiert werden. Vielmehr wollen wir deutlich machen, dass erst die Kenntnis bereits bewährter und bekannter Elemente hilft, die Radikalität des Business-Reengineering-Konzeptes zu bewältigen. Erst dann lässt sich Business Reengineering auch wirklich erfolgreich umsetzen: Kennt man beispielsweise die Erfolgsbedingungen der Projektorganisation, so fällt die Prozessgestaltung schon erheblich leichter. Ebenso ist die Kenntnis der divisionalen Organisation hilfreich für die Segmentierung von Prozessen. Auch Lean Management enthält viele Elemente des Business Reengineering. Alle diese Konzepte liefern wesentliche Hinweise, die die Realisierung der drei Ideen des Business Reengineering unterstützen. Wir zeigen im Folgenden die Gemeinsamkeiten und Unterschiede zwischen Business Reengineering und Managementkonzepten.

75 Vgl. Osterloh/Frost (1994a, 1994b), Drumm (1996) und Kieser (1996a, 1996b).

76 Vgl. Economist (26.2.1994, S. 67).

1. Traditionelle organisatorische Konzepte

1.1 Ablauforganisation

Im deutschen Sprachraum werden – wie bereits erwähnt – seit Nordsieck und Kosiol organisatorische Gestaltungsprobleme in Aufbau- und Ablauforganisation differenziert.[77] *„Die Ablauforganisation beschreibt den Ablauf des betrieblichen Geschehens, den Vollzug, die Ausübung oder Erfüllung von Funktionen, derentwegen Bestände geschaffen wurden. Im Vordergrund steht der Prozess der Nutzung von in der Aufbauorganisation geschaffenen Potenzialen"*.[78]

Im angelsächsischen Sprachraum ist diese Zweiteilung nicht üblich: Ablauforganisatorische Gestaltungsfragen werden im Rahmen des *Industrial Engineering* oder *Production Management* behandelt. Auf diesem Hintergrund ist die Parole *„Forget what you know about how business should work – most of it is wrong!"*[79] für den angelsächsischen Sprachraum möglicherweise zutreffend, für den deutschen nicht. Gleichwohl hat der starke Einfluss angelsächsischer Autoren auf die Organisationslehre bewirkt, dass auch im deutschsprachigem Raum die Ablauforganisation lange Zeit vernachlässigt wurde. Dies zeigt sich beispielsweise darin, dass zahlreiche Standardlehrbücher zur Organisation nur Themen der Aufbauorganisation behandeln.[80] Die starke Dominanz der Aufbauorganisation hat dazu geführt, dass die Ablauforganisation als zweitrangig angesehen wurde: Sie wurde im Wesentlichen durch die Aufbauorganisation determiniert und damit faktisch zu deren Fortsetzung. Für die Ablauforganisation blieben nur noch wenige eigene Gestaltungsspielräume übrig. Es ist das Verdienst von Gaitanides (1983), diese Perspektive umgekehrt zu haben:[81] Die Aufbauorganisation wird zur Fortsetzung der Ablauforganisation. Damit ist der grundlegende Unterschied zwischen der traditionellen Ablauforganisation und der Prozessorganisation beziehungsweise dem Business Reengineering aufgezeigt.

---

77 Theoretisch gesprochen hat es die traditionelle Trennung von Aufbau- und Ablauforganisation unmöglich gemacht – so eine pointierte und vielzitierte Stellungnahme von Luhmann (1973, S. 66) – *die Rationalisierung von Struktur und Prozess* angemessen zu behandeln. Deshalb hat Wild schon 1966 vorgeschlagen, die Trennung von Aufbau- und Ablauforganisation aufzuheben und stattdessen von der Gestaltung von Aktionsgefügen als einem einheitlichen umfassenden Akt auszugehen. Er schlägt vor, mit der Strukturierung der Ablauforganisation auf der Ausführungsebene zu beginnen (vgl. ebenda, S. 146).

78 Gaitanides (1992, Sp. 1).

79 Hammer/Champy (1993, Buchumschlag).

80 Vgl. zum Beispiel Frese (1998), Hill/Fehlbaum/Ulrich (1994, 1998), Kieser/Kubicek (1992) und Probst (1993).

81 Vgl. auch Gaitanides (1999).

1.2 Projektorganisation

Die Projektorganisation hat viele Gemeinsamkeiten mit Business Reengineering. Zum *Ersten* sind Projekte genau wie Prozesse funktionsübergreifend. Zum *Zweiten* umfassen beide eine ganzheitliche Aufgabe. Zum *Dritten* werden Projekte wie Prozesse meist im Team bearbeitet. Zum *Vierten* gibt es *einen* verantwortlichen Manager für ein Projekt beziehungsweise für einen Prozess. Insofern kann man viel von der Projektorganisation für die Gestaltung von Prozessen lernen. Dennoch ist Projektorganisation nicht mit Business Reengineering identisch. Es gibt zwei wesentliche Unterschiede:

Erstens sind Projekte „Unternehmen auf Zeit". Daraus leiten sich die Hauptaufgaben der Projektorganisation ab: die Bewältigung von *Singularität (Einzigartigkeit), Komplexität* und *relativer Neuartigkeit, zeitlicher Befristung sowie funktionsübergreifendem Aufgabenumfang.*[82] Hingegen sind Prozesse weder zeitlich beschränkt noch umfassen sie immer neuartige Aufgaben. Sie sind in der Regel dauerhafter Bestandteil der Organisation und im Gegenteil zur Projektorganisation gerade darauf gerichtet, zu routinisieren, was nur zu routinisieren geht. Deshalb ist auch der für einzelne Prozesse verantwortliche *Process Owner* nicht mit einer Projektmanagerin oder einem Projektmanager identisch. Die Aufgabe der Projektmanager ist mit Abschluss des Projektes beendet. Der Process Owner ist dauerhaft für definierte funktionsübergreifende Prozesse verantwortlich.

Zweitens ist die Projektorganisation häufig (mit Ausnahme der reinen Projektorganisation) eine zusätzliche Organisation, die als Sekundärorganisation die traditionelle vertikale Linienorganisation überlagert. Diese bleibt als Primärorganisation erhalten. Damit bringen Projektaufgaben ein „instabiles Element in ein auf Dauer angelegtes organisatorisches System".[83] Hingegen soll im Business Reengineering die Organisation als Primärorganisation ganz auf Prozesse ausgerichtet werden.

Die folgenden Abbildungen zeigen die drei wichtigsten Varianten der Projektorganisation: die Projekt-Stabs-Organisation, die Projekt-Matrix-Organisation und die reine Projektorganisation.

- Die Projekt-Stabs-Organisation wird häufig auch als Einfluss-Projektorganisation oder Projektkoordination bezeichnet. Die Projektaufgaben werden wie Stabsaufgaben von einem Projekt-Team wahrgenommen. Dieses ist hauptsächlich mit der Informationssuche und -bearbeitung sowie der Entscheidungsvorbereitung beschäftigt, da die Projektstäbe gegenüber der Linie nicht weisungsbefugt sind. Wichtige Projektentscheidungen werden von den übergeordneten Instanzen getroffen. Aufgrund seiner Fachkompetenz

82 Vgl. zum Beispiel bei Frese (1998, S. 472 ff.) und Osterloh/Frost (1998).

83 Vgl. Frese (1998).

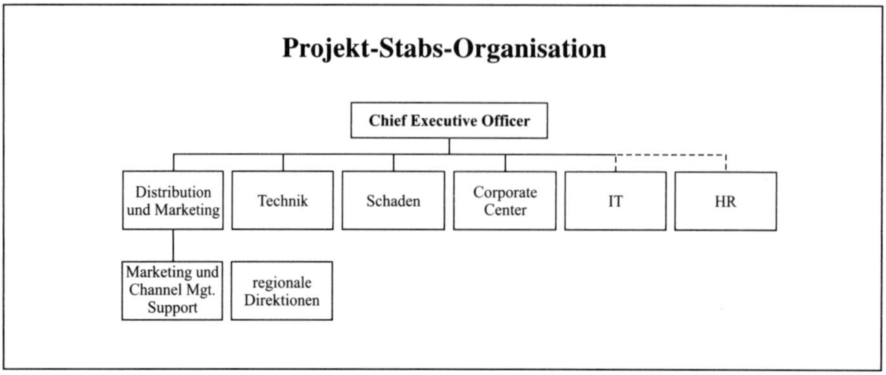

Abb. 49

und seines hohen Informationsstandes hat ein Projektstab aber häufig die Möglichkeit der informellen Koordination, das heißt, er hat faktisch einen stärkeren Einfluss auf die Projekte, als es der eigentlichen Stabskonzeption entspricht.

- Bei der Projekt-Matrix-Organisation werden die Projekte als gleichberechtigte Dimensionen neben dem funktions- oder objektbezogenem Entscheidungssystem hinzugefügt. Damit wird eine Kompetenzaufteilung zwischen der Linie, die für die Erfüllung permanenter Aufgaben zuständig ist, und dem projektbezogenen Leitungssystem vollzogen. Die Projektleiter sind für die Definition und Ausgestaltung der erhaltenen Leistungsaufträge zuständig. Das bedeutet, dass die Mitarbeiterinnen und Mitarbeiter eines Projektes gleichzeitig von zwei Instanzen Anweisungen erhalten. Deshalb können

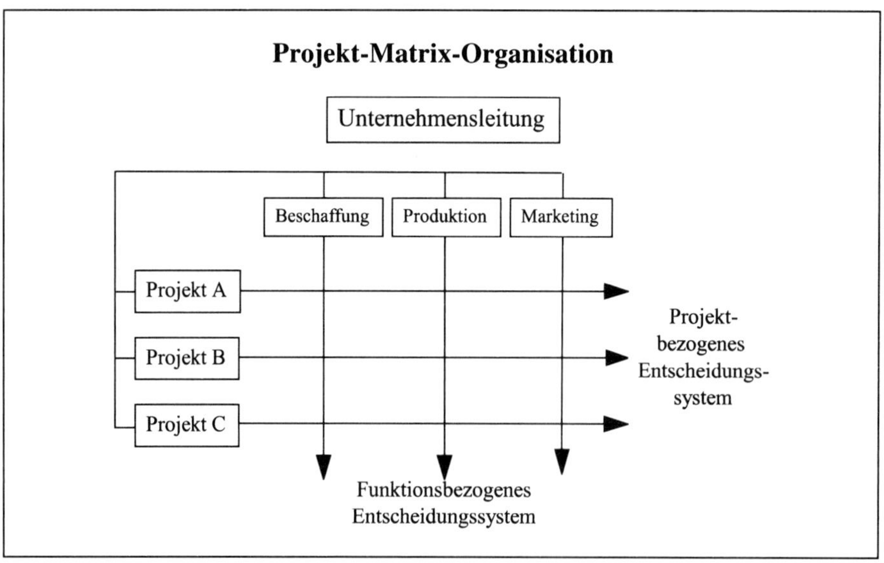

Abb. 50

die Schnittstellen zwischen den horizontalen Kompetenzlinien des Projekt-Teams und den vertikalen der übrigen Instanzen Ursache für Konflikte sein. Die Schnittstellen können aber auch als Basis für eine fruchtbare Zusammenarbeit zwischen Projekt-Team und Mitarbeitern der übrigen Instanzen gesehen werden.

- Die reine Projektorganisation hat den nachhaltigsten Einfluss auf die bestehende Organisation. Alle Mitarbeiterinnen und Mitarbeiter eines Projektes werden von ihren bisherigen Linienfunktionen freigestellt und einem selbstständigem Projektbereich zugeteilt. Die Projekt-Koordinatoren haben die volle Weisungsbefugnis gegenüber diesen Mitarbeitern. Häufig werden für die Bearbeitung der Projektaufgabe auch noch Unternehmensexterne eingestellt. Die reine Projektorganisation entspricht dem Task-Force-Modell, weil zeitlich befristete Organisationseinheiten geschaffen werden. Diese sind ausschließlich für die Erfüllung von Projektaufgaben zuständig. Dabei greifen die Projekt-Teams auf eigene projektspezifische Ressourcen zurück. Die Mitglieder solcher Projekt-Teams sind häufig hochkarätig und hoch motiviert, weil die Projektziele meist anpruchsvoll und einflussreich sind: Sie sind die „Hot Groups" oder „Tiger-Teams" des Unternehmens.[84]

Reine Projektorganisation

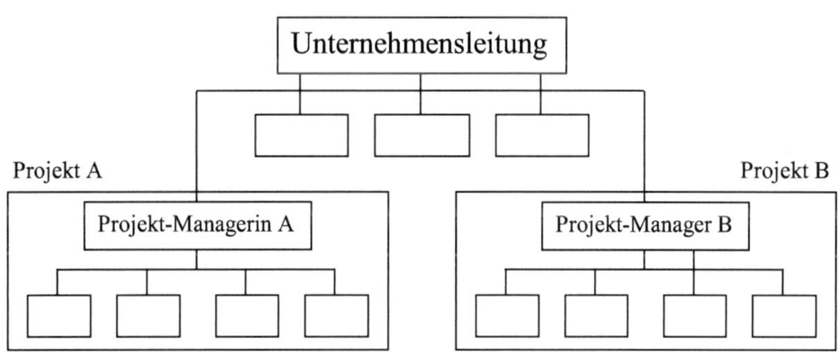

Abb. 51

84 Vgl. zu den „Hot Groups" Leavitt/Lipman-Blumen (1995) und zu den „Tiger-Teams" Wheelwright/ Clark (1994).

Die Idee des funktionsübergreifenden ganzheitlichen Aufgabenzusammenhangs ist am stärksten bei der reinen Projektorganisation realisiert, weshalb sie die größte Ähnlichkeit mit Business Reengineering hat. Wendet man die Triage-Idee[85] im Sinne der Segmentierung von Prozessen nach Komplexität an, so sind die Prozessvarianten mit dem höchsten Komplexitätsgrad in diesem Falle mit der Projektorganisation praktisch identisch. In beiden Fällen handelt es sich um anspruchsvolle Aufgaben mit geringem Routinegehalt.

1.3 Divisionale Organisation

In der divisionalen Organisation sind die organisatorischen Einheiten nach produktbezogenen Teilbereichen (Objekten) gegliedert. Alle Verrichtungen, die zu einer Produktgruppe oder Dienstleistungsart gehören, werden als eigenständige Division, Sparte oder als eigenständiger Geschäftsbereich geführt. Die Objekt- bzw. Spartengliederung befindet sich unmittelbar auf der *zweiten* Ebene, das heißt unmittelbar unterhalb der Unternehmensleitung. Dadurch entstehen zweckorientierte Entscheidungskompetenzen für die jeweilige Spartenleitung. Die darauffolgenden Ebenen innerhalb der Sparten sind häufig wieder funktional gegliedert. Je autonomer die Sparten entscheiden können, desto größer ist der Dezentralisationsgrad. Werden möglichst wenige Aufgaben in Zentralbereichen zusammengefasst, spricht man von einer dezentralen Spartenorganisation, in der die Spartenleitung eigenständig über die Erstellung oder den Bezug von (internen) Leistungen entscheiden kann.

Der *Vorteil* der divisionalen Organisationsstruktur besteht darin, dass bei einer Verwirklichung des Konzepts in reiner Form alle für ein Objekt notwendigen Kompetenzen in einer Entscheidungseinheit vereint sind. Die einzelnen Sparten sind für ihren Erfolg verantwortlich. Gegenüber der funktionalen Organisation besteht eine wesentlich stärkere Kundenorientierung sowie die Fähigkeit, schnell und flexibel auf Marktänderungen reagieren zu können. Die divisionale Organisationsstruktur findet sich am häufigsten bei Mehrproduktunternehmen. Für Einproduktunternehmen ist hingegen die traditionelle funktionale Struktur typisch.[86] Auch im Business Reengineering werden mit der Prozessgliederung Bereiche im Unternehmen geschaffen, die alle für eine Entscheidung notwendigen Kompetenzen innerhalb einer Einheit beinhalten. Im Unterschied zur divisionalen Organisation wird jedoch bei einer weiteren Untergliederung nicht nach Funktionen, sondern nach Kundengruppen oder nach Komplexität gegliedert.[87] Darüber hinaus ist die Realisierung einer Prozessorganisation auch bei Einproduktunternehmen sinnvoll. Hier kann, wie ausführlich

85 Vgl. Kapitel II.2.1.

86 Beispiel für funktional organisierte Einproduktunternehmen sind Luftfahrtgesellschaften wie die Deutsche Lufthansa AG.

87 Eine Ausnahme stellt die Triage-Variante der funktionalen Segmentierung innerhalb der Prozesse dar, vgl. Kapitel II.2.1. diese Segmentierungsvariante ist aber nur eine unvollständige Verwirklichung der Prozess-Idee.

am Fallbeispiel Gate Gourmet geschildert, ein Produkt oder eine Dienstleistung in mehrere Kernprozesse gegliedert werden.

1.4 Modulare Organisation

Das Konzept der modularen Organisation[88] ist auch unter den Schlagworten „Inselkonzept“, „Fabrik in der Fabrik“, „Fraktale Fabrik“[89] oder „Flottillen-Organisation“[90] bekannt geworden.

Das Grundprinzip der modularen Organisation ist die Bildung kleiner Einheiten, die ein überschaubares und abgeschlossenes Aufgabenfeld umfassen und einer relativ kleinen Zahl von Mitarbeiterinnen und Mitarbeitern zugeordnet werden können. Dabei wendet die modulare Organisation das *Objektprinzip* nicht wie die divisionale Organisation von oben nach unten, sondern *von unten nach oben* an. Auf der Ausführungsebene werden zusammenhängende Tätigkeiten zu Modulen zusammengefasst. Dies ist auch in einer Funktionalorganisation möglich, zum Beispiel innerhalb des funktionalen Bereiches Produktion.

Modulare Organisation

Definition: Modulare Organisation ist die Segmentierung der Produktion oder Dienstleistung in Teileinheiten, die sowohl in der technischen als auch in der betriebswirtschaftlichen Dimension weitgehend autonom sind.

Merkmale:
- Selbstorganisation innerhalb der Module.
- Zwischen den Modulen Koordination durch
  - feste Regeln (Anordnung),
  - interne Märkte und Preise (Verrechnungspreise),
  - Vereinbarungen (zum Beispiel Management by Objectives),
  - überlappende Module.

Wirkung:
- Reduzierte Anzahl der Beziehungen zwischen den Modulen, dadurch Vermeidung von Informationsüberlastung
- Intensive Beziehungen innerhalb der Module, dadurch erhöhte Flexibilität.

---

88 Vgl. Wildemann (1998).
89 Vgl. Warnecke (1993).
90 Vgl. Drucker (1991).

Als prominentestes Beispiel für die Anwendung des modularen Prinzips galt jahrelang der multinatinale Industriekonzern ABB (Asea Brown Boveri). Der gesamte Konzern mit rund 200 000 Mitarbeiterinnen und Mitarbeitern wurde versucht in 5 000 Module (Profit Centers und Cost Center) aufzugliedern. Jedes Modul sollte nicht mehr als 50 Mitglieder haben und nach seinem Gewinnbeitrag beurteilt werden. Dahinter stand die Philosophie der konsequenten Dezentraliation des damailgen CEO Percy Barnevik. Er wollte vor allem *Motivationsvorteile* erreichen: Die Mitarbeiterinnen und Mitarbeiter sollten sich wie Unternehmer verhalten und sich zwischen den Modulen möglichst weitgehend dezentral durch Verrechnungspreise abstimmen. *Innerhalb* des Moduls haben sie übrschaubare Aufgaben, deren Ergebnisse ihnen zugerechnet werden können. Darüber hinaus haben sie eine hohe Autonomie bei der Aufgabenerfüllung und können intensiv miteinander kommunizieren. Inzwischen sind jedoch erhebliche Zweifel an der Vorteilhaftigkeit preislicher Koordniation zwischen den autonomen Modulen gekommen. So ist gegenwärtig der ABB Konzern dabei, seine Organisation zu restrukturieren, weil die konsequente Modularisierungsstrategie wegen des extremen internen Wettbewerbsdruck als gescheitert gilt.

Einer konsequenten Modularisierungsstrategie stehen beträchtliche *Koordinationsnachteile* gegenüber: Je kleiner die modularen Gruppen (und desto größer die Motivationsvorteile) sind, desto größer ist die Notwendigkeit der Koordination *zwischen* den Modulen, weil die Anzahl der Module wächst. Die interne Koordination zwischen den Modulen über interne Märkte und Verrechnungspreise ist keineswegs problemlos.[91] Dies wird häufig übersehen. Die Koordination über interne Märkte funktioniert nur dann, wenn es gelingt, korrekte interne Verrechnungpreise zu ermitteln. Dies ist bekanntlich schwierig. Das Problem ist umso größer je höher der Gemeinkostenanteil, das heißt die interne Verflechtung ist. Die Gemeinkosten stellen heute schon in vielen Unternehmen bis zu 80 Prozent der Selbstkosten dar.[92] Können keine korrekten Verrechnungspreise ermittelt werden, so kehrt sich der oben geschilderte Motivationsvorteil zu einem Nachteil um. Werden die Verrechnungspreise als unfair und manipulativ empfunden, wirken sie demotivierend.[93] Aus diesen

91 Osterloh/Frey/Frost (1999).

92 Vgl. Weilenmann (1992): Eine mengenproportionale Zurechnung der Kosten auf die einzelnen Produkte ist dann nicht mehr sinnvoll. Der auf diese Art errechnete Deckungsbeitrag ist immer weniger aussagekräftig. Hier setzt die Prozesskostenrechnung (Activity Based Costing) an. Prozesskosten sind die über alle Kostenstellen hinweg entstehenden Kosten der ablaufenden Prozesse. Statt stufenweise die Gemeinkosten zuzurechnen, werden so genannte Cost-Drivers herausgeschält. Durch eine prozessbezogene Analyse der betrieblichen Leistungsabfolge sollen die Kostenfaktoren, die gemeinkostentreibend wirken, ermittelt werden. Eine moderne Prozesskostenrechnung kann aber nur dann erfolgreich sein, wenn die Organisationsstruktur nicht an starren Zuständigkeitsbereichen festhält, sondern sich über bisherige Funktionsgrenzen hinaus an betrieblichen Prozessen orientiert, vgl. Meyer (1993).

93 Vgl. Eccles (1985) und Frese (1995).

Gründen kann in den Unternehmen nur dann über interne Verrechnungspreise sinnvoll koordiniert werden, wenn die interne Leistungsverflechtung gering ist. In allen anderen Fällen muss der Koordinationsmechanismus „Verrechnungspreise“ um „Anordnung“ beziehungsweise um „Verhandlung“ ergänzt werden. Viel diskutiert wird in diesem Zusammenhang „Management by Objectives“. Dies kann jedoch zu Bürokratisierung und innerbetrieblichen Machtkämpfen führen. In jedem Fall entstehen eine Menge Schnittstellen.

Auch im Business Reengineering stellen die Prozesse zunächst Module dar. Insofern kann Business Reengineering als eine besondere Form der modularen Organisation gekennzeichnet werden. Jedoch besteht eine Besonderheit darin, dass die Module so geschnitten sind, dass eine *kundenorientierte Rundumbearbeitung* entsteht. Dadurch werden Schnittstellen zwischen den Segmenten und den vor- sowie nachgelagerten Bereichen auf ein Minimum reduziert, weil die Abhängigkeit von Leistungen anderer Organisationseinheiten abnimmt. Die geschilderten Probleme mit den internen Verrechnungspreisen entfallen weitgehend.

Von der vertikalen über die modulare Organisation zum Business Reengineering

Die folgenden Darstellungen zeigen, wie man sich die Entwicklung von der traditionellen, vertikalen Organisation über die modulare Organisation zum Business Reengineering vorstellen kann. Jede Entwicklungsstufe bedeutet eine Verringerung der Anzahl der organisatorischen Schnittstellen.

1. Vertikale Organisation

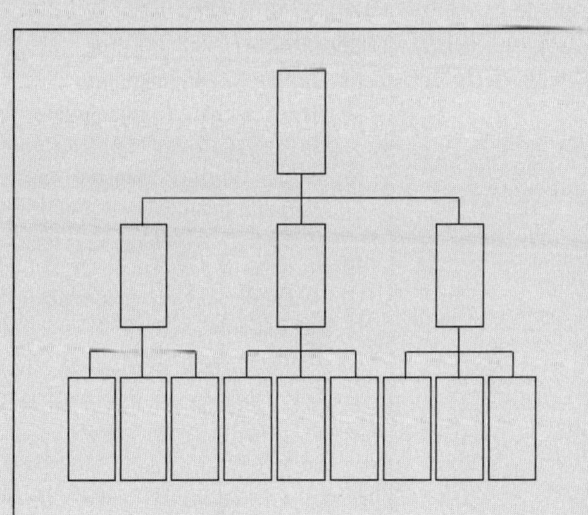

Merkmale:

- Informationsüberlastung an der Spitze
- lange Kommunikationswege
- zahlreiche Übermittlungsfehler
- zahlreiche Schnittstellen
- mangelnde Flexibilität
- formale und informale Organisation fallen auseinander und wirken meist gegeneinander

Abb. 52

2. Unstrukturierte Vernetzung

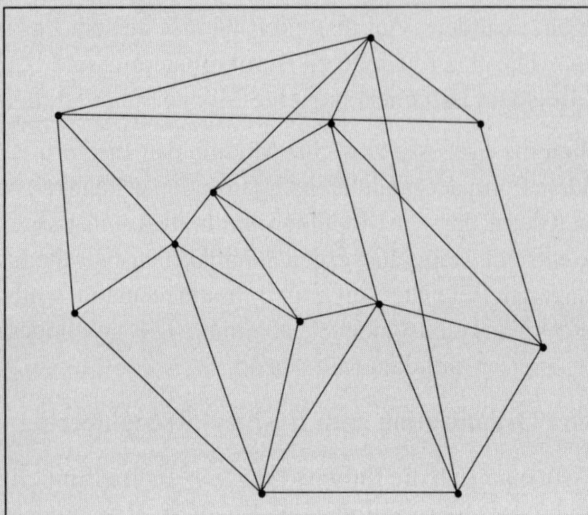

Abb. 53

Merkmale:

- direkte Kommunikation
- chaotische Kommunikationswege
- reduzierte, aber unüberschaubare Anzahl von Schnittstellen
- die informale Organisation dominiert die formale Organisation

3. Modulare Organisation (strukturierte Vernetzung)

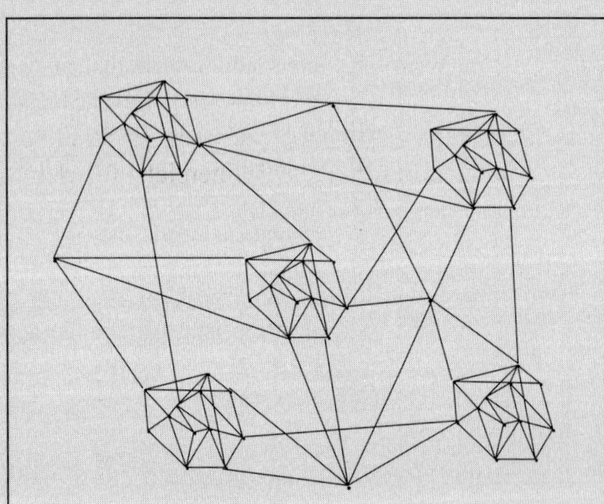

Abb. 54

Merkmale:

- direkte Kommunikation
- überschaubare Kommunikationswege
- reduzierte, überschaubare Anzahl von Schnittstellen zwischen den Modulen
- formale und informale Organisation decken sich innerhalb der Module (Selbstorganisation)

4. Business Reengineering mit Prozess-Teams

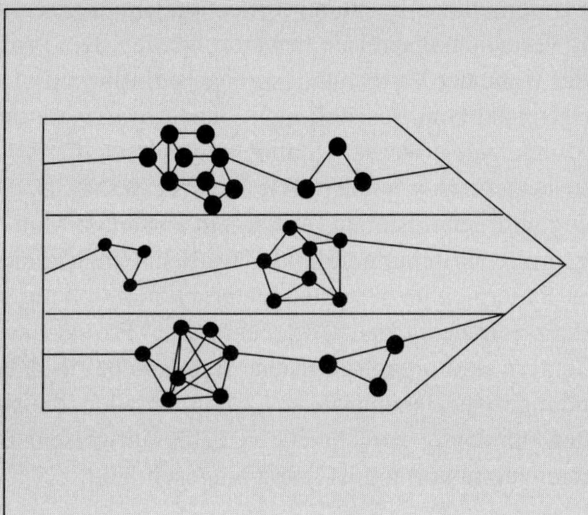

Merkmale:

- direkte Kommunikation
- überschaubare Kommunikationswege
- keine Schnittstellen innerhalb der Prozesse (im Idealfall)
- Selbstorganisation innerhalb der Prozesse
- direkter Kundenkontakt
- Verringerung der „Kamineffekts“

Abb. 55

1.5 Profit Center Organisation

Profit Centers kommen hauptsächlich bei Organisationsformen vor, die nach Objekten gegliedert sind. Am häufigsten sind Profit Centers nach Produktgruppen gegliedert. Es ist aber auch eine Bereichsabgrenzung nach Märkten, Projekten, Vertriebsregionen oder Modulen möglich. Ein Profit Center ist ein organisatorischer Teilbereich, für den ein eigener Periodenerfolg ermittelt werden kann. Profit Centers stellen eine Art „Unternehmen im Unternehmen“ dar, in denen das Denken nicht in Verrichtungen, sondern in Produkten und Dienstleistungen und den dafür erzielbaren Preisen erfolgt. Das bedingt, dass die Ertrags- und Aufwandsgrößen eindeutig zurechenbar sind. Der Vorteil ist, dass eine Kosten- und Leistungstransparenz erzielt wird. Das „Denken in Preisen und Leistungen“ erzieht dazu, Leistungsniveaus und die daraus resultierenden Preise in „Service Level Agreements“ genau zu spezifizieren. Die Profit Centers bezahlen nur noch für die Leistungen, die sie wirklich benötigen. Die Zulieferer werden zur Orientierung am (internen) Kunden angehalten.

Profit Centers sollten idealerweise einen eigenen Marktzugang haben. Die Leiterinnen und Leiter eines Profit Centers operieren damit wie selbstständige Unternehmer. Sie verfügen über eine hohe Entscheidungsautonomie. Die eigenständige unternehmerische Gewinnverantwortung hat positive Motivationswirkungen.[94]

Bestehen zwischen Profit Centers im Unternehmen Leistungsverflechtungen, müssen die Güter- und Dienstleistungsströme mit Verrechnungspreisen bewertet werden. Die Profit-Center-Erfolge werden folglich von der Höhe der Verrechnungspreise beeinflusst. Sofern das Profit Center nicht unmittelbaren Kontakt zum Beschaffungs- oder Absatzmarkt hat, können keine echten Marktpreise zugrunde gelegt werden. Stattdessen müssen die Preise zwischen den Unternehmensbereichen ausgehandelt werden. Wie bereits erwähnt, ist dies schwierig. Es führt zu Bürokratisierung und Schnittstellen. Außerdem entstehen Motivationsprobleme, wenn die Verrechnungspreise als unfair empfunden werden. Hinzu kommt, dass Profit Centers häufig zulasten der Synergien im gesamten Unternehmen sich nur um ihrem eigenen Bereich kümmern. Deshalb verzichten viele Unternehmen auf Profit Centers zugunsten von *Cost Centers*. Cost Centers sind organisatorische Teilbereiche, in denen zwar relativ klar abgrenzbare Aufwendungen (beziehungsweise Kosten) anfallen, die aber keinen direkt auf dem Markt erzielten, eindeutig zurechenbaren Erlös aufweisen. Die eigenständige, unternehmerische Gewinnverantwortung ist damit eingeschränkt.

Daraus ergibt sich, dass Profit Centers dann am leichtesten realisiert werden können, wenn es gelingt, zwischen Beschaffungs- und Absatzmarkt durchgängige, eigenverantwortliche Prozessketten ohne interne Schnittstellen zu gestalten. Genau dies will Business Reengineering. Im Idealfall werden weniger interne Verrechnungspreise benötigt, weil jeder Prozess einer direkten Marktbewertung ausgesetzt ist.

2. Aktuelle Managementkonzepte

2.1 Total Quality Management

Total Quality Management (TQM) wurde nach dem Zweiten Weltkrieg in Japan aufgrund zahlreicher Impulse amerikanischer Experten entwickelt.[95] Die japanischen Unternehmen erkannten, dass sie allein über Stückzahlen keine Wettbewerbsvorteile erringen konnten, sondern nur über Qualität und Produktdifferenzierung. Ihre Erfolge im Automobilbau und in einigen High-Tech-Branchen gab den Konkurrenten auf dem Weltmarkt den Anstoß, ebenfalls Qualitätskonzepte zu entwickeln.

Der Ausgangspunkt von TQM ist ein umfassender Qualitätsbegriff. Dieser meint nicht nur die Produktqualität, sondern auch die Qualität des Leistungserstellungsprozesses und die Qualität der Mitarbeiterinnen und Mitarbeiter.

94 Zur Motivationswirkung der Profit Center Organisation vgl. Frost/Osterloh (2001).
95 Als Überblick über die Entwicklung des TQM vgl. zum Beispiel Zink (1995).

Qualität
ist die Erfüllung der vereinbarten Anforderungen, die an die Produkte, Dienstleistungen oder den Leistungserstellungsprozess gestellt werden. Qualität bemisst sich an der Kundenzufriedenheit.[96]

Nach Garvin (1988) können fünf Ansätze unterschieden werden, die verschiedene Dimensionen der Qualität beleuchten.

1. Der **transzendente** Ansatz
   Qualität ist universell erkennbar und ein Synonym für hohe Standards der Funktionsweise eines Produktes. Es gilt Hochwertigkeit im Sinne von Vortrefflichkeit. Das Problem ist aber, dass sich Qualität bei der transzendenten Definition nicht präzise messen lässt.
2. Der **produktbezogene** Ansatz
   Qualitätsunterschiede sind beobachtbare Eigenschaftsausprägungen, die an einem Produkt festgestellt werden können. Qualität ist demzufolge präzis messbar.
3. Der **prozessbezogene** Ansatz
   Im Mittelpunkt steht der Produktionsprozess. Qualität entsteht, wenn Spezifikationen und Standards bei der Produktentwicklung und -fertigung eingehalten werden. Es gilt die Devise: „Do it right the first time“.
4. Der **anwenderbezogene** Ansatz
   Qualität wird je nach Gebrauchsnutzen durch den Anwender festgelegt.
5. Der **wertorientierte** Ansatz
   Qualität wird durch das Preis-Leistungs-Verhältnis bestimmt. Ein Qualitätsprodukt ist durch einen bestimmten Nutzen zu einem akzeptablen Preis gekennzeichnet.

Eine solche umfassende Qualitätssicherung umfasst mehr als Qualitätskontrolle. Sie ist deshalb auch nicht mehr nur Sache einer spezialisierten Abteilung für Qualitätsprüfung, sondern ist als präventive Aufgabe für jeden Mitarbeiter und jede Mitarbeiterin konzipiert.

96 Vgl. Crosby (1986).

Damit beinhaltet TQM vier Merkmale:

1. Das *„Null-Fehler-Prinzip"*
   Es bedeutet, dass nur einwandfreie Teile an die nächste Bearbeitungsstufe weitergegeben werden dürfen. Auftretende Mängel werden sofort und möglichst eigenverantwortlich in Qualitätszirkeln gelöst, indem die Ursachen der Fehler systematisch ermittelt werden.

2. Methode der *„Fünf Warum"*
   Diese Methode hat der berühmte Unternehmensberater von Toyota, Taiichi Ohno (1993, S. 43), entwickelt. Nehmen Sie an, eine Maschine ist ausgefallen. Stellen Sie folgende fünf Fragen:

> 1. **Warum** ist die Maschine ausgefallen?
> Der Stromkreis war überlastet.
>
> 2. **Warum** war der Stromkreis überlastet?
> Ein Lager war nicht geölt.
>
> 3. **Warum** war das Lager nicht geölt?
> Die Ölpumpe war defekt.
>
> 4. **Warum** war die Ölpumpe defekt?
> Der Kolben war verschlissen.
>
> 5. **Warum** war der Kolben verschlissen?
> Es fehlte ein Sieb, sodass Maschinenabrieb eindringen konnte.

   Wenn man nach dieser Faustregel fünfmal „warum" fragt, kommt man zur Wurzel des Problems. Wäre man anders verfahren, hätte man vielleicht nur die Sicherungen oder den Kolben ersetzt. Nach wenigen Monaten wäre das Problem erneut aufgetaucht.

3. *Kaizen*
   Kaizen bedeutet kontinuierliche Verbesserung durch systematische Lernprozesse am Arbeitsplatz.[97] Dies erfordert nicht nur eine Abkehr von der tayloristischen Arbeitsteilung und eine Rückkehr zu ganzheitlicher Strukturierung der Arbeitsaufgaben, sondern auch die Entwicklung fachlicher und sozialer Qualifikationen der Mitarbeiterinnen und Mitarbeiter.

97 Vgl. Imai (1992). Im deutschsprachigen Raum ist das Kaizen-Konzept als KVP (kontinuierlicher Verbesserungsprozess) bekannt geworden.

4. *Simultaneous Engineering*
   Simultaneous Engineering erfordert eine Rückkopplung zwischen verschiedenen Abteilungen, beispielsweise zwischen Vertrieb, Service, Fertigung und Entwicklung, um bereits in den frühen Phasen von Entwicklung und Produktion Fehler erkennen und verbessern zu können. Dies setzt funktionsübergreifende Teams sowie eine Orientierung an Prozessen voraus.[98]

Den Unterschied zwischen traditioneller Qualitätssicherung und TQM kennzeichnet Bullinger folgendermaßen:

Unterschiede im Qualitätsbewusstsein	
Traditionelle Qualitätssicherung	**Total Quality Management**
eindimensionaler, herstellerorientierter Qualitätsbegriff	erweiterter, mehrdimensionaler, kundenorientierter Qualitätsbegriff
enger Kundenbegriff	erweiterter Kundenbegriff: extern und intern
ergebnis-orientierte Qualitätspolitik	präventiv-orientierte Qualitätspolitik
Qualität ist Aufgabe weniger Mitarbeiter	Qualität ist Aufgabe aller Mitarbeiter
produkt- bzw. fertigungsbezogene Qualitätssicherung	unternehmensweite Qualitätssicherung
Einhaltung von Toleranzen	systematische Qualitätsförderung mit dem Ziel „Null Fehler“
Qualitätssicherung als operative Aufgabe	Qualitätssicherung als strategische Aufgabe
Qualität als derivates Unternehmensziel	Qualität als wesentliches Unternehmensziel
Unternehmen als geschlossenes System	Unternehmen als offenes System
Qualität und Produktivität als (scheinbarer) Widerspruch	Produktivität durch Qualität
funktionaler Charakter der Qualitätspolitik	integrativer Charakter der Qualitätspolitik
	Quelle: Bullinger (1994, S. 25)

Abb. 56

Total Quality Management steht damit für einen Qualitätsbegriff nach der Devise „Qualitätsbeherrschung statt Qualitätskontrolle“. Es wird durch Computer-Aided-Quality(CAQ)-Systeme und ISO-9000-Zertifizierungen unterstützt.

98 Vgl. Bullinger/Warschat/Bendes/Stanke (1995).

Allgemeine Merkmale der ISO (International Standard Organization)

Was:

- Sämtliche Arbeitsabläufe in einem Unternehmen werden analysiert und dokumentiert.
- Dadurch wird die spätere Rekonstruktion von Fehlern und deren Ursache möglich.
- Das Arbeitsablaufwissen wird auch bei Mitarbeiterwechsel festgehalten.

Wie:

- Die Qualität der Arbeitsabläufe wird gesichert (nicht unbedingt die Produktqualität).

Wer:

- *Schweiz:* Das Bundesamt für Messwesen hat fünf Prüfstellen autorisiert, zum Beispiel der Technische Überwachungsverein Schweiz, oder die Schweizerische Vereinigung für Qualitäts- und Managementsysteme.
- *Deutschland:* Die Frankfurter „Trägergemeinschaft für Akkreditierung" ist für die Zulassung der Zertifizierungsunternehmen zuständig. Mittlerweile gibt es rund 40 Zertifizierer unter anderem die Deutsche Gesellschaft zur Zertifizierung von QS-Systemen (DQS), Lloyds Quality Assurance (LQA) und die TÜV-Zertifizierungsgemeinschaft e.V. (TÜV).
- *Österreich:* Die nationale Akkreditierungsstelle hat unter anderem die Österreichische Vereinigung zur Zertifizierung von QS-Systemen (OeQS) und das Bureau Veritas Classification (DNT) überprüft und freigegeben.

Der Unterschied zwischen ISO-9000-Standards und TQM besteht darin, dass bei ISO-Zertifizierungen nur die Arbeitsabläufe begutachtet werden, nicht die Produktqualität und die Qualität der Mitarbeiterinnen und Mitarbeiter. Böse Zungen behaupten deshalb, dass Unternehmen ihre Abläufe durchaus bei miserabler Produktqualität zertifizieren lassen können.

TQM und Business Reengineering unterscheiden sich darin, dass mittels TQM ständige evolutionäre Verbesserungen angestrebt werden, wohingegen Business Reengineering auf radikale revolutionäre Veränderungen der wettbewerbsrelevanten Unternehmensprozesse setzt. Allerdings schliesst sich die Anwendung beider Konzepte nicht aus. Vielmehr können sie in zeitlicher Abfolge miteinander kombiniert werden, wie in Abbildung 57 deutlich

Idealtypische Kombination von Business Reengineering und TQM

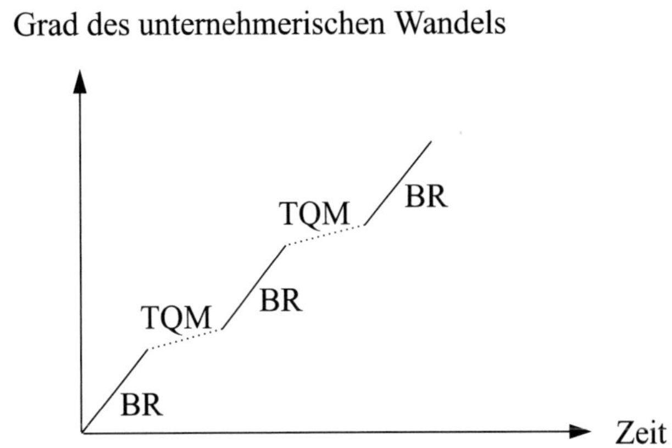

Abb. 57

gemacht wird. In vielen empirischen Studien werden abgeschlossene Reengineering-Projekte durch kontinuierliche Verbessrungsprozesse des TQM ergänzt.[99] Schmerlzer und Sesselmann (2003) zeigen in ihrem Buch „Geschäftsprozessmanagement in der Praxis" wie das Design von Geschäftsprozessen um Qualitätsmanagement und die Messung der Prozessleistung ergänzt werden kann.

2.2 Lean Management

Lean Management wurde durch die viel beachtete MIT(Massachusetts Institute of Technology)-Studie „Die zweite Revolution in der Automobilindustrie" von Womack, Jones und Roos (1992) populär gemacht. Die Grundidee besteht darin, Unternehmen durch den Abbau aller unnötigen Arbeitsschritte und durch Reduktion von Komplexität schlank zu machen. „Lean Management wird deshalb als „schlank" bezeichnet, weil es von allem weniger einsetzt als die Massenfertigung: die Hälfte des Personals in der Fabrik, die Hälfte der Produktionsfläche, die Hälfte der Investition in Werkzeuge, die Hälfte der Zeit für die

99 Vgl. zum Beispiel Cole/Scott (2000), Easton/Jarrell (1998), Harry/Schroeder (2000).

Entwicklung eines neuen Produktes".[100] Dabei spielen TQM und Kaizen eine wichtige Rolle, jedoch geht Lean Management weit darüber hinaus. Vier weitere wichtige Kennzeichen sind:

> Vier wichtige **Merkmale des Lean Managements** sind:
> - Modulare Organisation
> - Teamfertigung
> - Outsourcing
> - Zuliefererintegration

Modulare Organisation[101]

Anstatt durch immer größere Spezialisierung und Automatisierung auf Größenvorteile abzustellen, wird die Produktion durch Segmentierung in Baugruppen oder Produktfamilien aufgespalten. *Erstens* wird dadurch eine größere Variantenvielfalt bei geringerer Produktionskomplexität möglich. *Zweitens* wird die Montage des Endproduktes wesentlich vereinfacht, weil weniger Baugruppen zusammengefügt werden müssen und daher weniger Schnittstellen und Fehler entstehen. *Drittens* ist die Fertigung der Module räumlich nach dem Prozessprinzip angeordnet, sodass weniger Transport- und Lagerzeit anfallen. *Viertens* können die Module innerhalb teilautonomer Arbeitsgruppen gefertigt werden, die sich teilweise untereinander selber koordinieren und durch Job Rotation Mehrfachqualifikationen der Mitarbeiterinnen und Mitarbeiter fördern. Dadurch wird Führungskomplexität verringert.

Teamfertigung

Die Module werden von Teams gefertigt, die idealerweise als teilautonome Arbeitsgruppen ausgestaltet sind. Diese sind dadurch gekennzeichnet, dass ihnen ein möglichst abgeschlossener Aufgabenbereich zur Erledigung in eigener Verantwortung übertragen wird.[102] Das Ausmaß der Autonomie bemisst sich nach dem Grad der

1. *Selbstregulation* innerhalb der Gruppe,
2. *Selbstbestimmung* der Gruppe nach außen.

---

100 Womack/Jones/Roos (1994).
101 Vgl. zur modularen Organisation auch Kapitel III.1.4.
102 Vgl. Ulich (1994) und von Rosenstiel (1999).

In der Praxis des Lean Managements gibt es bei der Teamfertigung ganz unterschiedliche Grade von Autonomie, von denen zwei Ausprägungen als klassischer und als reflexiver Toyotismus bezeichnet werden können.[103]

Im *klassischen* Toyotismus ist die Fließbandarbeit keineswegs abgeschafft. Nach wie vor gibt es extrem kurze Taktzeiten und repetitive Arbeit. Zwar löst die Arbeitsgruppe die Probleme kooperativ im Sinne des *Kaizen*-Prinzips, dann aber müssen sich alle Gruppenmitglieder strengstens an die erarbeitete Lösung halten. Das klare Ziel ist dabei die Beseitigung von „Muda", das heißt von Vergeudung, an welchen Stellen und in welcher Form auch immer. Dies findet seinen Ausdruck im „Null-Fehler-Null-Puffer"-Prinzip, das zudem noch mit einem starken Gruppendruck verbunden ist: Wenn erkennbar wird, dass Teile nicht einwandfrei gefertigt werden können, sind die Arbeiter selbst aufgefordert, das Band zu stoppen. Alle schauen auf den verantwortlichen Bereich und vor allem auf den verantwortlichen Vorgesetzten. Dieses von Taiichi Ohno bei Toyota maßgeblich geprägte Verfahren wird deshalb treffend als „motivation by embarrassment"[104] oder noch drastischer als das „OH! NO!-System" gekennzeichnet.[105]

Der *reflexive* Toyotismus hingegen sieht „Muda" nicht nur negativ. Die Beseitigung von Spielräumen beseitigt nämlich auch die Chancen, dass Wissen, Kenntnisse und Fähigkeiten zwischen Individuen entwickelt und ausgetauscht werden. Demzufolge hat beispielsweise bei Nonaka (1994) der Begriff der Redundanz eine Schlüsselstellung. Das Einbauen von Redundanz bedeutet, dass überschüssige Informationen und zeitliche Pufferzonen zugelassen und in gewissen Ausmaß geradezu erwünscht sind. Überschüssige Information helfen bei der Interpretation von Sachverhalten und geben Sicherheit. Pufferzonen erlauben einen Stoppen des Fließbandes angst- und stressfrei durchzuführen und erhöhen die Lernmöglichkeiten.

Aber auch der reflexive Toyotismus ist noch weit entfernt von den in Europa entwickelten und im schwedischen Volvo-Werk Uddevalla realisierten Konzepten von ganzheitlicher und persönlichkeitsförderlicher Gruppenarbeit.[106] Dort sind die Taktzeiten mehrere Stunden lang und die Mitarbeiterinnen und Mitarbeiter sind in wesentlich komplexere Lernprozesse eingebunden.

Die Diskussion, welche Form der Gruppenarbeit sich in welchen Situationen durchsetzen wird, ist noch in vollem Gange.

103 Vgl. Jürgens (1994). Zu einer weiteren Differenzierung, die auf empirischen Untersuchungen im deutschsprachigen Raum zurückgeht, vgl. Kern/Schumann (1990).

104 Embarrassment = Peinlichkeit.

105 Vgl. Jürgens (1994, S. 194).

106 Vgl. Ulich (1994). Mittlerweile wurde das Uddevalla-Werk geschlossen, jedoch nicht wegen, sondern trotz der dort praktizierten Gruppenarbeit, vgl. dazu die Ausführungen in Kapitel VI.4.

Outsourcing oder Verringerung der Fertigungstiefe

Mit dieser Maßnahme wird die Idee der Modularisierung über die Grenzen des Unternehmens hinaus ausgedehnt. So stellt Toyota gerade noch 30 Prozent seiner Wertschöpfung selbst her, gegenüber rund 70 Prozent bei traditionellen Automobilproduzenten. Der Vorteil ist eine geringere Fertigungskomplexität und eine Konzentration auf die unternehmensspezifischen Fähigkeiten. Statt die Komponenten oder Baugruppen selbst zu fertigen, werden sie als ganze Subsysteme von Zulieferern bezogen, wodurch die Anzahl der Lieferanten und damit die der Schnittstellen drastisch sinkt (vgl. Abbildung 58). Die Zulieferer haben ihrerseits in Bezug auf die Subsysteme unternehmensspezifische Fähigkeiten ausgebildet.

Verringerung der Fertigungstiefe durch Systemlieferanten

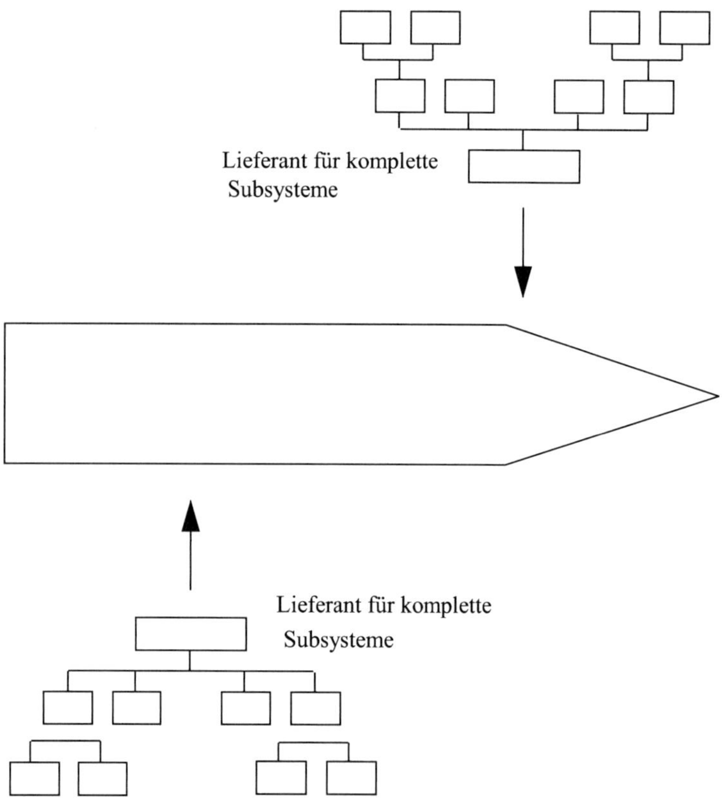

Quelle: Pfeiffer/Weiss (1994, S. 91)

Abb. 58

Dies setzt voraus, dass die Systemlieferanten auf ihrem Gebiet breitere Technologiegrundlagen und intensivere Forschung und Entwicklung bereitstellen können als die Unternehmen, die die Endmontage durchführen.

Zuliefererintegration

Im Lean Management erfolgt nicht nur ein großer Teil der Wertschöpfung eines Produktes durch die Zulieferer, auch das Verhältnis zwischen Produzenten und Lieferanten ist verändert. Produzieren die Lieferanten nicht mehr nur Komponenten, sondern ganze Subsysteme, dann ist es sinnvoll, sie schon in die Produktentwicklung einzubinden. Dies schafft jedoch ein erhebliches Abhängigkeitsverhältnis zwischen den Beteiligten. Deshalb müssen die Lieferanten laufend durch Bewertungsverfahren kontrolliert werden. Dies soll sicherstellen, dass die „Just-in-time"-Lieferbereitschaft, die Kostensenkungsverantwortlichkeit und die Qualitätssicherung gewährleistet sind. In solchen „Wertschöpfungspartnerschaften" wird also die wirtschaftliche Selbstständigkeit der Einzelfirmen eingeschränkt, und es entsteht eine vertikale „Strategische Allianz" als dritter Weg zwischen Markt und Integration.

Zusammenfassend kann festgestellt werden, dass alle Elemente des Lean Managements auch im Business Reengineering enthalten sind. Lean Management geht insoweit in Business Reengineering ein. Es gibt jedoch drei wesentliche Unterschiede zwischen den beiden Konzepten.

1. Lean Management wird viel stärker durch die Mitarbeiterinnen und Mitarbeiter in ihren eigenen Arbeitsfeldern realisiert. Es ist nicht wie Business Reengineering unternehmensumfassend, sondern kann in einzelnen, überschaubaren Arbeitsfeldern verwirklicht werden.
2. Lean Management ist auch innerhalb der funktionalen und divisionalen Organisation möglich.
3. Im Lean Management spielt die Idee der kundenorientierten Rundumbearbeitung in Prozessen und insbesondere die Gestaltung von Kernprozessen nicht wie beim Business Reengineering die zentrale Rolle.

2.3 Virtuelles Unternehmen

Eine neue Variante des Lean Managements haben die Autoren Davidow und Malone mit ihrem Bestseller „Virtual Corporation“ kreiert.[107] Während in den bisher diskutierten Konzepten die Informationstechnologie nur eine eher untergeordnete Rolle spielt, ist diese für das „virtuelle Unternehmen“ von zentraler Bedeutung. Informationstechnologien stellen die Kooperation zwischen den Unternehmen auf eine neue Basis: Personen können jederzeit mit Hilfe von Bildschirmen und elektronisch erzeugten „virtuellen Realitäten“ miteinander kommunizieren. So lassen zahlreiche Unternehmen ihre Standard-Software in Indien programmieren oder Kunden können im Verkaufsraum ihr „Wunschauto“ nach Farbe und Ausstattung virtuell zusammenstellen. Weitere Beispiele wären Telebanking oder Direct-Check-In am Flughafen. Virtuelle Unternehmen sind generell als Organisationen mit ständig wechselnden Trennlinien zwischen Produzenten und Kunden gekennzeichnet. Der Kunde wird zum Co-Produzenten oder zum „Prosumenten“ und dies in immer neuen, wechselnden Konstellationen.

Das virtuelle Unternehmen

- **virtuell:**
  - als-ob real
  - der Möglichkeit nach vorhanden
- **virtuelles Produkt:**
  Produkt, das die wechselnden Käuferwünsche innerhalb kürzester Zeit erfüllt. Beispiele für ein virtuelles Produkt sind:
  - Direct-Check-In
  - Telebanking
  - Desktop Publishing
  - Direktverkaufsinformationssysteme
- **virtuelles Unternehmen:**
  Unternehmen mit ständig wechselnden Trennlinien zwischen Unternehmen, Lieferanten und Kunden.
- Der Kunde wird zum Co-Produzent oder zum „Prosument“.

107 Vgl. im deutschsprachigen Raum Wüthrich/Philipp/Frentz (1997).

Im Gegensatz zu Strategischen Allianzen handelt es sich hier also um jeweils kurzfristige Formen der Kooperation. Dies mag für einige Fälle ein passendes Konzept sein, beispielsweise für simple Transaktionen wie beim Direct-Check-In oder für junge Industrien, in denen Produkte und Verfahren sich ständig ändern. In der großen Mehrzahl dürfte das „Virtuelle Unternehmen“ jedoch daran scheitern, dass fruchtbare Zusammenarbeit immer auch längerfristige Prozesse des interorganisationalen Lernens voraussetzt.[108] Darüber hinaus haben virtuelle Unternehmen den Nachteil, dass zwischen den virtuellen Partnern die Leistungen und der Preis genau spezifiziert werden müssen. Diese Spezifizierung macht es Konkurrenzunternehmen leichter die Leistungen zu imitieren.[109]

Das Konzept des virtuellen Unternehmens hat mit Business Reengineering gemein, dass Kunden und Lieferanten in das Organigramm integriert werden. Auf diese Weise werden unternehmensübergreifende Prozessketten geschaffen. Unterschiedlich ist, dass Business Reengineering auf längerfristige Kooperationen abstellt. Das charakteristische Merkmal des virtuellen Unternehmens sind hingegen die ständig wechselnden Kunden-Lieferanten-Beziehungen.

3. Ausgewählte Planungsinstrumente

3.1 Wertkette

Die Wertkette ist ein strategischer Analyserahmen zur Ermittlung potenzieller Wettbewerbsvorteile durch Vergrößerung des Wertpotentials.[110] Sie bildet die einzelnen Schritte des Wertschöpfungsprozesses eines Produktes im Unternehmen ab. Das Unternehmen wird in strategisch relevante Tätigkeiten gegliedert, um Kostenverhalten und Differenzierungs regeln zu verstehen.

Dabei wird zwischen *primären* und *sekundären* Aktivitäten unterschieden. Primäre Aktivitäten sind unmittelbar mit Herstellung und Vertrieb eines Produktes verbunden. Die sekundären, unterstützenden Aktivitäten erbringen die Versorgungs- und Steuerungsleistungen für die primären Aktivitäten. Aufgabe der Wertkette ist es, die vorhandenen Unternehmensressourcen aus einem strategischen Blickwinkel systematisch zu ordnen und zu beschreiben sowie die Steuerungskräfte für die Ressourcen zu erfassen. Sie stellt eine Checkliste zur Verfügung, mit der man prüfen kann, ob potenziell relevante Bereiche verknüpft werden können.

---

108 Vgl. Müller-Stewens/Osterloh (1996) und Gerybadze (1995).
109 Vgl Chesbrough/Teece (1996); Osterloh (1998) und Osterloh/Wübker (1999).
110 Vgl. Porter (1998).

Das Ergebnis der Wertkettenanalyse ist die Entscheidung für eine der drei Strategien

- Kostenführerschaft,
- Produktdifferenzierung,
- Konzentration auf Schwerpunkte.

Die *Gemeinsamkeit* der Wertkettenanalyse mit Business Reengineering besteht darin, dass beide potenzielle Synergien zwischen verschiedenen unternehmerischen Tätigkeitsbereichen aus einer strategischen Perspektive ermitteln wollen.

Der *Unterschied* zwischen beiden Konzepten besteht darin, dass die Wertkette ein gedanklicher Analyserahmen und kein Organisationskonzept ist. Die Anwendung des Wertkettenkonzeptes beinhaltet nicht, dass die Prozesse auch wirklich funktionsübergreifend ablaufen. Die funktionale Organisation und das Wertkettenkonzept schließen einander nicht aus.

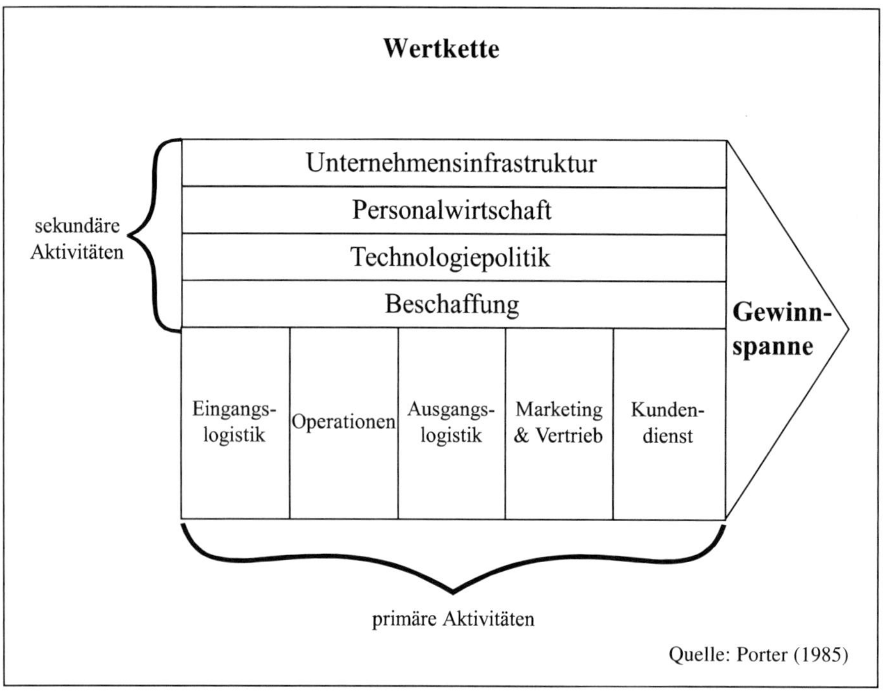

Abb. 59

3.2 Netzplantechnik

Die Netzplantechnik ist ein operatives Planungsinstrument für auftragsorientierte und termingebundene Großprojekte. Sie visualisiert die Zusammenhänge und Abhängigkeiten zwischen den einzelnen Arbeitsschritten eines Projektes und überwacht deren zeitliche Einhaltung, um eine optimale Kapazitätsauslastung zu erreichen. Dementsprechend wird die Netzplantechnik für unübersichtliche, nicht routinisierbare Vorhaben eingesetzt. Voraussetzung für eine erfolgreiche Gestaltung der Netzpläne ist, dass alle projektinduzierten Aktivitäten bekannt sind.

Damit hat die Netzplantechnik mit Business Reengineering *gemeinsam*, dass sie auf die Optimierung von Prozessabläufen gerichtet ist. Im *Gegensatz* zum Business Reengineering werden allerdings bei der Netzplantechnik Prozessabläufe nur in Bezug auf definierte Aktivitäten optimiert, diese aber nicht grundlegend neu gestaltet.

ERGEBNIS VON KAPITEL III

Business Reengineering greift auf eine Reihe bekannter Konzepte zurück, ohne mit diesen identisch zu sein. Es ist insofern teilweise *alter Wein in neuen Schläuchen.*

Neu ist die Dominanz von Prozessen, die zur *kundenorientierten Rundumbearbeitung* führen. Deshalb gilt: *Diesmal kommt es auf die Schläuche an!* [111]

111 Diese Formulierung verdanken wir Prof. Dr. W. Kirsch, Universität München.

Fünftes Kapitel

Organisation als dynamische Kernkompetenz

In diesem Kapitel geht es um das Verhältnis von Strategie und Organisation. Warum muss eine Organisation strategiegerecht gestaltet werden? Was ist überhaupt eine strategiegerechte Organisation? Wie ist das Verhältnis von Strategie und Kernkompetenzen? Kann auch die Organisation eine Kernkompetenz begründen? Wann kann man eine Kernkompetenz „dynamisch" nennen? Was ist der Vorteil einer dynamischen Kernkompetenz?

Wir werden im Folgenden begründen, dass Unternehmen erst dann einen nachhaltigen strategischen Wettbewerbsvorteil haben, wenn es ihnen gelingt, dynamische Kernkompetenzen zu schaffen. Wir werden zeigen, dass sich dynamische Kernkompetenzen durch die folgenden vier Merkmale auszeichnen.

Dynamische Kernkompetenzen liegen dann vor, wenn das Unternehmen über Ressourcen verfügt, die

- schwer imitierbar,
- schwer substituierbar,
- auf neue Produkte und Märkte transferierbar sind und
- einen wahrnehmbaren Kundennutzen stiften, der vom Kunden honoriert wird.

Ziel dieses Kapitels ist die Begründung unserer grundlegenden These, dass die Organisation die wichtigste dynamische Kernkompetenz eines Unternehmens darstellt.

1. Was ist eine strategiegerechte Organisation?

Bereits in Kapitel II haben wir bei der Erläuterung der Prozess-Idee darauf aufmerksam gemacht, dass die Prozesse als Kernprozesse unmittelbar aus der Strategie abgeleitet werden sollen. Dadurch wird das traditionelle Verhältnis von Strategie und Organisation umgedreht.

Bisher spielte Organisation im Verhältnis zur Strategie eine nachgeordnete Rolle. Die Aufgabe der Organisation war es, für die effiziente Erfüllung der strategischen Pläne zu sorgen: *„structure follows strategy"*.[112] Dies kennzeichnet das Organisationsproblem im Wesentlichen als ein *Koordinationsproblem.* Koordiniert wird, was vorher im Wege der Arbeitsteilung und Spezialisierung getrennt wurde. Aufgabe der Koordination ist die

112 Chandler (1962, S. 314).

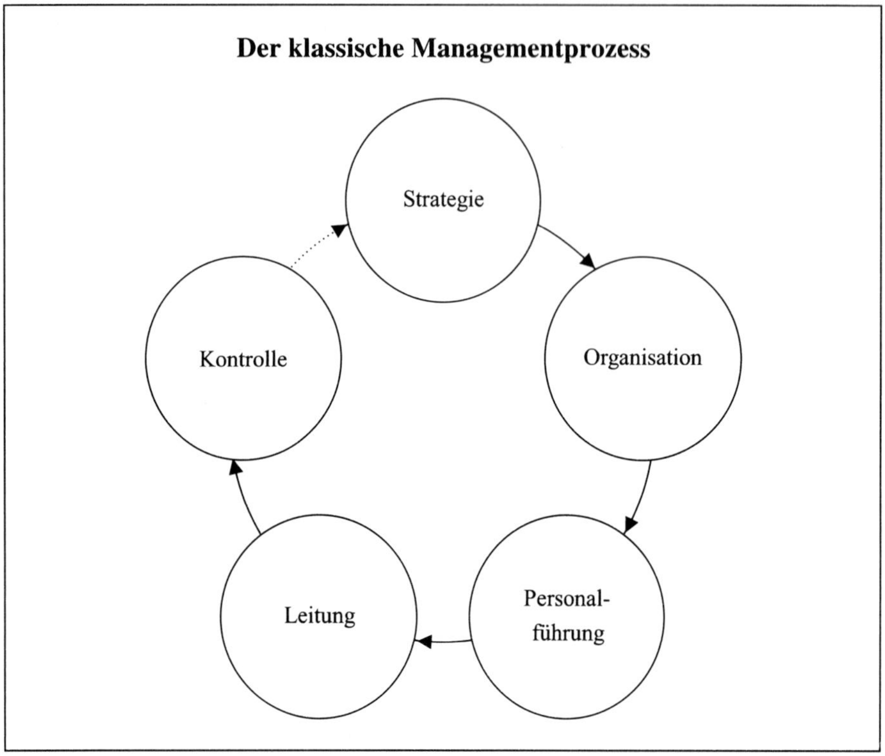

Abb. 60

Erfüllung des strategischen Zieles.[113] Die Koordinationsanforderungen ergeben sich aus dem organisatorischen Grundprinzip der interpersonellen Arbeitsteilung. Dabei geht es um die Festlegung und gegenseitige Abgrenzung von Kompetenzinhalten einzelner organisatorischer Einheiten nach horizontalen und vertikalen Aspekten. Der Prozess der Strategie- oder Zielbildung selbst wird nicht als Problem der Organisation angesehen. Die Organisation ist nur für die Implementation der Strategie zuständig. Diese traditionelle Rolle der Organisation wird noch einmal im klassischen Managementprozess in Abbildung 60 verdeutlicht.[114]

Heute sehen wir immer deutlicher, dass dies eine verkürzte Sicht des Organisationsproblems ist. Für welche Strategie sich das Unternehmen entscheidet, wird auch maßgeblich von der Organisationsstruktur bestimmt. Die gestrichelte Linie in Abbildung 60 muss

113 Insbesondere die deutschsprachige Organisationslehre hat diese zu einem geschlossenen theoretischen Konzept entwickelt, vgl. Nordsieck (1934); Kosiol (1962); Grochla (1966); Frese (2000).

114 Zum Zusammenhang des klassischen und des strategischen Managementprozesses vgl. Steinmann/Schreyögg (1997).

durchgezogen werden, das heißt, die Organisation wirkt zusammen mit der Personalführung, Leitung und Kontrolle auf die Strategie. Je nachdem wie ein Unternehmen intern organisiert und personell ausgerichtet ist, nimmt es Gegebenheiten der externen und internen Umwelt unterschiedlich wahr. So entwickelt beispielsweise ein Unternehmen mit einer leistungsfähigen Forschungs- und Entwicklungsabteilung mit der Zeit eine höhere Aufnahmefähigkeit gegenüber neuen Forschungsergebnissen. Die Ausdifferenzierung einer eigenen Forschungs- und Entwicklungsabteilung schlägt sich also auf dessen Strategiebildung nieder. Sie wirkt als *Sensorium*. Fehlt einem Unternehmen dieses Sensorium, können im schlimmsten Fall Entwicklungen unbemerkt bleiben, die nicht mehr aufgeholt werden können.

Dass die Orientierungsleistung keine Selbstverständlichkeit ist, zeigt die Krise der Schweizer Uhrenindustrie in den siebziger Jahren deutlich:

> So hatte die Schweizer Uhrenindustrie Mitte der siebziger Jahre nicht erkannt, welchen revolutionären Einfluss die Digital- und die Quarztechnologie auf die zukünftige Bauweise von Uhren haben würden. Ihre Unfähigkeit, sich von den traditionellen mechanischen Uhrwerken zu lösen, sowie die Geringschätzung neuer Konkurrenten, stürzten die Schweizer Uhrenindustrie damals in eine schwere Krise. Obwohl die erste Quarzuhr in der Schweiz entwickelt wurde, mithin Schweizer Uhrenhersteller durchaus die Technologien besaßen, um Quarzuhren herzustellen, fehlte ihnen die entsprechende Vision. Sie erkannten nicht, dass sich die Mehrheit der Konsumentinnen und Konsumenten mehr für eine genaue Zeitmessung als für das Innenleben einer Uhr interessierten. Ende der siebziger Jahre war bereits jede vierte verkaufte Uhr eine Digitaluhr mit LCD-Display. Digitaluhren wurden zum Massenprodukt mit niedrigem Preis. Im unteren Preissegment verlor die Schweizer Uhrenindustrie gegenüber japanischen Pionierunternehmen wie Casio und Billig-Anbietern aus Hong Kong gewaltige Marktanteile. Viele Schweizer Hersteller durchlebten eine schwierige Phase, die durch Entlassungen und Werkschließungen gekennzeichnet war.
>
> Die Bemühungen, die notwendigen Fähigkeiten und das notwendige Know-how in diesen Technologien „nachzulernen", ermöglichten später die Erfolgsgeschichte der Swatch. Der Erfolg von Swatch lag in der Kombination von Uhr und Modeaccessoire und war damit weit entfernt von den teuren, mechanischen Uhrwerken, die als Synonym für die Schweizer Uhrenindustrie standen.
>
> Im Bereich der High-Tech-Uhren zum Beispiel mit integriertem Pulsmesser, Altimeter, Kompass und Barometer konnte der Vorsprung von Casio jedoch nicht mehr eingeholt werden. Im Gegenteil: Die Fähigkeit von Casio, verschiedenste neue Instrumente zu miniaturisieren und in quarzgetriebene Digitaluhren zu integrieren, erlaubt dem führenden Anbieter sogar, den Vorsprung in dieser Kernkompetenz auszubauen.[115]

115 Vgl. Hinterhuber/Bentivogli/Trento (1992) und D'Aveni (1995).

Strategiegerechte Organisation bedeutet: Die Organisation hat neben den *Koordinationsaufgaben* auch *Orientierungsaufgaben* zu bewältigen.[116] Was ist damit gemeint? Orientierung beinhaltet die Fähigkeit, das für das Unternehmen relevante Wissen zu generieren, zu transferieren und zu speichern. Relevant ist Wissen dann für ein Unternehmen, wenn es als Sensorium für die Wahrnehmung wichtiger Entwicklungen dient. Allerdings erschöpft sich das Problem nicht darin, möglichst viele Informationen zu verarbeiten. Wir leben heute in einem Zeitalter der Informationsflut. Es wird immer schwieriger, die wichtigen von den unwichtigen Informationen zu trennen. Dies ist umso mehr der Fall, je unsicherer, komplexer und heterogener die Situation für Unternehmen wird. Ursachen sind die steigende Internationalisierung der Unternehmen, die Reduktion der Produktlebenszyklen sowie der zunehmende Innovationsdruck. Die Orientierungsaufgaben einer Organisation bestehen darin, das Unternehmen so zu organisieren, dass seine Mitarbeiterinnen und Mitarbeiter in der Lage sind, die für das Unternehmen relevanten Informationen zu erkennen und zu verarbeiten. Es geht um die Frage, wie Organisationsstrukturen gewährleisten, dass relevante Probleme wahrgenommen, Strategien und Handlungsalternativen entwickelt werden und wie das Wissen der Organisationsmitglieder unternehmensweit diffundieren kann.

Damit wird die Organisationsstruktur selbst zu einem der wichtigsten Faktoren der Strategiebildung: Neben „*structure follows strategy*“ heißt es nun auch „*strategy follows structure*“. Es hängt von der Organisationsstruktur ab, ob und wie Umweltanforderungen durch die Organisationsmitglieder wahrgenommen, welche strategischen Ziele definiert und implementiert werden. Strukturen wirken als Filter und helfen bei der Suche nach Lösungsmustern, weil sie die Wahrmehmungen und Perspektiven der Organisationsmitglieder prägen.[117] Organisation muss simultan Koordinations- und Orientierungsaufgaben erfüllen. Strategie und Organisation wirken wechselseitig aufeinander ein und gehören in Zukunft gleichberechtigt zusammen.

116 Vgl. Frost (1998) und Osterloh/Frost (1998).
117 Vgl. Prahalad/Bettis (1986).

2. Wie ist das Verhältnis von Strategie und Kernkompetenzen?

2.1 „From Fit to Stretch" in der Unternehmensstrategie

„From Fit to Stretch" kündigt nicht etwa sportliche Verrenkungen in der Strategiebildung an, sondern steht für einen Wandel des Leitgedankens des strategischen Managements.

Die Idee des „Fit", der „Anpassung", fand in dem viel zitierten 7-S-Modell von McKinsey ihren Ausdruck. Darin wird die Abstimmung der in Abbildung 61 dargestellten Elemente (**S**trategie, **S**truktur, **S**ystem, **S**pezialkenntnisse, **S**tammpersonal, **S**til, **S**elbstverständnis) verlangt und zwar untereinander sowie auf die Umwelt.

Das 7-S-Modell von McKinsey

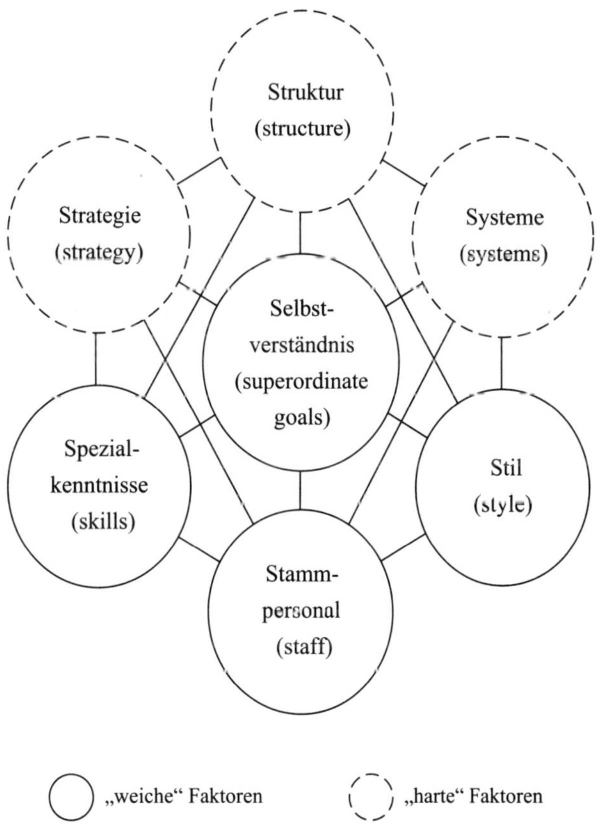

Quelle: Peters/Waterman (1982)

Abb. 61

Hinter diesem Modell steht die Idee, dass die Stärken und Schwächen eines Unternehmens konsequent an die Chancen und Risiken der Unternehmensumwelt anzupassen sind.

Anpassen kann man sich jedoch nur dann, wenn man weiß, *woran* man sich anpassen soll. Der oft gehörte Ratschlag, sich an den Kundenbedürfnissen zu orientieren, ist gar nicht so einfach zu realisieren: Die Kundinnen und Kunden wissen *heute* meist noch gar nicht, welche Bedürfnisse sie in Zukunft haben werden. Für das Unternehmen bedeutet dies, dass Orientierung nicht bloß eine Selektion von Informationen aus der Umwelt oder eine Anpassung an klar formulierte Kundenbedürfnisse ist. Vielmehr muss das Unternehmen die Produkte und Märkte von morgen selber gestalten, statt im Schlepptau anderer zu hängen. Das Denken in „terms of fit“ blockiert die Entwicklung der dazu nötigen Fähigkeiten, weil das Unternehmen auf seine *gegenwärtigen* Ressourcen abstellt.

Wird die Entwicklung neuer unternehmensspezifischer Fähigkeiten als eine der Hauptaufgaben der Organisation betrachtet, so müssen entsprechende Vorkehrungen geschaffen werden. An die Stelle des „Fit“ soll ein *„Stretch* und *Leverage“* der Organisation als wesentliche Voraussetzung der Wettbewerbsfähigkeit treten.[118] Die Aufteilung gegenwärtiger Ressourcen ist nicht mehr das primäre strategische Ziel. Vielmehr geht es um die Erzielung einer Hebelwirkung („leveraging“), mit der die vorhandenen Ressourcen in ihrer Wirkung entwickelt und vervielfacht werden. Die Herstellung einer Spannung oder Dehnung („Stretch“) zwischen der vorhandenen Ressourcenausstattung und den angestrebten Unternehmenszielen ist deshalb die wichtigste Aufgabe des Top-Managements. Grundidee ist, dass eine *„kreative Spannungssituation“* generiert wird, die zu einer produktiven „Rastlosigkeit“ der Organisationsmitglieder führen soll. Hamel/Prahalad (1993) argumentieren, dass dadurch eine kontinuierlichen Lern- und Innovationsbereitschaft entsteht, in der die Entwicklung spezifischer Kompetenzen und Fähigkeiten gefördert wird. Damit charakterisiert dieses Spannungsfeld die *Dynamik*, mit der Unternehmen heutzutage konfrontiert sind.

Die „Stretch“-Idee wurde zur *ressourcenorientierten* Unternehmensstrategie weiterentwickelt. Die ältere „Fit“-Idee ist außer mit dem 7-S-Modell vor allem mit dem Namen Michael Porter verknüpft. Sie wird als die *marktorientierte* Unternehmensstrategie gekennzeichnet.[119] Die Grundfrage der Unternehmensstrategie ist bei beiden Ansätzen gleich: Wie ist es trotz Wettbewerb möglich, einen dauerhaften, überdurchschnittlichen Unternehmenserfolg zu erzielen, obwohl doch die Konkurrenz nicht schläft? Allerdings fallen die Antworten sehr verschieden aus wie Abbildung 62 zeigt.

Der *marktorientierte* Ansatz sieht die Quelle nachhaltiger Wettbewerbsvorteile darin, dass die Unvollkommenheiten auf dem Absatzmarkt ausgenutzt und vergrößert werden. Da-

118 Vgl. Hamel/Prahalad (1993) und (1995).
119 Vgl. zum Beispiel Rühli (1994; 1995).

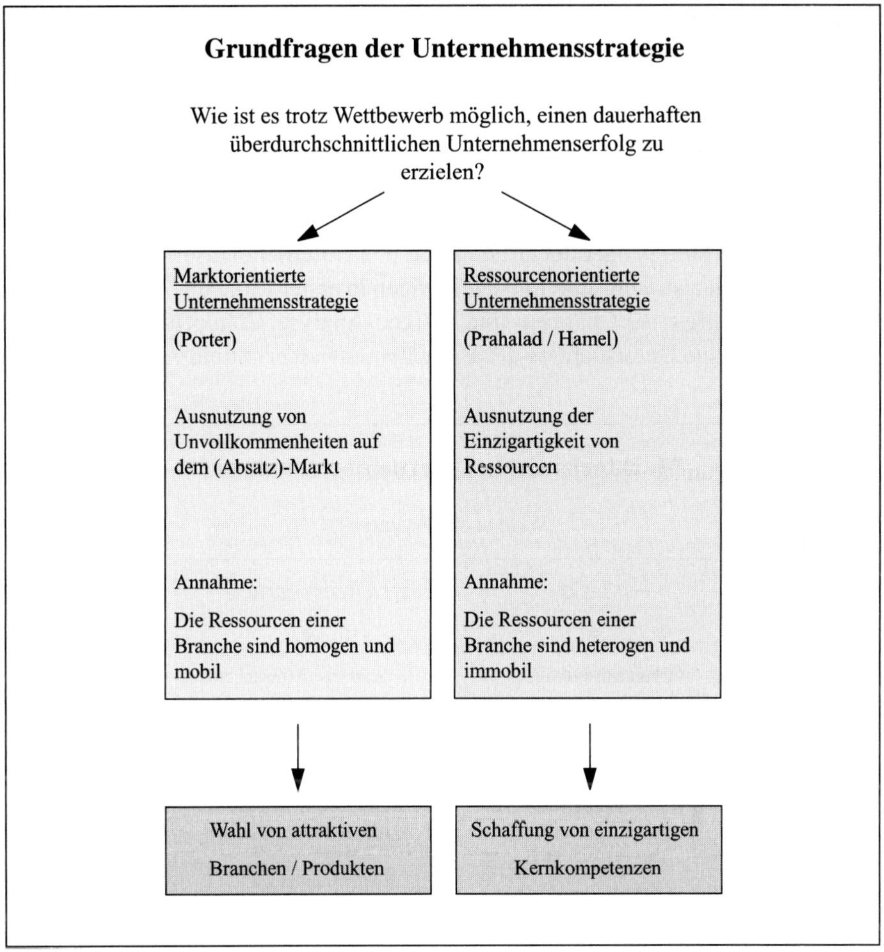

Abb. 62

durch erhält das Unternehmen eine monopolartige Stellung *(Monopolrente)*. Das Ziel der Strategie besteht darin, attraktive Branchen herauszufinden, bei denen die Marktunvollkommenheiten möglichst groß sind. Im Gegensatz dazu geht der *ressourcenorientierte* Ansatz davon aus, dass Unvollkommenheiten auf dem Absatzmarkt keinen *langfristigen* Schutz vor Konkurrenten bieten. Wenn alle Unternehmen auf die gleichen Ressourcen zurückgreifen können (zum Beispiel auf dem Arbeits- und Kapitalmarkt), dann ist langfristig jede monopolartige Stellung angreifbar. Nachhaltiger Schutz vor Konkurrenz kann nur dann aufgebaut werden, wenn es gelingt, Ressourcen spezifisch zu nutzen. In diesem Fall besteht das Ziel der Strategie darin, einzigartige Ressourcen zu Kernkompetenzen zu entwickeln. Der Wettbewerbsvorteil beruht nicht mehr auf Monopolrenten, sondern auf *Effizienzrenten*. Damit ist die effiziente Ausnutzung von Ressourcenvorteilen gemeint.

Wir stellen im folgenden beide Zweige der Strategielehre genauer vor, um die Frage beantworten zu können, ob und wie die Organisation eine Kernkompetenz begründen kann.

2.2. „Fit"-Idee: Marktorientierte Unternehmensstrategie

Grundidee der marktorientierten Unternehmensstrategie ist, dass die strukturellen Gegebenheiten des Marktes oder der Branche für den Unternehmenserfolg verantwortlich sind. Deshalb betreffen strategische Entscheidungen in erster Linie die Auswahl von attraktiven Märkten mit Hilfe einer Chancen- und Risiken-Analyse. Chancen und Risiken der Märkte werden durch eine Untersuchung der Branchenumwelt ermittelt. Attraktiv sind nach dieser

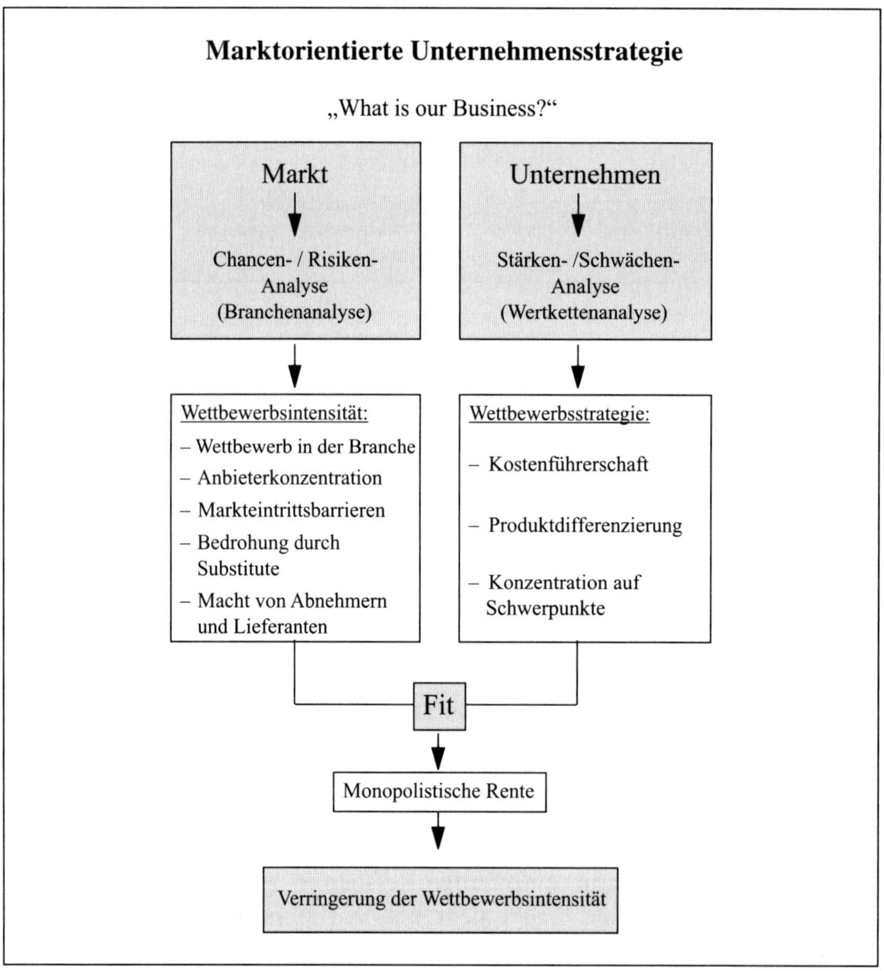

Abb. 63

Sicht Märkte mit einer geringen Wettbewerbsintensität. Die Intensität des Wettbewerbs ist durch fünf Wettbewerbskräfte bestimmt. Diese beeinflussen die Rentabilität des Unternehmens. Sie sind in Abbildung 63 dargestellt.

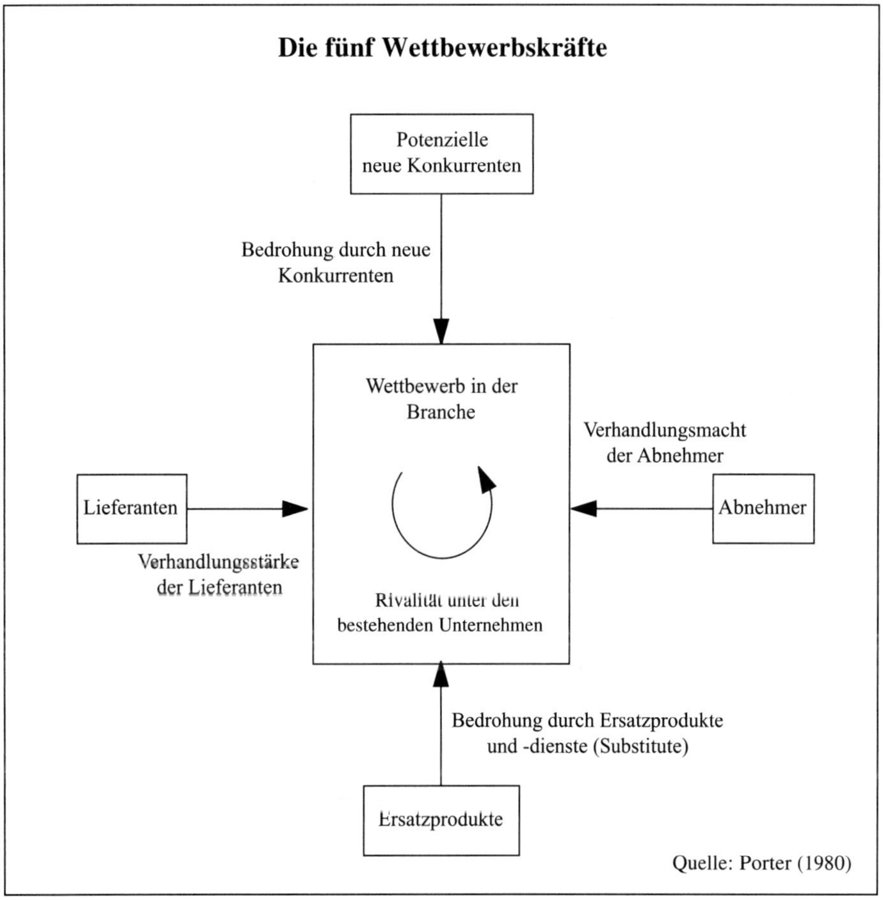

Abb. 64

Den Chancen und Risiken der Märkte werden die Stärken und Schwächen des eigenen Unternehmens gegenübergestellt. Ziel ist die Realisierung eines Fit zwischen dem Unternehmen und seiner relevanten Umwelt (vgl. Abbildung 64).

Stärken und Schwächen des Unternehmens werden mit Hilfe der unternehmerischen Wertkette ermittelt.[120] Die Wertkette will die unternehmenseigenen Ressourcen im Ver-

120 Zur Darstellung des Konzeptes der Wertkette vgl. Kapitel IV.3.1.

gleich zu den Ressourcen der Wettbewerber analysieren. In Bezug auf die eigenen Ressourcen hilft die Wertkette bei Entscheidungen über eine Strategie der

- *Kostenführerschaft.* Damit verfolgt ein Unternehmen das Ziel, die mit der Leistungserstellung verbundenen Kosten zu minimieren und der kostengünstigste Hersteller der Branche zu werden,
- *Produktdifferenzierung.* Mit der Differenzierungsstrategie versucht ein Unternehmen seine Produkte und Leistungen von denen der Konkurrenz zu differenzieren. Ziel ist es, bei den Abnehmern Präferenzen für die eigenen Produkte aufzubauen,
- *Konzentration auf Schwerpunkte* in einem Geschäftsbereich. Mit der Nischenpolitik versucht ein Unternehmen in einem innerhalb der Branche begrenzten Wettbewerbsfeld einen Wettbewerbsvorteil durch die Ausrichtung der Strategie auf einzelne Zielsegmente zu generieren, auch wenn es nicht über einen allgemeinen Wettbewerbsvorteil verfügt,
- Diversifikation in mehrere Geschäftsbereiche (verbundene Diversifikation oder Nutzung von „economies of scope").

Ressourcen haben also auch in der marktorientierten Strategie immer eine Rolle gespielt. Aber sie stellten im Wesentlichen gegebene, bekannte Alternativen dar, zwischen denen das Management eine rationale Auswahl treffen kann. Unterschiede zwischen der Leistungsfähigkeit einzelner Firmen werden in erster Linie auf die gegebenen Ausgangsbedingungen zurückgeführt.[121] Deren Herkunft und Dauerhaftigkeit wird nicht untersucht. Dies gilt auch für Innovationen. Sie werden ebenfalls als rationale Wahl zwischen gegebenen Alternativen behandelt. Nicht berücksichtigt wird, dass hierbei erhebliche Wahrnehmungsdifferenzen oder Meinungsunterschiede über die „rationale Wahl" auftreten können. Ausgeblendet wird, dass

- die möglichen Alternativen nicht von vornherein bekannt sind,
- die Wahrnehmung von Möglichkeiten von der Organisation eines Unternehmens beeinflusst wird,
- Innovationen nicht einfach imitiert werden können, sondern „Trial-and-error"-Prozesse voraussetzen, welche die Firma, die mit der Innovation als Erste am Markt war, auch schon hat durchmachen müssen. Eine Innovation kann um so leichter übernommen werden, je mehr sie auf hinreichendes Basiswissen trifft. Die Entwicklung von Basiswissen geschieht jedoch nicht von heute auf morgen.[122]

---

121 Vgl. Porter (1991).
122 Vgl. Nelson (1991).

Alle drei Ausblendungen betreffen Fragen des organisationalen Lernens. Genau *diese* Punkte sind jedoch in dynamischen und turbulenten Unternehmensumwelten für die Wettbewerbsfähigkeit eines Unternehmens entscheidend. Deshalb bilden sie die zentralen Fragestellungen für die Unternehmensstrategie der neunziger Jahre, die wir im folgenden Abschnitt behandeln.

2.3. „Stretch"-Idee: Ressourcenorientierte Unternehmensstrategie

Ausgangspunkt für die Umorientierung zur ressourcenorientierten Unternehmensstrategie waren eine Reihe von empirischen Beobachtungen:

- Die Übernahme japanischer Managementmethoden auf den europäischen und amerikanischen Kulturraum hat sich keineswegs als unproblematisch herausgestellt.[123]

- Die Gewinne von Unternehmen unterscheiden sich *innerhalb* einer Branche stärker als *zwischen* Branchen. Dies bedeutet, dass nicht nur die Auswahl der geeigneten Branchen, sondern auch firmenspezifische Faktoren ausschlaggebend sind.[124]

- Kontinuierliche F&E-Aufwendungen führen über längere Zeit zu besseren Resultaten als der Versuch, mit Crash-Programmen Versäumtes in kürzester Zeit aufzuholen.[125] Die gleiche leidvolle Erfahrung machen auch alle faulen Schüler und Studierenden.

Alle drei Beobachtungen zeigen, dass menschliche Leistungsfähigkeit in Organisationen je nach kultureller Basis, firmenspezifischen Eigenheiten oder kontinuierlicher Lernerfahrung unterschiedlich ausfällt. Es gibt also organisatorische *„Erbschaften"* oder *Pfadabhängigkeiten*, die nicht auf dem Markt erworben werden können. Sie bestimmen die *strategische Route* eines Unternehmens und stellen ihr organisatorisches *Kapital* dar.[126]

Aus dieser Sicht wird heute der marktorientierten Strategielehre vorgeworfen, dass sie zwar die Unternehmensressourcen als Ursache von Wettbewerbsvorteilen analysiert, *Herkunft* und *Nachhaltigkeit* aber zu wenig berücksichtigt. Der marktorientierte Ansatz geht nämlich implizit davon aus, dass die relevanten Ressourcen homogen und mobil sind. Dies heißt nichts anderes, als dass alle Unternehmen auf die gleichen Ressourcen zurückgreifen

---

123 Vgl. z. B. Berggren (1992). Er vergleicht die Anwendung des Toyotismus in Japan, USA und Schweden.

124 Vgl. Rumelt (1991).

125 Vgl. Dierickx/Cool (1989).

126 In der Innovationsforschung kommt dies auch bildlich im Begriff der *Trajektorien* (Flugbahnen) zum Ausdruck, vgl. Dosi (1982). Sie liefern die Begründung dafür „Why do firms differ and how does it matter?", Nelson (1991). Allerdings können Trajektorien erfolgreiche Unternehmen auch in den Niedergang führen, vgl. Miller (1990). In diesem Fall wirken sie als Zwangsjacke.

können. Demzufolge existieren aus dieser Sichtweise keine Marktunvollkommenheiten auf den Beschaffungsmärkten wie beispielsweise die soeben geschilderten organisatorischen Erbschaften oder Pfadabhängigkeiten.[127]

Was aber sind die relevanten Ressourcen? Heutzutage sind die wichtigsten Ressourcen Realkapital, Humankapital und organisationales Kapital.[128] Die Marktunvollkommenheit auf den Beschaffungsmärkten nimmt genau in der eben genannten Reihenfolge zu.[129] Pfadabhängigkeiten und organisatorische Erbschaften, aber auch spezifische organisationale Fähigkeiten können nicht auf dem Markt gekauft, sondern müssen im Unternehmen selbst entwickelt werden. Je unvollkommener der Ressourcenmarkt ist, desto größer ist die Wahrscheinlichkeit, dass die entsprechende Ressource einen nachhaltigen Wettbewerbsvorteil begründet (vgl. Abbildung 65).

Worauf aber beruht die Nachhaltigkeit eines Wettbewerbsvorteiles im Einzelnen? Sie ist dann gegeben, wenn Ressourcen

- *wertvoll* sind, das heißt, die Kunden müssen bereit sein, für den durch diese Ressource begründeten Zusatznutzen zu bezahlen,[130]
- *knapp,* das heißt, sie stehen nicht allen Teilnehmern auf den Ressourcenmärkten uneingeschränkt zur Verfügung,[131]
- *schwer substituierbar*, das heißt, es gibt keine ähnlichen Ressourcen, welche die Unternehmensleistung auf gleichwertige Weise erbringen können,
- *schwer imitierbar*, das heißt, die Ressourcen sind nicht ohne weiteres durch ein anderes Unternehmen kopierbar, und
- immer wieder auf innovative Produkte und Märkte *transferierbar* sind.

Die wichtigste Rolle nimmt dabei die Nicht-Imitierbarkeit ein. Nicht oder schwer imitierbar sind insbesondere solche Ressourcen, die

- in der *Geschichte* des Unternehmens begründet sind wie zum Beispiel die Unternehmenskultur,

---

127 Dies ist gleichbedeutend mit der Annahme, dass auf den Beschaffungsmärkten vollkommener Wettbewerb existiert.

128 Im Unterschied zu den traditionellen Faktoren Arbeit, Boden und Kapital.

129 Vgl. Barney (1991).

130 Anderenfalls handelt es sich um „happy engineering", das heißt um technisch vollkommene Lösungen, für die aber kein Markt existiert. Scholz/Müffelmann (1995, S. 80) nennen hierfür als Beispiel „Videorekorder mit einer dreifach aufklappbaren Fernbedienung und 153 mehrfach belegten Drucktasten", die aber nur sehr wenig Kunden wirklich ausnutzen.

131 Vgl. Barney (1991). So hat die blaue Mauritius nur deshalb einen Wert, weil sie so gut wie nicht zu haben ist.

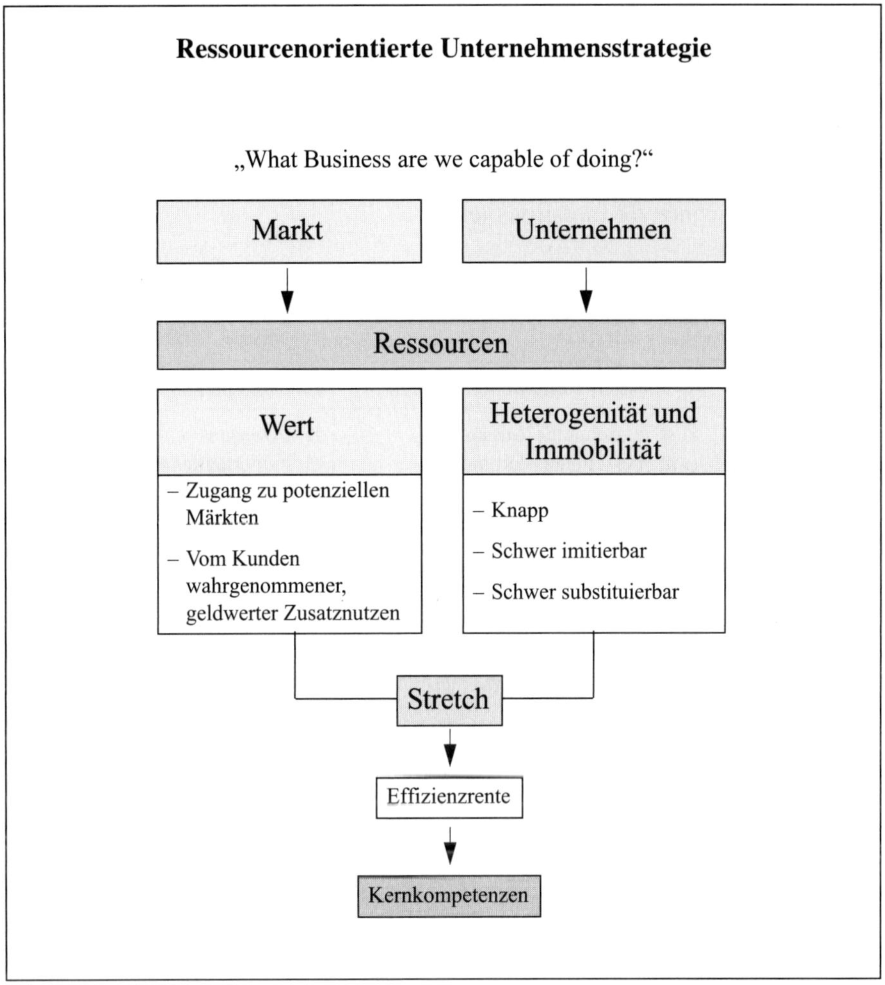

Abb. 65

- durch diffuse *Kausalzusammenhänge* gekennzeichnet sind wie zum Beispiel lebensweltliches Hintergrundwissen und Erfahrungen,

- *komplex* sind wie zum Beispiel Image oder gute Beziehungen zu den Mitarbeitern, Kunden und Lieferanten.

Wichtig ist dabei, dass mit Komplexität in diesem Zusammenhang nicht etwa technische Komplexität gemeint ist. Technisch komplexe Systeme wie zum Beispiel Management-Informationssysteme, Expertensysteme oder Standard-Software sind über kurz oder lang imitierbar. Nicht imitierbar ist hingegen die Fähigkeit, Technologien effizient umzusetzen.

Auch ein formales Planungssystem ist imitierbar, nicht-imitierbar ist hingegen die Sensibilität, mit der Unternehmen ihr Planungssystem in der Unternehmenskultur verankern.[132]

Teilt man – wie die Abbildung 66 zeigt – die Ressourcen eines Unternehmens in handelbare und nicht-handelbare sowie in physisch greifbare (tangible) und nicht-greifbare (intangible) ein, so wird deutlich, dass die nicht-handelbaren *und* nicht-greifbaren Ressourcen den höchsten Schutz vor Imitation bieten.

Eigenschaften von Ressourcen		
	Physisch greifbare Ressourcen	Physisch nicht-greifbare Ressourcen
Handelbare Ressourcen	■ maschinelle Ausstattung ■ Personalausstattung ■ Standard -Software	■ Lizenzen ■ individuelles Expertenwissen
Nicht-handelbare Ressourcen	■ selbsterstellte Anlagen ■ selbstprogrammierte Software	■ Unternehmenskultur ■ einzigartige Stakeholderbeziehungen ■ unternehmensspezifische Ausbildung ■ implizites Wissen

Abb. 66

Sind Ressourcen in diesem Sinne wertvoll, knapp, schwer imitierbar und schwer substituierbar, so begründen sie eine *dynamische Kernkompetenz*.[133] Dynamische Kernkompetenzen sind mehr als Kernkompetenzen im Sinne des preisgekrönten Aufsatzes von Prahalad/Hamel (1991). Diese Autoren betrachten Kernkompetenzen als eine Kombination von technologisch-materiellen und organisatorischen Kernkompetenzen. Dynamische Kernkompetenzen zeichnen sich im Unterschied dazu dadurch aus, dass sie die Grundlage für die *Hervorbringung* von Kernkompetenzen bilden. Der Fokus liegt jetzt nicht mehr auf den materiellen Aspekten der Ressourcen, sondern auf der Eigenschaft der Transformation, die die schwere Imitierbarkeit begründet. Dies sind Faktoren, die nicht auf dem Markt gekauft werden können. Vielmehr müssen sie in langwierigen Innovationsprozessen oder Prozessen des organisationalen Lernens erworben werden. Damit verschiebt sich die Betrachtungsweise: Bis anhin wurde die Frage gestellt: „*What is our business?*" Unterschiedliche Märkte, Kunden und Bedürfnisse prägten den Inhalt der Strategie. Jedoch ändern sich die Bedürfnisse der Kunden rasch, sie sind unbeständig. Eine extern ausge-

132 Vgl. Barney (1991).

133 Dynamische Kernkompetenzen werden in der Literatur auch als „strategic assets" (Amit/Schoemaker 1993) oder „dynamic capabilities" (Teece/Pisano/Shuen 1997) gekennzeichnet. Vgl. zum Kernkompetenzenmanagement auch Bouncken (2000) und Krüger/Homp (1997).

richtete Strategie ist deshalb noch keine erfolgversprechende Strategie. Hingegen sind die Ressourcen des Unternehmens stabiler. Daher scheint es sinnvoller, die Frage zu stellen *„What business are we capable of doing?“*. Dies macht die eigentlich dynamische Eigenschaft der Kernkompetenz aus. Sie ist geeignet, immer wieder *neue innovative Produkte* hervorzubringen und *neue Märkte* zu erschließen. Sie befriedigen zukünftige Bedürfnisse von Kundinnen und Kunden, die diese heute noch gar nicht kennen.

So hat Sony mit der Kernkompetenz der Miniaturisierung den Walkman auf den Markt gebracht. Ausschlaggebend war das technische und organisatorische Wissen, wie man einen ganzen Kassettenrekorder in Brieftaschenformat und Boxen in Knopfgröße hergestellen kann. Damit wurde ein Bedürfnis erzeugt und befriedigt, das es vorher noch nicht gab, nämlich das mobile, ortsunabhängige Musikhören.

Aus ressourcenorientierter Sicht beschränkt sich die marktorientierte Unternehmensstrategie auf die letzten 500 Meter eines Marathonlaufes. Wichtiger für die Wettbewerbsfähigkeit eines Unternehmens sind allerdings die ersten 42 Kilometer. Dort werden die Grundlagen für den Sieg gelegt.[134] Im Unternehmen sind diese Grundlagen der Wissenserwerb und -transfer.

Das Problem des Wissenserwerbs und -transfers liegt darin, dass große Teile des Wissens nicht als „Blaupausen“ übertragen werden können, sondern an nicht explizierbare Erfahrungen und interne Kontexte der Wissensträger gebunden sind. Dieses Problem kennt jeder, der schon einmal an der Programmieranweisung eines Videorekorders verzweifelt ist. Diese setzt häufig so viel implizites Wissen im Umgang mit Digitaltechnik voraus, dass lange Zeit etwa die Hälfte der Besitzer eines Videorekorders diesen nicht programmieren konnten. Ein Wissenstransfer setzt deshalb immer auch einen zumindest teilweisen Kontext-Transfer voraus. Deshalb sind große Bereiche des Wissens nicht handelbar. Sie stellen *implizites* Wissen in dem Sinne dar, „dass wir mehr wissen, als wir zu sagen wissen“.[135]

Auch das Abwerben einzelner Schlüsselpersonen reicht nicht aus, weil der Wissensvorsprung darin begründet ist, dass es sich um gemeinsam geteiltes *lebensweltliches* Wissen handelt. Damit ist das selbstverständliche, unproblematische Alltagswissen gemeint. Es sichert wie Öl das reibungslose Laufen des Motors. Außerdem ist der Ertrag neuen Wissens vom Vorwissen abhängig. Dies führt zu einer sich selbst verstärkenden Spirale *der Wissensgenerierung*.[136] So weiß jeder aus Erfahrung, wie wenig man von der Lektüre eines Fachbuches hat, wenn man die Grundbegriffe nicht kennt. Es geht darum, organisationale

134 Vgl. Hamel (1991, S. 83).
135 Polanyi (1985, S. 14).
136 Vgl. Levinthal/March (1993) und Nonaka/Takeuchi (1997).

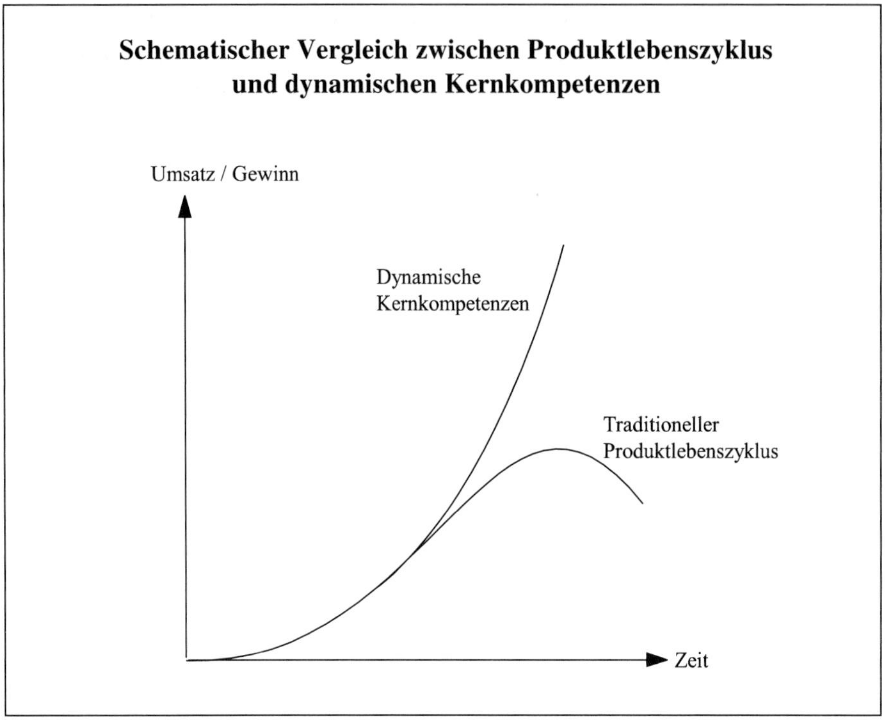

Schematischer Vergleich zwischen Produktlebenszyklus und dynamischen Kernkompetenzen

Abb. 67

Voraussetzungen so zu schaffen, dass neues Wissen kontinuierlich aufgebaut und im Unternehmen verankert werden kann. Relevant ist Wissen immer dann für ein Unternehmen, wenn es als Sensorium für die Wahrnehmung wichtiger Entwicklungen dient. Verfügt ein Unternehmen bereits über ein gewisses Maß an Fachwissen in einem bestimmten Gebiet, so kann es den Wert neuer Informationen über dieses Gebiet schneller erkennen und besser beurteilen als Unternehmen ohne solches Vorwissen.

Genau dies beschreibt der Begriff der *absorptiven Kapazität* von Organisationen:[137] Organisationen sind nur dann aufnahmefähig für neues Wissen, wenn schon eine hinreichende organisatorische Wissensbasis – zum Beispiel durch eine eigene Forschung und Entwicklung – geschaffen wurde. *Organisationale Lernprozesse* brauchen aber mehr Zeit als individuelle, weil viel mehr Menschen daran beteiligt sind.[138] Sie können nicht – wie bereits erwähnt – im Eiltempo mit Crash-Programmen nachgeholt werden. Die Fähigkeit, aus organisationalen Lernprozessen handlungsrelevantes Wissen zu generieren, wird damit in Zukunft zum wichtigsten und nachhaltigsten Wettbewerbsvorteil. Erst dies schafft für

137 Vgl. zum Konzept der „absorptive capacity" Cohen/Levinthal (1990).

138 Vgl. zum Organisationalen Lernen Crossan/Lane/White (1999) und Probst/Büchel (1998).

das Unternehmen einen schwer imitierbaren Wettbewerbsvorteil gegenüber Konkurrenten, weil diese Fähigkeit nicht gekauft, sondern im Unternehmen selbst erzeugt werden muss. So kann man das Vermögen nicht kaufen, Englisch zu sprechen oder einen mathematischen Beweis nachzuvollziehen. Deshalb führen nicht-handelbare Ressourcen zu einem viel nachhaltigeren Wettbewerbsvorteil als solche, die auf dem Markt erworben werden können, wie zum Beispiel Computer-Software oder eine Maschine. Gelingt es einem Unternehmen, eine Wissensbasis aufzubauen, so kann neues Wissen aufgrund der absorptiven Kapazität immer schneller und intensiver generiert werden. Dieses neue Wissen ist auf immer neue innovative Produkte transferierbar und erschließt damit immer wieder neue Märkte. Im Gegensatz zu herkömmlichen Produktlebenszyklen hat dieses Wissen keinen S-förmigen Kurvenverlauf, das heißt, es nutzt sich nicht ab. Vielmehr reichert es sich durch ständige Weiterentwicklung und Gebrauch an. Es hat einen exponentiellen Kurvenverlauf (vgl. Abbildung 67).

Einige der bisher bewährten Instrumente der strategischen Planung, beispielsweise die klassischen Marktportfolios, verlieren durch diese neue Sichtweise an Bedeutung. Dies wollen wir an der bekanntesten Variante, dem Marktwachstums-Marktanteil-Portfolio der Boston Consulting Group erläutern (vgl. Abbildung 68).[139]

Marktportfolio der Boston Consulting Group

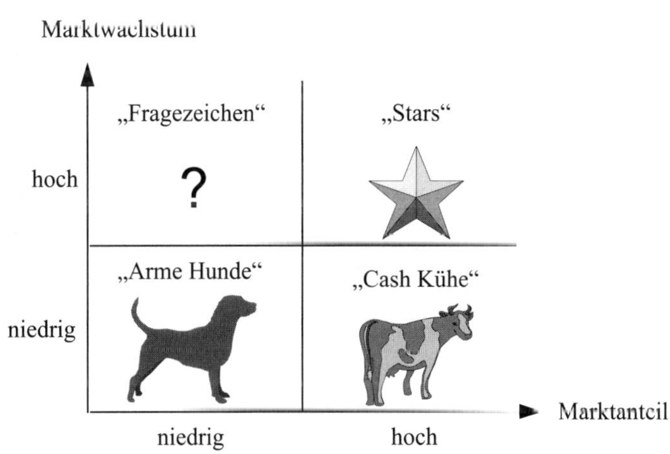

Abb. 68

139 Vgl. Osterloh (1994).

Grundidee ist es, finanzielle Ressourcen so auf produktorientierte Geschäftseinheiten aufzuteilen, dass mit den „Cash Kühen" so viel Geld verdient wird, um aus den „Fragezeichen" die zukünftigen „Stars" zu machen. „Arme Hunde" bringen dem Unternehmen kein Geld und werden deshalb zugunsten der „Fragezeichen" und der „Stars" versilbert. Das Marktportfolio gibt jedoch nur eine Momentaufnahme der gegenwärtigen Situation auf dem Produktmarkt wider. Es sagt nichts darüber aus, welche Kompetenzen man braucht, *damit* ein „Fragezeichen" zum „Star" wird. Diese Bedingungen sind einerseits schwer zu ermitteln, und andererseits können sie nicht einfach durch die Transferierung von Finanzmitteln von den „Cash Kühen" zu den „Fragezeichen" gekauft werden. So hielten beispielsweise in den achtziger Jahren eine Reihe von europäischen und US-amerikanischen Konzernen das Geschäft mit Farbfernsehern für ausgereizt. Sie bemerkten nicht, dass die Reduzierung von Forschungsmitteln in diesem Bereich dazu führte, dass sie ihre Kompetenzen in der Technik hoch auflösender Bildschirme an Japan verloren.[140] Ihr Fehler war es, in traditionellen Produktlebenszyklen statt in dynamischen Kernkompetenzen zu denken.

Abschließend fassen wir unsere Ausführungen zu einer erweiterten Definition von *dynamischen Kernkompetenzen* zusammen, die folgende sieben Elemente aufweist:

Dynamische Kernkompetenzen

1. sind wissensbasiert,
2. sind beschränkt handelbar,
3. sind unternehmensspezifisch. Ihr Aufbau erfordert irreversible Investitionen, welche die Strategie eines Unternehmens langfristig festlegen,
4. bewirken für den Kunden einen wahrnehmbaren, geldwerten Zusatznutzen,
5. sind schwer imitierbar (zum Beispiel durch Benchmarking),
6. sind schwer substituierbar (zum Beispiel durch Outsourcing),
7. erschließen immer wieder neue Produkte und Märkte.

Organisation ist erst dann eine *dynamische* Kernkompetenz, wenn *alle* genannten Eigenschaften gegeben sind. Dann entspricht sie der „Stretch"-Idee. Die ersten vier Eigenschaften einer dynamischen Kernkompetenz sind auch mit der „Fit"-Idee vereinbar. Das Streben

140 Vgl. Prahalad/Hamel (1991).

nach „Fit“ spielt als wettbewerbskritischer Faktor durchaus eine Rolle. Es wird allerdings als *differenzierender* Wettbewerbsvorteil in Zukunft nicht mehr ausreichend sein, sondern ist lediglich *Voraussetzung* für den Markteintritt.[141]

3. Kriterien für eine strategiegerechte Organisation

Wie erkennt ein Unternehmen, ob seine Organisationsstruktur strategiegerecht ist, das heißt sowohl den Koordinations- als auch den Orientierungsanforderungen entspricht?

Organisation ist kein Selbstzweck. Organisationen müssen so gestaltet sein, dass sie nicht nur zur Implementation vorgängig definierter Strategien geeignet sind („structure follows strategy“), sondern auch für die Generierung von Strategien, die zu einem nachhaltigen Wettbewerbsvorteil führen („strategy follows structure“). In der Organisationslehre werden diese beiden Anforderungen üblicherweise als Effizienz und Effektivität gekennzeichnet. Allerdings stand bislang das Effizienzkriterium im Vordergrund.[142] Die Orientierungsanforderungen machen jedoch deutlich, dass sich die Ziele der Organisationsarbeit von der traditionellen Effizienzverbesserung auf die Schaffung wettbewerbskritischer Kompetenzbündel ausdehnen und damit auch zur Effektivitätsaufgabe werden.

Im Folgenden wollen wir *erstens* darstellen, wie sich Effizienz und Effektivität zueinander verhalten. *Zweitens* entwickeln wir ein Instrument, das *Organizing Map*, mit dem wir zeigen wollen, wie Effizienz und Effektivität gleichzeitig verwirklicht werden können.

3.1. Verhältnis von Effizienz und Effektivität

Damit eine Organisation zu einer dynamischen Kernkompetenz wird, müssen *erstens* Effizienz- *und* Effektivitätskriterien verwirklicht sein. *Zweitens* dürfen diese einander nicht widersprechen, sondern müssen einander ergänzen.

141 Vgl. Hamel/Prahalad (1995). Der Fokuswechsel von der markt- zur ressourcenorientierten Sichtweise hat darüber hinaus den bemerkenswerten Vorteil, dass die Unternehmensstrategie nicht mehr mit sozialen Wohlfahrtseinbußen verbunden ist. Wettbewerbsvorteile sind dort immer auf die Ausnutzung von Marktunvollkommenheiten gerichtet (Monopolrenten). Im ressourcenorientierten Ansatz hingegen sind Wettbewerbsvorteile auf die Ausnutzung von Ressourcen-Vorteilen (Effizienzrenten) gerichtet, die zur sozialen Wohlfahrt beitragen, vgl. Barney (1991).

142 Zur Bewertung und Auswahl effizienter Organisationsformen vgl. Frese (1998), Thom/Wenger (2000), von Werder/Grundei (2000).

3.1.1. Was sind Effizienz und Effektivität?

Effizienz bedeutet *„doing the things right“* (die Dinge richtig tun).[143] Damit ist der Zielerreichungsgrad, das heißt die Verwirklichung eines offiziellen, gegebenen Zieles mit geringstmöglichen Kosten gemeint.

Es lassen sich drei Effizienzbegriffe unterscheiden, die im nachfolgenden Kasten dargestellt sind:

1. Technologische oder Produktions-Effizienz: Es werden keine Produktionsfaktoren verschwendet.
2. Mikroökonomische Effizienz: Eine gegebene Produktionsmenge wird unter Berücksichtigung der Faktorpreise zu den geringst möglichen Kosten hergestellt. Realisiert werden soll eine Minimalkostenkombination.
3. Pareto-Effizienz: Kein Mitglied einer Gesellschaft kann besser gestellt werden, ohne dass ein anderes Mitglied schlechter gestellt wird.

Effizienzkriterien werden herangezogen, um die Wirksamkeit der eingesetzten organisatorischen Instrumente beurteilen zu können. Gedanklich ist das offizielle Ziel durch eine Person, der Unternehmerin oder den Unternehmer, repräsentiert. Effizienz, das heißt eine ideale Entscheidungssituation, wäre dann gegeben, wenn das Unternehmen so organisiert wäre, wie wenn eine einzige Person alleine die Entscheidungen treffen würde oder eine simultane Optimierung aller Teilentscheidungen realisiert werden könnte. Schon daraus ergibt sich, dass der Effizienzgedanke der statischen „Fit“-Idee entspringt. Mehr Entscheider bedeuten hier nicht eine Verbesserung der Entscheidungsqualität, sondern nur zusätzliche Kosten, weil mehr koordiniert werden muss. Wenn mehrere Personen an einer Entscheidung beteiligt sind, entstehen Einigungs- und Widerstandskosten.[144] Der Zusammenhang von Einigungs- und Widerstandskosten wird in Abbildung 69 dargestellt.

- *Einigungskosten* ergeben sich, wenn arbeitsteilige Aktivitäten koordiniert werden sollen. Sie sind umso höher, je höher der relative Anteil an Personen ist, der an der Entscheidung beteiligt ist.

143 Vgl. Drucker (1974, S. 45).

144 Bei Frese (2000), an dessen Konzept wir uns hier anlehnen, heißen die Widerstandskosten Autonomiekosten und die Einigungskosten Kommunikationskosten. Vgl. hierzu auch das Konzept der externen Kosten (= Widerstandskosten) und der Einigungskosten von Buchanan/Tullock (1962) sowie das Konzept zur Modellierung des optimalen Zustimmungsgrades bei Mehrheitsentscheidungen von Frey/Kirchgäßner (1994, S. 65 f.).

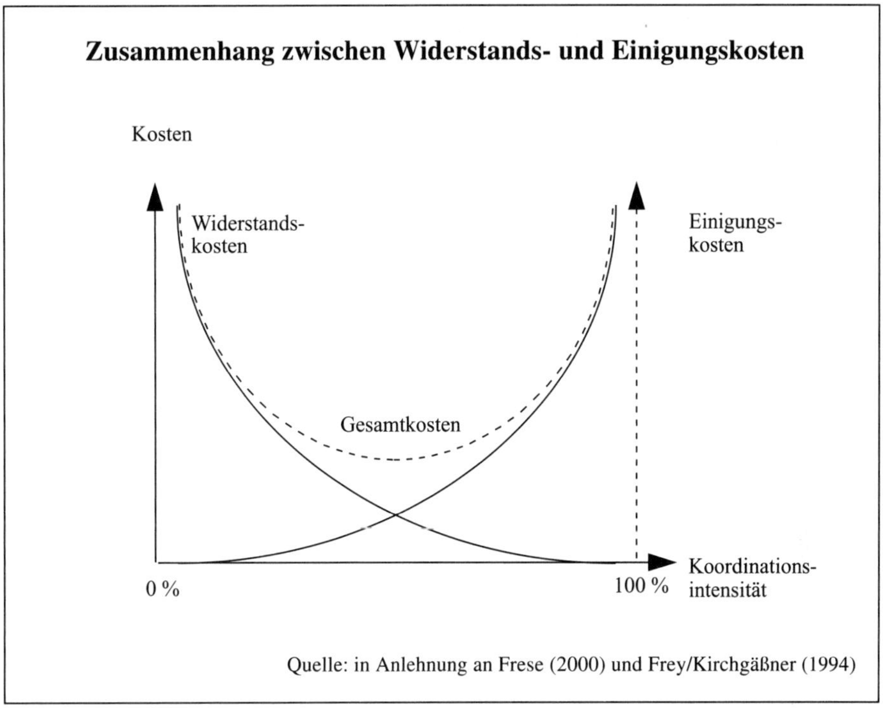

Abb. 69

- Genau den gegenteiligen Verlauf haben die *Widerstandskosten.* Sie entstehen, wenn nicht alle beteiligten Personen ihre Zustimmung zur Entscheidung gegeben haben. Sie sind umso niedriger, je höher der relative Anteil der Beteiligten an der Entscheidung ist.

Die Gesamtkostenkurve liegt umso höher, je größer die Interessengegensätze sind. In diesem Fall verlaufen die Kurven der Einigungs- und der Widerstandskosten steiler. Die Interessengegensätze steigen mit der absoluten Anzahl der Entscheider und damit auch die Gesamtkosten.[145] Dies bedeutet zugleich, dass mit der Größe der Organisation immer auch der Abstimmungsbedarf wächst.

Bei der „Fit"-Idee werden die Interessengegensätze als gegeben angesehen, ebenso wie die Alternativen, zwischen denen die Entscheidung zu fällen ist. Das Generieren neuer Alternativen, welches das Hauptanliegen des ressourcenorientierten Ansatzes ist, wird nicht betrachtet. Deshalb wird unter Effizienzgesichtspunkten nicht berücksichtigt, dass *neue* Alternativen auch deshalb gesucht und gefunden werden, um Interessengegensätze mit

145 Sie sinken mit dem Ausmaß an externen Netzwerkbeziehungen, weil dadurch die Sezessionskosten sinken, das heißt die Kosten, die entstehen, wenn man sich aus einer Gruppe löst.

neuen Lösungen aufzuheben oder wenigstens zu mindern. Neue Lösungen geben die Möglichkeit, „Win-Win-" statt „Win-Loose-Situationen"zu schaffen. Es geht demzufolge um Effektivität und nicht bloß um Effizienz.[146]

Effektivität bedeutet *„doing the right things"* (die richtigen Dinge tun).[147] Die richtigen Ziele oder Alternativen müssen erst generiert werden. Damit ist gemeint, dass Effektivität die Fähigkeit einer Organisation sicherstellen soll, strategische Ressourcen zu generieren, mit denen sie einen nachhaltigen Wettbewerbsvorteil aufbauen und sichern kann. Praktisch gesehen bedeutet dies das Entwickeln neuer Produkte und Märkte mit Hilfe von dynamischen Kernkompetenzen.[148] Um organisationale Effektivität realisieren zu können, müssen Effektivitätskriterien von den Organisationsmitgliedern gemeinsam entwickelt werden.[149] Dies setzt Interaktionen zwischen einer größeren Zahl vielfältiger Aktoren voraus. Schon Utterback fasste 1971 die Ergebnisse zur Innovationsforschung zusammen, indem er feststellte, dass „diversity in the work setting stimulates the generation of new ideas". Die Effektivitätskriterien sind deshalb zugleich Kriterien für die Innovationsfähigkeit eines Unternehmens. Sie sind wissensbasierte, firmenspezifische Aktivposten, die zu dynamischen Kernkompetenzen führen.

3.1.2. Effizienz und Effektivität ergänzen einander

Die Festlegung von Effizienzkriterien setzt voraus, dass Inhalte oder Ziele entwickelt worden sind, aus denen realisierbare Alternativen abgeleitet werden können. Schließlich würde die effiziente Verfolgung falscher Ziele zu ineffizienten Organisationen führen. Aus diesem Grund dürfen Effizienz und Effektivität nicht als einander widersprechende Kriterien formuliert werden. Dies lässt sich anhand einer Überlegung aus der Problemlösungspsychologie ableiten:[150] Dort wäre Effizienz nur auf geschlossene Probleme anwendbar und Effektivität nur auf offene Probleme.

- *Geschlossene Probleme* sind solche, bei denen klar definiert ist, wann das Problem als gelöst gilt, zum Beispiel beim Schachspiel. Die Spieler wissen von vornherein, *wann* das Spiel gewonnen ist, (jedoch nicht *wie*). Die zu erreichenden Ziele sind bekannt und eine eindeutige Lösung kann ermittelt werden.

---

146 In diesem Sinne orientieren sich Frese (1998) und Frey/Kirchgäßner (1994) eindeutig an der „Fit"-Idee, das heißt an Effizienz und nicht an Effektivität. Gleiches gilt für das Modell von Buchanan/Tullock (1962). Die einzige Möglichkeit, die Interessengegensätze zu mildern, liegt im „Schleier der Unsicherheit" über die Zukunft: Jedermann weiß, dass man an Krebs erkranken kann. Deshalb ist die Bereitschaft groß, in eine solidarische Krankenkasse einzubezahlen, deren Leistung man im günstigsten Falle nie benötigt. Dabei geht es jedoch nicht um die Generierung *neuer* Alternativen, sondern um die Ungewissheit, mit der heute schon bekannte Bedrohungen eintreten können.

147 Vgl. Drucker (1974, S. 45).

148 Vgl. auch das Konzept der strategischen Wirtschaftlichkeit im Unterschied zur operativen Wirtschaftlichkeit bei Szyperski (1970).

149 Vgl. Cameron (1986).

150 Vgl. Dörner (1979).

- Bei *offenen Problemen* hingegen handelt es sich um schlecht strukturierte Probleme. Zuallererst müssen die Kriterien für eine Lösung generiert werden, beispielsweise die Kriterien für das Problem „Entwickle eine erfolgreiche Unternehmensstrategie" oder „Generiere wettbewerbskritische Ressourcen". Es ist nicht von vornherein klar, wann das Problem als gelöst gilt.

Aus der Problemlösungspsychologie wissen wir, dass bei der Lösung offener Probleme immer ein stufenweiser Wechsel stattfinden muss: Zuerst ist das Problem zu schließen, das heißt mit wenigen, überschaubaren Variablen zu lösen wie beispielsweise die Einführung eines neuen Produktes auf einem ausgewählten kleinen Testmarkt. Dann erst kann die Komplexität des Problems erweitert, das heißt das Problem geöffnet werden wie beispielsweise die flächendeckende Produkteinführung nach erfolgreicher Testphase. Dafür gibt es zwei Gründe. Erstens hat Problemschließung einen Entlastungseffekt: Sie begrenzt die Komplexität. Zweitens hat sie einen Lerneffekt: Ist der Komplexitätsgrad zu hoch, wird der Suchprozess zu leicht als erfolglos abgebrochen; ist er hingegen zu niedrig, kann man nichts lernen.

Daraus folgt, dass die Mittel oder Quellen zur Erreichung von Effizienz oder Effektivität nicht als „trade-offs", das heißt einander widersprechende Kriterien, gesehen werden dürfen. Sie schließen einander nicht aus, sondern ergänzen sich. Dies ist die neue organisatorische „Stretch"-Idee. Für die Generierung von Innovationen, das heißt die Realisierung von Effektivität, müssen Organisationen als Horte des systematischen Wissenserwerbs ausgestaltet sein, damit die Entwicklung unternehmensspezifischer Fähigkeiten und Kompetenzen möglich wird. Dynamik und Flexibiliät sind auf der einen Seite die Voraussetzung, um die richtige strategische Stoßrichtung sicherstellen zu können. Auf der anderen Seite muss der Erkenntnisgewinn auch effizient in praktisches Handeln umgesetzt werden. Dies beinhaltet die sorgfältige Koordination der vielfältigen Handlungen der einzelnen Organisationsmitglieder.

3.2. Organizing Map

Im Folgenden stellen wir das *Organizing Map* vor (Abbildung 70).[151] Dieses Schema will zeigen, wie Unternehmen zu organisieren sind, damit sie gleichermaßen Effektivität und Effizienz realisieren. Die Wirkung organisatorischer Gestaltungsformen und Strukturausprägungen kann systematisch geprüft werden, ohne jedoch für spezifische Umweltzustände Normstrategien oder Rezepte im Sinne von „One-best-way"-Lösungen anzugeben.

151 Vgl. auch Frost (1998).

<table>
<tr><th colspan="4">Organizing Map</th></tr>
<tr><td colspan="2">Strategische Ziele</td><td>Spalte 1
Effizienz
(die Dinge richtig tun)</td><td>Spalte 2
Effektivität
(die richtigen Dinge tun)</td></tr>
<tr><td colspan="2">Organisatorische Quellen der Wettbewerbsvorteile</td><td></td><td></td></tr>
<tr><td rowspan="4">Kriterien des Aufgaben-zusammenhangs</td><td>Spezialisierung</td><td>funktionale Spezialabteilungen, Zentralbereiche</td><td>Komponentenwissen
„know how to do it"</td></tr>
<tr><td>Horizontale Synergien</td><td>produkt, projekt- oder prozessorientierte Bereiche</td><td>Verknüpfungswissen
„know how to combine it"</td></tr>
<tr><td>Vertikale Synergien</td><td>optimale Fertigungstiefe</td><td>firmenspezifisches Wissen
„know how to generate it"</td></tr>
<tr><td>Qualität der Entscheidungen</td><td>Delegation, Standardisierung, Partizipation</td><td>gemeinsam geteiltes Wissen
„know how to disperse it"</td></tr>
<tr><td></td><td>Motivation</td><td>Zurechenbarkeit und Kontrolle der Leitung: extrinsische Motivation</td><td>Kontextwissen
„know more than contracts can say"
intrinsische Motivation</td></tr>
</table>

Abb. 70

- In den Zeilen des Organizing Maps stehen die *organisatorischen Quellen der Wettbewerbsvorteile,* die im nächsten Abschnitt inhaltlich erläutert werden. Dazu gehören zum einen Kriterien des Aufgabenzusammenhangs: Spezialisierung, horizontale Synergien, vertikale Synergien und Qualität von Entscheidungen. Zum Zweiten wird unter dem Motivationsaspekt untersucht, warum und in welchen Situationen Individuen sich einigen oder Widerstand leisten. Alle Kriterien können sowohl unter dynamischen Effektivitätsgesichtspunkten als auch hinsichtlich ihrer effizienten Gestaltungswirkungen zur Analyse herangezogen werden.

- Im Organizing Map ist die Spalte 1 mit Beispielen zur Realisation von Effizienz ausgefüllt.

- Spalte 2 enthält Beispiele zur Realisation von Effektivität. Unternehmen realisieren Effektivität, wenn es ihnen gelingt, ihre eigenen spezifischen Lösungen zu entwickeln. Aus diesem Grund können für Effektivität keine konkreten organisatorischen Gestaltungsbeispiele angegeben werden, sondern vorerst verschiedenen Arten von Wissen, die im Unternehmen vorhanden sein müssen, um aus dynamischen Kernkompetenzen kontinuierliche neue Produkte und Dienstleistungen zu entwickeln.

Die konkrete organisatorische Umsetzung der Effizienz- und Effektivitätskriterien werden wir in Kapitel VI am Beispiel der Prozessorganisation zeigen.

3.2.1. Organisatorische Quellen der Wettbewerbsvorteile

In den Zeilen des Organizing Map stehen die Mittel, um strategische Ziele zu erreichen: *organisatorische Quellen der Wettbewerbsvorteile*. Diese werden nach zwei Aspekten unterteilt, nach Aufgabenzusammenhang und Motivation.[152]

- Die Ableitung der Kriterien des *Aufgabenzusammenhangs* ergibt sich aus dem organisatorischen Grundprinzip der interpersonellen Arbeitsteilung. Überprüft wird die effiziente und effektive Gestaltung der arbeitsteiligen Einzelhandlungen der Organisationsmitglieder. Dabei geht es um die Festlegung und gegenseitige Abgrenzung von Kompetenzinhalten einzelner organisatorischer Einheiten nach horizontalen und vertikalen Aspekten. Die arbeitsteiligen Handlungen sind so zusammenzufügen, dass das Minimum der Gesamtkostenkurve aus Einigungs- und Widerstandskosten erreicht wird. Organisatorische Quellen der Wettbewerbsvorteile hinsichtlich des Aufgabenzusammenhangs sind:
  - Spezialisierung,
  - horizontale Synergien,
  - vertikale Synergien sowie
  - Qualität von Entscheidungen.
- Warum und in welchen Situationen Individuen sich einigen oder Widerstand leisten, wird unter dem Aspekt des Aufgabenzusammenhangs nicht betrachtet. Dies ist Gegenstand des *Motivationsaspekts*. Es geht darum, eine inhaltlich geeignete Motivation zu erzeugen, um die Organisationsmitglieder zu einer koordinierten und orientierungsstiftenden Leistung zu veranlassen.[153] Thematisiert wird die Gestaltung der Aufgaben- und Kommunikationsaktivitäten hinsichtlich extrinsisch und intrinsisch motivationaler Wirkung.[154]

---

152 Vgl. Frese (1995b, S. 292 ff.). Bei Frese gibt es nur Effizienz- und keine Effektivitätskriterien. Er geht deshalb nicht über die „Fit"-Idee hinaus. Bei ihm heißen „Spezialisierung" Ressourceneffizienz, „horizontale Synergie" Prozesseffizienz und „Qualität von Entscheidungen" Delegationseffizienz. Für die vertikale Synergie gibt es bei ihm keine Entsprechung.

153 Vgl. Frey/Osterloh (1997, 2001).

154 Bei der Ausgestaltung der Koordinations- und Motivationseffizienz spielt nur die extrinsische Motivation eine Rolle. Bei der Orientierungsaufgabe ist die intrinsische Motivation wichtig, vgl. auch Osterloh/Wübker (1999).

Kriterien des Aufgabenzusammenhangs

■ *Spezialisierung*

Spezialisierungsvorteile entstehen aus der umfassenden Nutzung von unternehmenseigenen Ressourcen. Unter Effizienzgesichtspunkten sind damit Ressourcen wie Personen, Anlagen (Sachmittel) und finanzielle Ressourcen gemeint.[155] Der Einsatz dieser Ressourcen ist so zu gestalten, dass eine höchstmögliche Produktivität des Leistungserstellungsprozesses gewährleistet ist. Vier Aspekte sind dabei zu berücksichtigen.

1. *Leerkapazitäten* und *Doppelspurigkeiten* sollen vermieden werden.
2. *Größenvorteile* („economies of scale") sollen ausgenutzt werden: Bei mengenmäßiger Konzentration von Tätigkeiten auf eine Stelle werden Rüst- und Umstellungskosten vermieden. Hier geht es darum, eine „kritische Masse" zu erreichen.
3. *Lerneffekte,* das heißt die Steigerung von spezifischen Fertigkeiten, sollen realisiert werden. So verfügen beispielsweise viele Unternehmen für juristische Fragen über eine eigene Rechtsabteilung, weil es unwirtschaftlich wäre, jeder Abteilung eine eigene Juristin oder einen eigenen Juristen zur Verfügung zu stellen. Hinzu kommt, dass innerhalb der Rechtsabteilung das fachspezifische Spezial-Wissen am besten weiterentwickelt werden kann.
4. Eine einheitliche *„unité de doctrine"* soll durchgesetzt werden. In diesem Fall können beispielsweise juristische Fragen im ganzen Unternehmen nach einheitlichen Richtlinien gelöst werden.

Will ein Unternehmen Spezialisierungsvorteile realisieren, so verfolgt es die Strategie der „funktionalen Exzellenz". Diese Strategien stellen darauf ab, die einzelnen funktional anfallenden Aufgaben bestmöglich zu erfüllen. Unter dynamischen Gesichtspunkten bedeutet die Realisierung von Spezialisierungsvorteilen, dass es im Unternehmen Horte des systematischen Erwerbs von Fachwissen und spezifischen Fertigkeiten geben muss, damit die absorptive Kapazität in den einzelnen Unternehmensbereichen sichergestellt ist.

■ *Horizontale Synergien*

Die Verwirklichung horizontaler Synergien erfolgt durch die kundenorientierte Rundumbearbeitung. Dies erfordert die ganzheitliche, geschlossene Betrachtung eines *funktionsübergreifenden Leistungsprozesses* vom ersten Schritt seiner Auslösung bis zum letzten Schritt der Vertragserfüllung über Stellen, Abteilungen und Unternehmensbereiche hinweg. Ziel ist die Realisierung von Synergie- oder Breiteneffekten („economies of scope"). Ein Unternehmen realisiert dann hohe horizontale Synergievorteile, wenn es durch eine

---

155 Die Realisierung von Spezialisierungvorteilen wird unter dem Aspekt der (statischen) Koordinationseffizienz bei Frese (1998) als Ressourcen- und Markteffizienz behandelt.

Minimierung von *Schnittstellen* die verschiedenen Aktivitäten in die Organisation des zu betrachtenden Leistungserstellungsprozesses einbinden kann wie es beispielsweise bei der Prozessorganisation der Fall ist. Aber auch in der produkt-und projektorientierten Organisation wird der Aufgabenzusammenhang innerhalb eines Bereiches nicht zerrissen. Dies deshalb, weil in prozess-, produkt- und projektorientierten Organisationen ein eindeutiger Fokus existiert, nämlich die Erstellung und der Vertrieb eines Produktes oder der erfolgreiche Abschluss eines Projektes.

Unter dynamischen Aspekten erfordert dies, dass Lernprozesse innerhalb und zwischen den Bereichen etabliert und gefördert werden müssen. Hinsichtlich der Effektivitätsdimension oder der Orientierungsanforderungen liegt der Schwerpunkt horizontaler Synergien deshalb auf der Entwicklung von Wissen, das das Integrationsvermögen des Unternehmens gewährleistet.[156] Die Generierung unternehmensspezifischer Fähigkeiten erfordert, dass die Organisationsmitglieder ihr Wissen und ihre Erfahrungen funktionsübergreifend einbringen können, damit die vielschichtigen Perspektiven berücksichtigt werden können und die Entwicklung dynamischer Kernkompetenzen möglich wird.

Während es bei der Realisierung von horizontalen Synergien um die organisationsinternen Schnittstellen geht, betrifft der Aspekt der vertikalen Synergien die Schnittstellen an den Unternehmensgrenzen zu externen Marktteilnehmern.

■ ***Vertikale Synergien***

Vertikale Synergien entstehen, wenn die optimale Fertigungstiefe realisiert wird. Es geht um die Frage des In- und Outsourcing, das heißt der vertikalen Fertigungsintegration von Teilen des Leistungserstellungsprozesses. Werden zur Verringerung der Leistungstiefe Teile der betrieblichen Wertschöpfungskette im Rahmen des Outsourcing auf vor- und nachgelagerte Unternehmen ausgelagert, so resultiert daraus eine geringere Fertigungskomplexität.[157] Im Gegensatz dazu zeichnete sich die Automobilproduktion zu Beginn dieses Jahrhunderts durch eine besonders hohe Fertigungstiefe aus. Henry Ford besaß zur Herstellung der Reifen auch noch die Kautschukplantagen in Südamerika. Im Zeitalter des Lean Management stellen Automobilproduzenten nur noch etwa 30 Prozent der Wertschöpfung eines Automobils selber her.[158] Daraus folgt: Vertikale Synergien werden heute weniger innerhalb des Unternehmens gesucht, sondern in der Konzentration auf unternehmenseigene Kernkompetenzen und dem Outsourcing von strategisch nicht relevanten Aktivitäten. Möchte ein Unternehmen vertikale Synergien erzielen, so muss es sich auf das konzentrieren, was es besonders gut kann. Die Entscheidung für eine „Make-or-buy"-Option beruht im Wesentlichen auf drei Faktoren: erstens auf der Qualität des bisher erwor-

---

156 Vgl. hierzu den Begriff des Verknüpfungswissens im Abschnitt 3.2.2.

157 Zum Begriff der Wertschöpfungskette vgl. Porter (1985) und siehe Kapitel IV.3.1.

158 Vgl. zum Lean Management Kapitel IV.2.2.

benen Fähigkeitenbündels, zweitens auf dem organisationalen Lernpotenzial zur Aneignung neuer sowie kritischer Reflektion bisheriger Fähigkeiten und drittens auf deren Eignung zur Erschließung neuer Märkte.[159] Festzuhalten bleibt, dass Unternehmen solche Leistungen über den Markt beziehen sollten, bei denen die Zulieferer über uneinholbare Spezialisierungsvorteile verfügen und die kein eigenes, unternehmensspezifisches Know-how verlangen. Es entstehen folgende Vorteile der Ressourcennutzung:

1. Der ROI kann maximiert werden, weil das Unternehmen seine Investitionen dort konzentriert, wo es seine Stärken hat.

2. Die Markteintrittsbarrieren gegenüber Konkurrenten werden erhöht.

3. Die Kernkompetenzen der Lieferanten werden optimal genutzt, weil diese ihrerseits ihre Investitionen dort konzentrieren, wo sie ihre Stärken haben.

Die Folge ist, dass die Unternehmen die Zahl ihrer Kernkompetenzen auf eine handvoll beschränken sollten. Unter Effektivitätsgesichtspunkten geht es dementsprechend nicht mehr nur um gegenwärtige Kostenvorteile, sondern um die Identifikation und Entwicklung unternehmensspezifischer, wissensbasierter Fähigkeiten, die nicht frei auf einem Markt gehandelt werden können.[160] Erst sie stellen die Basis eines schwer imitierbaren Wettbewerbsvorteils dar.

■ ***Qualität von Entscheidungen***

Qualität von Entscheidungen entsteht durch die Fähigkeit zur *Komplexitätsverarbeitung* im Entscheidungsprozess über alle verschiedenen Hierarchieebenen hinweg. Sie betrifft die vertikale Arbeitsteilung im Unternehmen und beinhaltet deshalb vor allem den Aspekt des Kompetenzspielraums. Vertikale Arbeitsteilung gibt es in Form von Standardisierung, Delegation und Partizipation.

- *Standardisierung* bedeutet, dass generelle Regelungen oder Aktivitätsfolgen für klar definierte Aufgaben festgelegt worden sind. Sie laufen im Wiederholungsfall mehr oder weniger routinisiert und gleichartig ab. Sie sind unpersönlich, das heißt, sie sind unabhängig vom einzelnen Individuum gültig. Standards sind die Programmierung bereits gelöster Probleme. Die Vor- und Nachteile der Standardisierung fasst die Tabelle in Abbildung 71 zusammen.

159 Vgl. Kogut/Zander (1992).
160 Vgl. hierzu ausführlicher Kapitel VI.1.3.

Vor- und Nachteile der Standardisierung		
	Vorteile	**Nachteile**
Kapazitätsaspekt	■ Routinen ermöglichen eine Entlastung ■ Möglichkeit einer größeren Kontrollspanne	■ Es besteht die Gefahr der Schematisierung und Entscheidungsüberlastung der Vorgesetzten
Aspekt der Entscheidungsvielfalt	■ Objektivierung und Stabilisierung von Entscheidungsprozessen wird ermöglicht	■ Es besteht die Gefahr des Flexibilitätsverlusts
Personenbezogener Aspekt	■ Willkürentscheidungen werden reduziert	■ Ohnmacht gegenüber dem „Apparat" ■ Monotonie

Abb. 71

- *Delegation* bedeutet die vertikale Abtretung von Befugnissen und Kompetenzen an eine nachgeordnete Stelle. Eine Entscheidungsaufgabe wird im Voraus in Teilentscheidungen aufgegliedert, sodass damit der Ermessens- und Entfaltungsspielraum untergeordneter Stellen erfasst wird („A oder B entscheidet").[161] Die betreffenden Aufgabenträger sollen dabei die Handlungsalternative realisieren, die am besten im Sinne der jeweiligen Zielvorgabe erscheint. Die Vor- und Nachteile der Delegation sind in der Tabelle in Abbildung 72 zusammengefasst.
- *Partizipation* bedeutet die Beteiligung von Organisationsmitgliedern an der Willensbildung einer hierarchisch höheren Ebene. Dies bedeutet, dass die Untergebenen und ihre Vorgesetzten anfallende Entscheidungen gemeinsam treffen („A und B entscheiden gemeinsam"). Wichtig ist, dass die Partizipenten Einfluss auf den Verlauf und den Ausgang von Entscheidungsprozessen nehmen können. die Vor- und Nachteile der Partizipation sind in Abbildung 73 zusammengefasst.

  Es lassen sich verschiedene Stufen der Partizipation unterscheiden, die davon abhängen, inwieweit die Mitarbeiterinnen und Mitarbeiter in Entscheidungsprozesse einbezogen werden. In Abbildung 74 werden die Abstufungen verdeutlicht.

161 Die Delegation von Entscheidungsbefugnissen beinhaltet neben der Zuweisung von Aufgaben auch die für die Aufgabenerfüllung notwendigen Weisungsrechte.

Vor- und Nachteile der Delegation		
	Vorteile	**Nachteile**
Kapazitätsaspekt	■ Die Vorgesetzten werden entlastet ■ Sie können sich auf wichtige Entscheidungen konzentrieren	■ Höhere Qualifikation der Mitarbeiterinnen und Mitarbeiter nötig
Aspekt der Entscheidungsvielfalt	■ Entscheidungen werden „vor Ort" gefällt	■ Klare Situationsdefinition ist nötig
Personenbezogener Aspekt	■ Positive Lernprozesse fördern die fachliche Kompetenz	■ Die Leistungs- und Qualifikationsanforderungen steigen

Abb. 72

Vor- und Nachteile der Partizipation		
	Vorteile	**Nachteile**
Kapazitätsaspekt	■ Raum für intensivere Kommunikation ■ Der Widerstand bei der Umsetzung ist geringer	■ Echte Partizipationist nur mit wenigen Mitarbeitern möglich, das erfordert eine kleine Leitungsspanne
Aspekt der Entscheidungsvielfalt	■ Höhere Wissensintegration: neues, gemeinsames Wissen wird gebildet ■ Irrtumsausgleich	■ Es kann Gruppen- und Kompromissdenken entstehen
Personenbezogener Aspekt	■ Die Identifikationsmöglichkeit mit dem Entscheidungsergebnis fördert die intrinsische Motivation	■ Nicht diskussionsgewandte Mitarbeiter können leicht demotiviert werden

Abb. 73

Aus den Abbildungen 71 bis 74 kann man schließen, dass Delegation und Standardisierung zwar zu effizienten und schnellen Entscheidungen führen, weil die Vorgesetzten entlastet werden. Sie führen aber nicht zu effektiven und flexiblen Entscheidungen, weil sie zwei Bedingungen voraussetzen:

1. *Klare Situationsdefinition*
   Diese ist dann gegeben, wenn die Situation durch eindeutige Kennziffern charakterisiert werden kann. Dies wäre beispielsweise dann der Fall, wenn die strategische

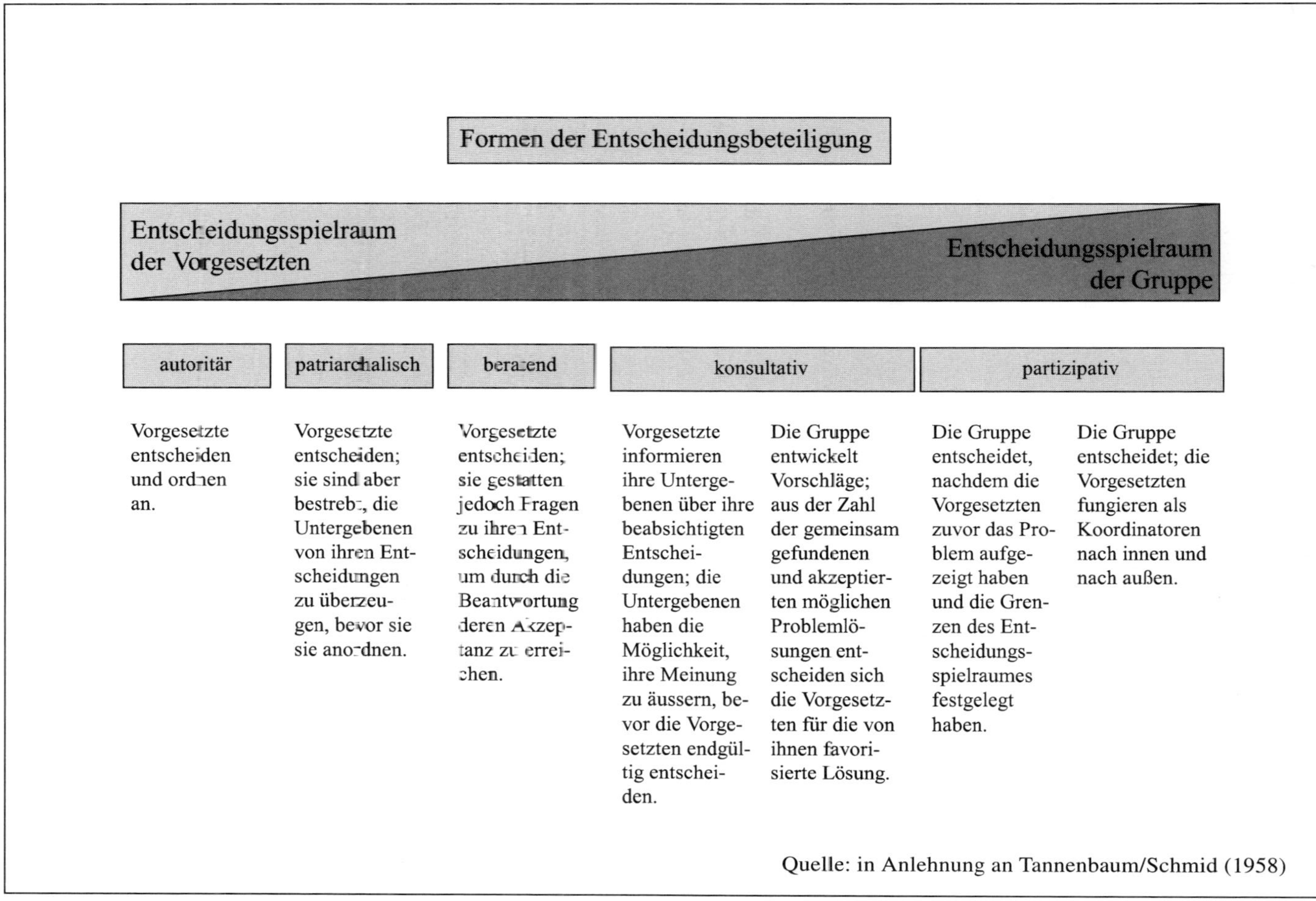
Formen der Entscheidungsbeteiligung
Entscheidungsspielraum der Vorgesetzten
Entscheidungsspielraum der Gruppe
autoritär
patriarchalisch
beratend
konsultativ
partizipativ
Vorgesetzte entscheiden und ordnen an.
Vorgesetzte entscheiden; sie sind aber bestrebt, die Untergebenen von ihren Entscheidungen zu überzeugen, bevor sie sie anordnen.
Vorgesetzte entscheiden; sie gestatten jedoch Fragen zu ihren Entscheidungen, um durch die Beantwortung deren Akzeptanz zu erreichen.
Vorgesetzte informieren ihre Untergebenen über ihre beabsichtigten Entscheidungen; die Untergebenen haben die Möglichkeit, ihre Meinung zu äussern, bevor die Vorgesetzten endgültig entscheiden.
Die Gruppe entwickelt Vorschläge; aus der Zahl der gemeinsam gefundenen und akzeptierten möglichen Problemlösungen entscheiden sich die Vorgesetzten für die von ihnen favorisierte Lösung.
Die Gruppe entscheidet, nachdem die Vorgesetzten zuvor das Problem aufgezeigt haben und die Grenzen des Entscheidungsspielraumes festgelegt haben.
Die Gruppe entscheidet; die Vorgesetzten fungieren als Koordinatoren nach innen und nach außen.
Quelle: in Anlehnung an Tannenbaum/Schmid (1958)

Abb. 74

Bedeutung einer Investition immer durch die Höhe der Investitionssumme gekennzeichnet werden könnte.

2. *Umfassender Wissensstand der Vorgesetzten*
   Nur wenn die Vorgesetzten ein umfassenderes Wissen haben als alle Mitarbeiter ihrer Abteilung zusammen, wird durch Standardisierung und Delegation die Qualität der Entscheidungen gefördert. Beides bedeutet nämlich, dass die wichtigen Sachverhalte von den Vorgesetzten vorentschieden werden. Entscheidungen werden sozusagen von oben nach unten „kleingearbeitet", in dem Informationen hierarchisch weitergeleitet werden. Damit geht ein erheblicher Verlust von Kontextwissen, das heißt dem Wissen über den Enstehungszusammenhang von Problemen einher. Delegation und Standardisierung sind deshalb nur auf geschlossene Probleme anwendbar. Bei offenen Problemen hingegen führen starre Standardisierungs- oder Delegationsregeln zu strategischen Inflexibilitäten. Die Mehrzahl der Vorgesetzten dürfte durchaus auf das Wissen ihrer Mitarbeiterinnen und Mitarbeiter angewiesen sein. Dieses Wissen wird aber erst bei partizipativer Entscheidungsfindung mobilisiert. Darüber hinaus fördert Partizipation die Motivation.

Unter Effektivitätsgesichtspunkten bedeutet Qualität der Entscheidung das Lösen von offenen Problemen. Dies bedingt Partizipation und intersubjektive Interaktions- und Kommunikationsprozesse zwischen den Organisationsakteuren, damit ihr Kontextwissen beispielsweise über den Entstehungszusammenhang bestimmter Problemstellungen in die Entscheidungsprozesse miteinfließen kann und ein gemeinsames Wissen entwickelt wird.

Aspekte der Motivation

Neben den Fertigkeiten und Fähigkeiten der Organisationsmitglieder trägt auch deren Motivation als wesentliche Bestimmungsgröße menschlichen Handelns unmittelbar zum Unternehmenserfolg bei. Motivation ist der *Antrieb zum Handeln* und umfasst jenen Teil des menschlichen Handelns, der ihm Richtung, Stärke und Dauer verleiht.[162] Sie ist die Energie, die Individuen für eine bestimmte Handlung aktiviert.[163] Im unternehmerischen Kontext ist Motivation kein Selbstzweck, sondern sollte simultan die Koordinations- und Orientierungsaufgaben unterstützen.

Deshalb müssen bei der Organisationsgestaltung *Motivierungspotenziale* geschaffen werden, die das Entstehen zielorientierter Motivation fördern.[164]

In der Motivationspsychologie werden zwei Formen der Motivation unterschieden, die extrinsische und die intrinsische Motivation. Beide Komponenten der Motivation sind wichtig.

---

162 Vgl. Weiner (1994).
163 Vgl. Wächter (1990).
164 Vgl. Frey/Osterloh (2001), Kleinbeck/Quast (1992).

- *Extrinsische Motivation*
  Die extrinsische Motivation beruht auf einem Antrieb durch externe Belohnung und Bestrafung. Beispiele sind Geld, Anerkennung oder Status. Externe Anreize dienen als Mittel zum Zweck der Bedürfnisbefriedigung und nicht zur unmittelbaren Bedürfnisbefriedigung selbst. Sie sollen Organisationsmitglieder dazu veranlassen, ihre eigenen Ziele mit denen des Unternehmens zu koppeln.[165] Belohnungen und Bestrafungen haben nur dann eine externe Anreizwirkung, wenn die Leistungsanforderungen klar definiert sind und die erbrachte Leistung eindeutig zugerechnet und kontrolliert werden kann. Extrinsische Motivation kann deshalb lediglich dem Ziel der Effizienz (*„doing the things right“*) dienen. Deshalb ist „pay for performance“ das ideale Anreizsystem für die extrinsische Motivation. Sie ist dann ausreichend, wenn klar definiert ist, was zu tun ist. In komplexen, schwer überschaubaren Situationen, die den heutigen Wettbewerb kennzeichnen, ist dies nicht mehr der Fall. Immer dann ist intrinsische Motivation unverzichtbar.

- *Intrinsische Motivation*
  Die intrinsische Motivation trägt auf unmittelbare Weise zur Bedürfnisbefriedigung bei. Sie entsteht aus Interesse an der Tätigkeit oder der Sache selbst. Intrinsisch motiviert ist, wer eine Tätigkeit um ihrer selbst willen ausübt.[166] Effizienz muss durch Effektivität (*„doing the right things“*) ergänzt werden. In diesem Fall kann die Motivation fast nie mit Geld, Incentive-Reisen, Dienstwagen oder anderen Statussymbolen erzeugt werden, sondern nur über einen interessanten und herausfordernden Arbeitsinhalt.

Die Bedeutung der *intrinsischen Motivation* ergibt sich aus zahlreichen empirischen Untersuchungen, die zeigen, dass die direkte Leistungskontrolle in immer weniger Arbeitsbereichen möglich ist.[167] Daraus folgt, dass die intrinsische Motivation zunehmend wichtiger wird.[168] Dennoch wird sie in Theorie und Praxis sträflich vernachlässigt.[169] Diese Vernachlässigung ist deshalb besonders schwerwiegend, weil empirische Untersuchungen zeigen, dass extrinsische Motivierung die intrinsische Motivation zerstören kann, dies sogar über die Bereiche hinaus, die extern sanktioniert werden:[170] Wenn Eltern ihre Kinder mit Geld für Schulaufgaben belohnen, so kann es passieren, dass das Kind Schulaufgaben nur noch gegen Geld macht. Im schlimmsten Falle gibt es einen *Spill-over-Effekt,* nämlich dann, wenn das Kind daraufhin auch den Müll nur noch gegen Geld nach draußen bringt. Das passiert immer dann, wenn der kontrollierende Aspekt einer extrinsischen Motivierung

---

165 Vgl. Schanz (1991).
166 Vgl. Deci (1975).
167 Vgl. zum Beispiel Kern/Schumann (1990).
168 Vgl. Sprenger (2000) und Kohn (1994).
169 In der neoklassischen Ökonomie wird die intrinsische Motivation im Allgemeinen sogar explizit ausgeklammert, vgl. zum Beispiel Milgrom/Roberts (1992).
170 Vgl. Deci/Ryan (1985).

den informierenden übersteigt.[171] Belohnung hat nämlich zwei Aspekte, einen kontrollierenden und einen informierenden. Überwiegt der *informierende Aspekt,* wird dadurch das Gefühl der Kompetenz und der Selbstkontrolle und damit die intrinsische Motivation gestärkt. Überwiegt der *kontrollierende Aspekt,* wird die Verantwortung für die Aktivität dem Kontrollierenden zugerechnet; die intrinsische Motivation wird dadurch reduziert. Den gleichen Effekt haben Weisungen oder Strafen. Auch sie reduzieren das Gefühl der Selbstkontrolle. Aktivitäten zu bezahlen, kann deshalb einen *Verdrängungs-Effekt* auslösen.[172] Der ursprünglich angestrebte leistungserhöhende Effekt der extrinsischen Motivierung kann auf diese Weise bewirken, dass die Organisationsmitglieder nur noch gegen Belohnungen arbeiten.

Die Bedeutung der *extrinsischen Motivation* darf dennoch nicht unterschätzt werden. Die intrinsische Motivierung hat nämlich auch Nachteile. Zum *Ersten* ist sie viel schwieriger als die extrinsische Motivation zu erzeugen. Betriebsausflüge und Weihnachtsessen erreichen nicht immer die gewünschte Wirkung. Zum *Zweiten* ist die Richtung der intrinsischen Motivation nicht punktgenau zu beeinflussen. Schließlich geht es nicht um intrinsische Motivation schlechthin, sondern um Motivation in die gewünschte Richtung. Mitarbeiter in Unternehmen sollen ihre eigenen Ziele möglichst auf das Unternehmensziel ausrichten. Daraus resultiert zum Dritten, dass intrinsische Motivation nicht immer einen positiven Inhalt hat. Rachsucht, Neid und Geltungssucht sind Beispiele dafür.

Die Nachteile der intrinsischen Motivation sind die Vorteile der extrinsischen Motivation. Deshalb kann man auf die extrinsische Motivierung nicht verzichten. Allerdings muss die extrinsische Motivierung so ausgestaltet werden, dass sie die intrinsische Motivation fördert und nicht zerstört.

Wie muss das *Verhältnis* zwischen intrinsischer und extrinsischer Motivation beeinflusst werden, damit die extrinsische Motivation zugleich die intrinsische Motivation fördert? Wie festgestellt, hat die extrinsische Motivation einen kontrollierenden und einen informierenden Aspekt. Der *kontrollierende* Aspekt dient der Fremdsteuerung, das heißt der Steuerung durch die Vorgesetzten. Der *informierende* Aspekt dient der Selbststeuerung, das heißt der Steuerung durch die eigene Person. Die extrinsische fördert dann die intrinsische Motivation, wenn der informierende Aspekt den kontrollierenden übersteigt, das heißt wenn man eine Rückkoppelung über die Qualität der eigenen Leistung bekommt. Der Oscar in Hollywood oder die Goldmedaille bei den Olympischen Spielen fördert die extrinsische *und* die intrinsische Motivation ebenso wie die Ehrung als „Mitarbeiter des Monats" oder „Unternehmerin des Jahres".

---

171 Vgl. Weiner (1988) und Osterloh/Gerhard (1992). Zum motivationalen Spill-over-Effekt vgl. Frey (1994a, 1994b) und Frey/Osterloh (1997).

172 Vgl. zum Verdrängungseffekt Frey (1997) und Frey/Osterloh (1997, 2001).

3.2.2 Die Orientierungsaufgabe: Realisierung von Effektivität

In der Effektivitätsdimension geht es um die Fähigkeit einer Organisation, Antworten auf neuartige Problemstellungen zu finden. Der Fokus liegt auf der Frage, wie Unternehmen organisiert sein müssen, damit organisatorisches Wissen und dynamische Kernkompetenzen entwickelt werden können. Organisationen lösen ihr Orientierungsproblem und realisieren Effektivität, wenn es ihnen gelingt, ihre eigenen, unternehmensspezifischen Lösungen zu entwickeln. Aus diesem Grund können in der Effektivitätsdimension keine konkreten inhaltlichen Beispiele angegeben werden. Vielmehr wollen wir dort verschiedene Formen organisationalen Wissens vorstellen. Sie beeinflussen die formalen, in Gestaltungsmodellen „sichtbar abbildbaren", organisatorischen Strukturen und Regelungen.[173]

Den Unterschied zwischen Effizienz und Effektivität wollen wir zunächst noch einmal anhand zweier wichtiger Unterscheidungen zum organisationalen Lernen deutlich machen. Es handelt sich sowohl um die Differenzierung von *Niveaus des Lernens* als auch um die Formen der *Wissensübertragung* zwischen implizitem und explizitem Wissen. Auf dem Hintergrund der Aussagen zum Wissenserwerb und der Wissensübertragung können wir anschließend die in Spalte 2 entwickelten Formen des organisationalen Wissens verdeutlichen.

Niveaus des Lernens

Lernen ist der Erwerb von Wissen. Wissen ist mehr als Information:[174] Information ist ein Fluss von zweckorientierten Nachrichten, das heißt Know-what. Es ist die notwendige Voraussetzung zur Generierung von Wissen. Allerdings werden Informationen erst dann zu Wissen transformiert, wenn sie auf dem Hintergrund von Vorwissen interpretiert und Bestandteil der persönlich verfügbaren Handlungsschemata werden. Damit entsteht Wissen erst durch Verknüpfung der Informationen mit bereits vorhandenem Vorwissen, das heißt Know-why.

Know-why kann auf drei verschiedenen Lernniveaus erworben werden: Single-loop-, Double-loop- und Deutero Lernen:[175] Alle drei Lernniveaus sind notwendig, um die verschiedenen Formen des Wissens entwickeln zu können.

- **Single-loop-Lernen**
  Single-loop-Lernen ist Lernen in einer einzigen Feedback-Schleife („Einkreislernen"): Der Ist-Zustand wird mit dem Soll-Zustand verglichen. Bei Abweichungen erfolgt eine Anpassung. Jedoch werden weder die Soll-Zustände (Ziele, Bezugs-

173 Vgl. Starbuck (1992).

174 Deshalb kann man Informationen wie andere Güter handeln, Wissen hingegen nicht.

175 Vgl. Argyris/Schön (1978).

rahmen, Werte und Normen) hinterfragt, noch die Ursachen der Abweichung theoretisch analysiert. Um Single-loop-Lernen handelt es sich, wenn man ungefragt einmal festgelegte Ziele (zum Beispiel durch Management by Objectives) erfüllt, ohne zu hinterfragen, ob diese Ziele auch bei sich ändernden Rahmenbedingungen noch angemessen sind.

- **Double-loop-Lernen**
  Double-loop-Lernen ist Lernen in einer doppelten Feedback-Schleife („Zweikreislernen"). In dieser wird nicht nur ein Soll-Ist-, sondern auch ein Soll-Soll-Vergleich angestellt. Dies bedeutet: Ziele, Normen und Werte werden auf dem Hintergrund von Theorien oder Bezugsrahmen hinterfragt. Das setzt voraus, dass sich die Organisationsmitglieder zunächst über die verschiedenen Sichtweisen eines Problems verständigen. Sie lernen, sich in verschiedene Perspektiven hineinzuversetzen, beispielsweise ein Problem nicht nur aus der Sicht der Produktion zu betrachten, sondern auch die unterschiedlichen Sichtweisen des Einkaufs, des Marketings oder des Personalwesens einzubringen. Durch gemeinsame Kommunikation entwickeln sie einen neuen ganzheitlichen Bezugsrahmen. Dazu ist – im Gegensatz zum reinen Single-loop-Lernen – ein intensiver Kommunikationsprozess nötig.

- **Deutero-Lernen**
  Deutero-Lernen heißt Lernen des Lernens.[176] Die Organisationsmitglieder lernen, mit Single-loop- und Double-loop-Lernen reflektiert umzugehen. Erst mit dieser dritten Ebene entsteht ein unternehmensweites Bewusstsein über die Existenz und den Ablauf von Lernprozessen: Man lernt einzuschätzen, in welchen Situationen Single-loop-Lernen unvermeidlich ist (zum Beispiel bei notwendiger Standardisierung oder beim Gebrauch von entlastenden Routinen) und wann Double-loop-Lernen angebracht ist (zum Beispiel wenn sich die Marktgegebenheiten ändern oder unterschiedliche kulturelle Bezugsrahmen aufeinander prallen). Die Organisationsmitglieder sollen den flexiblen Umgang mit Problemschließung und Problemöffnung lernen, das heißt die gleichzeitige Verwirklichung von Effizienz und Effektivität.[177]

Single-loop-Lernen führt nur zur Effizienz (*doing the things right*). Erst Double-loop- und Deutero-Lernen ermöglichen auch Effektivität (*doing the right things*).

176 Deutero heißt griechisch „der Zweite". Ursprünglich wurde Single-loop-Lernen als Lernen auf der Stufe null, Double-loop-Lernen als Lernen auf der Stufe eins und Deutero-Lernen als Lernen auf der Stufe zwei gekennzeichnet.

177 Vgl. zur Problemöffnung und Problemschließung Kapitel V.3.2.1.

Die Unterscheidung von explizitem und implizitem Wissen

Der Entwicklung unternehmensspezifischer Orientierungsmuster liegt ein Wissen zugrunde, das nicht vollständig explizit ausformuliert ist, sondern als *impliziter* Bestandteil in den Köpfen der Organisationsmitglieder verankert ist. Aus diesem Grund ist es für die Konkurrenz schwer imitierbar und kann deshalb vom Unternehmen als Quelle für einen nachhaltigen Wettbewerbsvorteil verwendet werden. Die Unterscheidung zwischen explizitem und implizitem Wissen ist von Polanyi (1985) geprägt worden.

- *Explizites Wissen* ist schriftlich oder symbolisch darstellbar und kann leicht multipliziert werden. Dieses Wissen wird in Büchern, Zeitungen, technischen Zeichnungen, im Internet oder durch E-Mails verbreitet und ist deshalb auch käuflich erwerbbar.

- *Implizites Wissen* („tacit knowledge") kann nicht gekauft oder gehandelt werden, weil es im Unterschied zu explizitem Wissen nicht in Buchstaben, Zahlen oder Zeichnungen darstellbar ist. Es existiert nur in den Köpfen und Fähigkeiten der Menschen, die es beherrschen. Implizites Wissen bedeutet, „dass wir mehr wissen, als wir zu sagen wissen".[178] Dazu gehören einerseits Intuition, „Fingerspitzengefühl", die Fähigkeit, ein Gesicht unter Tausenden wiederzuerkennen, ansozialisierter Habitus oder kulturelle Deutungsmuster. Andererseits beinhaltet es die Beherrschung körperlicher Routinen, wie Radfahren, Skifahren oder die komplexe Feinmotorik einer Zahnärztin. All diese Fähigkeiten kann ein Mensch nicht ausschließlich aus Büchern lernen, sondern sie erfordern „learning by doing" und persönlichen Kontakt mit Menschen, die dieses Wissen schon beherrschen.

Implizites Wissen stellt die Grundvoraussetzung der schweren Imitierbarkeit, der begrenzten Verfügbarkeit und der Unternehmensspezifität von Ressourcen dar, wenn es gelingt, dieses Wissen organisatorisch zu verankern.[179] Dafür gibt es zwei Gründe:

- Zum einen ist implizites Wissen viel schwerer und kostspieliger zu übertragen als explizites Wissen. Seine Übertragung und Verbreitung setzt Personen und nicht bloß Informationstechnologien voraus.

- Zum anderen kann implizites Wissen nur von denjenigen genutzt werden, die an seiner Produktion beteiligt waren. Beispielsweise kennen nur die Entwickler und Entwicklerinnen eines Software-Programms ihr Produkt in- und auswendig.

178 Vgl. Polanyi (1985, S. 14).
179 Vgl. zum Beispiel Van Krogh/Venzin (1995); Nonaka/Takeuchi (1997) und Frost (1998).

Formen der Wissensübertragung

Im Wechselspiel („knowledge conversion“) zwischen implizitem und explizitem Wissen liegt die zentrale Anforderung für die Entwicklung organisationalen Wissens.[180] Organisationales Wissen bedeutet nicht, dass jeder alles wissen muss. Sonst würde die Wissenskapazität einer Organisation nicht über die eines einzelnen Kopfes hinausgehen. Organisationales Wissen wird typischerweise in Form von Regeln und Routinen gespeichert. So stellt etwa die Spezialistin für Controlling Regeln über die Kostenerfassung auf, die die anderen Organisationsmitglieder befolgen, ohne ihrerseits Controlling-Spezialisten zu sein. Diese Regeln stellen kristallisiertes, vormals implizites Wissen dar. Ihre richtige Anwendung erfordert wiederum implizites Wissen.

Für diese spezifische Kombination von implizitem und explizitem Wissen gibt es keine externen Beschaffungsmöglichkeiten. Nach außen hin ist es lediglich über seine Wirkungen sichtbar. Organisationales Wissen kann nicht gemessen und nicht bilanziert werden. Dennoch trägt es wesentlich zum Unternehmenserfolg bei.

Es ist das Verdienst von Nonaka und Takeuchi (1997), die Kombination von explizitem und implizitem Wissen zu vier verschiedenen Formen der Wissensübertragung verdichtet und in einem Vier-Felder-Schema anschaulich gemacht zu haben. Dieses ist in Abbildung 75 dargestellt.

1. Die *Sozialisation* überträgt Wissen „von implizit zu implizit“, das heißt ohne Sprache. Diese Übertragung geschieht vielmehr durch Beobachtung, Nachahmung und Übung. Gemeinsam geteilte Erfahrungen bilden die Grundlage der Sozialisation. Weil das durch Sozialisation übertragene Wissen intransparent und nur in geringem Ausmaß multiplizierbar ist, wird in einem weiteren Schritt versucht, dieses Wissen zu explizieren.

2. Die *Externalisierung* überträgt Wissen „von implizit zu explizit“, vorwiegend über die Benutzung von Analogieschlüssen und Metaphern. Aus der Zusammenarbeit und Interaktion verschiedener Organisationsmitglieder resultiert in dieser Phase die Formulierung von Konzepten und gemeinsamen Zielvorstellungen.

3. Die *Kombination* überträgt Wissen „von explizit zu explizit“. Das in der Externalisierung artikulierte Wissen soll standardisiert und organisationsweit zugänglich gemacht werden. Kombination findet in der Regel durch soziale Prozesse statt, etwa durch Meetings und Telefongespräche, aber auch durch E-Mails.[181] Im klassischen Informationsverarbeitungsparadigma wird nur diese Form der Wissensübertragung betrachtet.

---

180 Vgl. Nonaka/Takeuchi (1997).

181 Hingegen haben „Face-to-face“-Kontakte oder Telefongespräche immer auch eine „implizite Dimension“.

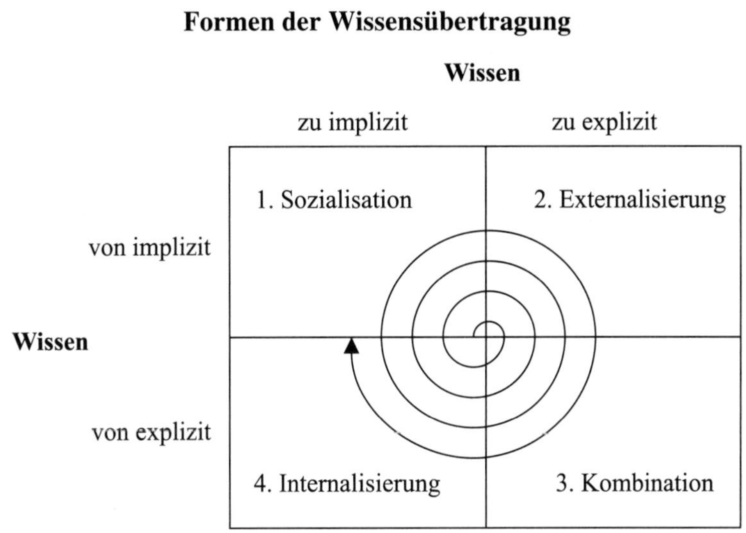

Quelle: Nonaka/Takeuchi (1997, S. 84)

Abb. 75

4. Mit der *Internalisierung* schließt sich der Kreislauf der vier Formen der Wissensübertragung. Die Internalisierung überträgt Wissen von „explizit zu implizit", vorwiegend über gemeinsames Handeln, Experimentieren und die Entwicklung von Routinen auf einer höheren, komplexeren Ebene.[182] Durch iterative „Trial-and-error"-Prozesse und „learning by doing" entsteht habitualisiertes Verhalten. Die verbalisierten Erfahrungen werden internalisiert. Sie stellen die Regeln und Routinen dar, über die in der Organisation Wissen transferiert und diffundiert wird, ohne das jeder alles wissen muss.

Im Idealfall führen diese vier Formen der Wissensübertragung zu einer sich selbst verstärkenden Spirale. Das über Internalisierung routinisierte Wissen wird per Sozialisation weitergegeben, über Externalisierung multiplizierbar gemacht, über Kombination mit neuem Wissen verknüpft und wieder internalisiert. Dann beginnt der Kreislauf von neuem, auf einem höheren, das heißt komplexeren Niveau. Welcher Zusammenhang besteht zwischen der Wissensspirale und der Qualität von Entscheidungen? *Effiziente* Zielverwirklichung findet nur durch die Wissensübertragung in Form der „Kombination" statt. Sie berücksicht ausschließlich die explizite Form des Wissens. Deshalb kommt sie mit Single-loop-Lernen

182 Beispielsweise wenn die Fahrlehrerin dem Fahrschüler das Schalten eines Autos beibringt: Zuerst wird explizit die Reihenfolge und Kombination der Hand- und Fußbewegungen erklärt, um später nur noch die Anweisung zu geben, „Schalte in einen höheren Gang".

aus. Zur Lösung des Orientierungsproblems und zur Realisierung von *Effektivität* sind hingegen alle vier Formen der Wissensübertragung relevant, wobei dem impliziten Wissen in Form der Sozialisation, Externalisierung und Internalisierung besondere Bedeutung zukommt.[183] Diese drei Formen setzen interaktive Interpretationsleistungen voraus und erfordern Double-loop- und Deutero-Lernen. Implizites Wissen ist zur Orientierung in einer turbulenten und komplexen Umwelt nötig. Wissenserwerb ist immer zugleich mit Interpretationen verbunden. Interpretationen weisen immer auch einen hohen Anteil impliziten Wissens auf wie beispielsweise Wissen um kulturelle Selbstverständlichkeiten oder darüber, wie man sich in bestimmten Situationen benimmt. Deshalb sind Delegation und Standardisierung zur Wissensverteilung nicht ausreichend. Sie umfassen nur die Wissensübertragung „von explizit zu explizit". Statt dessen ist Partizipation, das heißt Interaktion in Teams, die notwendige Voraussetzung für gemeinsam geteiltes Wissen.

Formen organisationalen Wissens

- *Komponentenwissen*
  Komponentenwissen ist das funktionale Spezialistenwissen *how to do* it innerhalb von spezialisierten Bereichen. Es handelt sich dabei in der Regel um eine funktionsbezogenes Wissen. Es trägt nicht nur zum Spezialisierungsvorteil bei, sondern erhöht auch die absorptive Kapazität in den einzelnen Unternehmensbereichen, zum Beispiel der Forschungs- und Entwicklungsabteilung. Die Bedeutung dieses Wissens ergibt sich aus empirischen Untersuchungen, die besagen, dass Unternehmen mit einer eigenen Forschung und Entwicklung besser in der Lage sind, externe Informationen über Innovationen sinnvoll zu nutzen als Unternehmen ohne eigene F & E.[184] Aus diesem Grund ist Komponentenwissen, wie es in ,,Centers of Excellence", Kompetenzzentren, ,,Think Tanks" oder allgemein in Zentralbereichen erzeugt wird, unverzichtbar, weil es als fachliches Wissen den wesentlichen ersten Grundstock jeglicher organisationaler Leitungsfähigkeit darstellt. Entscheidend ist aber, dass sich diese Zentralbereiche als *funktionale Schulen* verstehen, die systematisch den Stand des Wissens zusammenfassen, neues Wissen erwerben und damit die Grundlage für das Verknüpfungswissen erzeugen.

- *Verknüpfungswissen*
  Verknüpfungswissen („architectural knowledge") beschreibt die Fähigkeit der Organisation, die verschiedenen Bausteine des Komponentenwissens in immer wieder neuen und flexiblen Weisen miteinander, aber auch mit neuem Wissen sowie den Fertigkeiten der Organisationsmitglieder zu verknüpfen. Ziel ist die Realisierung horizontaler Sy-

183 Es ist vor allem die „Tacit-Dimension", die für die Nicht-Imitierbarkeit von Unternehmensressourcen ausschlaggebend ist. Deren Übertragung im Wege der Sozialisation und Internalisierung begründet die Kultur eines Unternehmens. Aus dieser Perspektive wird in Zukunft die Diskussion um die Unternehmenskultur eine neue und aktuelle Bedeutung erhalten.

184 Vgl. Cohen/Levinthal (1990).

nergien. Durch Verknüpfungswissen erfährt ein Unternehmen Zusammenhäng, das heißt verfügt über Wissen *how to combine it.* Es steuert die Beziehungen zwischen den einzelnen Unternehmensbereichen und Abteilungen. Deshalb ist Verknüpfungswissen Voraussetzung für die kundenorientierte Rundumbearbeitung, aber auch für Simultaneous Engineering. Verknüpfungswissen kann durch Rotation zwischen den funktionalen Spezialabteilungen („Centers of Excellence") und den produkt-, projekt- oder prozessorientierten Bereichen in einem *„Lern-Anwendungs-Lern-Kreislauf"* gefördert werden.[185] Eine weitere Möglichkeit zur Erzeugung von Verknüpfungswissen sind überlappende Gruppenstrukturen oder die Matrix-Organisation.

- *Firmenspezifisches Wissen*
  Firmenspezifisches Wissen wird als ein Set von Kernfähigkeiten für die Erzeugung schwer imitierbarer und schwer substituierbarer Ressourcen definiert, das heißt Wissen *how to generate it.* Möchte ein Unternehmen vertikale Synergien erzielen, so muss es sich auf das konzentrieren, was es besonders gut kann. So hat beispielsweise das US-amerikanische Unternehmen Nike die Schuhproduktion zu 100 Prozent im Wege des Outsourcing ausgelagert und stellt nur noch technische Schlüsselkomponenten seines berühmten Nike Air-Systems für Sportschuhe selber her. Nike konzentriert sich auf produktionsvor- und -nachgelagerte Bereiche wie Forschung und Entwicklung („preproduction"), Marketing, Distribution und Verkauf („postproduction").

- *Gemeinsam geteiltes Wissen*
  Gemeinsam geteiltes Wissen umfasst die Fähigkeit, Wissen möglichst vielen Mitgliedern der Organisation zugänglich zu machen, das heißt *how to disperse it.* Es ist zur Orientierung in einer turbulenten und komplexen Umwelt nötig. Gemeinsam geteiltes Wissen geht jedoch weit über die bloße Zusammenfassung der individuellen Fägihkeiten und Fertigkeiten der einzelnen Organisationsmitglieder hinaus. Schließlich kann das für den erfolgreichen Aufbau dynamischer Kernkompetenzen benötigte Orientierungs- und Integrationsvermögen nicht von einem einzelnen Organisationsmitglied erfasst und artikuliert werden. Es verfügt in der Regel nur über einen bestimmten Ausschnitt der organisatorischen Wissensbasis. Gemeinsam geteiltes Wissen beinhaltet deshalb immer Prozesse der Kollektivierung insbesondere des impliziten individuellen Wissens. Bei gemeinsam geteiltem Wissen ist der Wissenserwerb immer zugleich mit Interpretationen verbunden. Interpretationen weisen immer auch einen hohen Anteil impliziten Wissens auf, wie beispielsweise Wissen um kulturelle Selbtverständlichkeiten oder darüber, wie man sich in bestimmten Situationen benimmt. Sie umfassen nur Wissensübertragung „from explicit to explicit knowledge". Stattdessen ist Partizipation, das heißt Interaktion in Teams, die notwendige Voraussetzung für gemeinsam geteiltes Wissen.

---

185 Vgl. Womack/Jones (1994).

- *Kontextwissen*
  Kontextwissen ist zu einem hohen Teil alltagsweltliches Wissen, das mehr beinhaltet als „*contracts can say*".[186] Es wird im Wesentlichen durch *learning by doing* vermittelt und kann nicht mit Sanktionen erzwungen werden.[187] Deshalb setzt Kontextwissen intrinsische Motivation voraus. Dies macht folgende Überlegung deutlich: Die Forschung zur künstlichen Intelligenz zeigt, dass Expertensysteme nur einen sehr engen Bereich von Wissen abdecken. An den Grenzen des im Expertensystem modellierten Wissens sinkt dessen Kompetenz abrupt auf Null.[188] Im Gegensatz dazu betten menschliche Problemlöser ihr Expertenwissen im mehrere Schichten von Kontextwissen ein. Dieses können sie heranziehen, wenn ihr begrenztes Expertenwissen versagt, wie in folgender Abbildung deutlich wird.

Kliff- und Plateau-Effekt

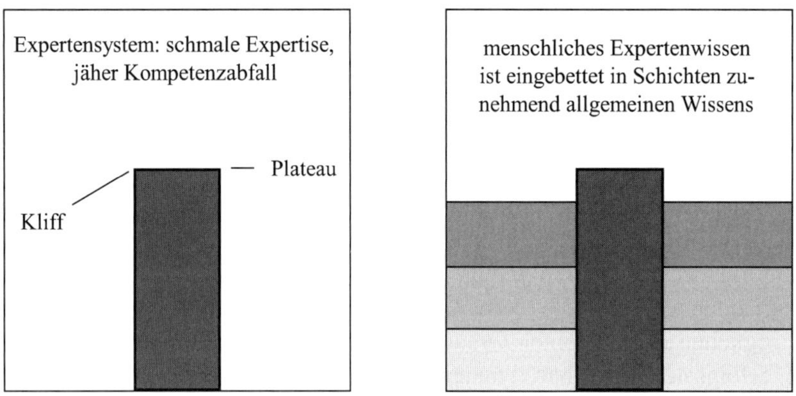

Quelle: Meyer-Fujara/Puppe/Wachsmuth (1993, S. 722)

Abb. 76

Kontextwissen ist eine wichtige Voraussetzung für Alternativgenerierung und damit für die Schaffung von dynamischen Kernkompetenzen. Die Bereitstellung von implizitem Kontextwissen kann nicht erzwungen werden, sondern muss von den Organisationsmitgliedern

186 Kogut/Zander (1992).
187 Vgl. Müller-Stevens/Osterloh (1996).
188 Vgl. zum Kliff- und Plateau-Effekt: Meyer-Fujara/Puppe/Wachsmuth (1993, S. 722).

freiwillig erbracht werden. Sie setzt deshalb intrinsische Motivation voraus. Das Wissen und Können der Organisationsmitglieder entfaltet seinen Wert erst durch die Einbettung in spezifische organisationale „settings“.

Alle genannten Wissensformen erfordern ein Lernen jenseits des Single-loop-Lernens auf der Ebene des Double-loop- und Deutero-Lernens. Sie beinhalten alle zu einem hohen Ausmaß implizites Wissen, das heißt, sie setzen gemeinsames Handeln und gemeinsame Erfahrungen voraus. Die organisatorischen Konsequenzen dieser Erkenntnis behandeln wir im nächsten Kapitel. Wir erläutern zunächst, wann das Prozessmanagement zu einer dynamischen Kernkompetenz im Sinne der „Stretch“-Idee führt. Anschließend gehen wir darauf ein, wie aus dynamischen Kernkompetenzen strategisch relevante Kernprozesse generiert werden.

ERGEBNIS VON KAPITEL V

- Organisation ist dann eine dynamische Kernkompetenz, wenn sie Effizienz (die Dinge richtig tun) und Effektivität (die richtigen Dinge tun) gleichermaßen realisiert. Unser Organizing Map zeigt, wie Organisationen gestaltet werden müssen, damit sie nicht nur zur Implementation definierter Strategien geeignet sind, sondern auch zur Hervorbringung neuer Strategien, die zu einem nachhaltigen Wettbewerbsvorteil führen. Damit wird die Ressourcengenerierung zu einer Hauptaufgabe der Organisation.
- Der Fokus liegt jetzt nicht mehr auf den materiellen Aspekten der Ressourcen, sondern auf der Eigenschaft der Transformation. Diese begründet die Fähigkeit, ständig neue Produkte und Verfahren zu generieren. Erst dadurch entsteht die Nicht-Imitierbarkeit als der nachhaltigste Wettbewerbsvorteil. Es sind dies Faktoren, die nicht auf dem Markt gekauft werden können. Vielmehr müssen sie in langwierigen Prozessen des organisationalen Lernens selbst erworben werden.
- Außerdem zeigt das Organizing Map, dass durch organisationales Lernen sowohl Spezialisierungs- als auch Synergievorteile erreicht werden können. Die Tyrannei des „Entweder-oder“ wird durch ein schöpferisches „Sowohl-als-auch“ ersetzt.

Sechstes Kapitel

Wie wird Prozessmanagement zu einer dynamischen Kernkompetenz?

Prozessmanagement bewirkt nicht schon automatisch, dass dynamische Kernkompetenzen entstehen. Bloßes Rationalisieren und Abspecken machen schlank, aber nicht dynamisch. Das übersehen viele Unternehmen, die sich Business Reengineering auf ihre Fahnen geschrieben haben.

Wir haben im vorangegangenen Kapitel dargelegt, was es heißt, gemäß der „Stretch"-Idee der Unternehmensstrategie einen nachhaltigen Wettbewerbsvorteil zu entwickeln. Dazu braucht das Unternehmen dynamische Kernkompetenzen. Diese sind die Grundlage dafür, dass wertvolle, knappe, schwer imitierbare und substituierbare Ressourcen immer wieder neu erzeugt werden können. Der Erfolg des Business Reengineering kann deshalb nicht nur daran gemessen werden, ob Kosten oder Zeit eingespart werden. Es geht nicht nur darum, bestehende Produkte besser und billiger anzubieten. Vielmehr muss das Ziel sein, eine Organisationsstruktur zu schaffen, die es erlaubt, Bedürfnisse der Kunden zu antizipieren, die diese heute noch gar nicht kennen.

Hinsichtlich der *Orientierungsfunktion* und der Entwicklung dynamischer Kernkompetenzen sind bei Gate Gourmet folgende Überlegungen getroffen worden: Gate Gourmet erkannte, dass sie eigentlich keine „Gastronomen der Luft" sind. Und dies, obwohl vor der Restrukturierung der Bereich „Food-Production" die Hälfte der Belegschaft beschäftigte und eine gewichtige Position in der bisherigen Funktionalorganisation innehatte. Hinzu kam, dass die Mehrheit der Mitarbeiterinnen und Mitarbeiter über eine Ausbildung im Gastronomie- und Hotelbereich verfügte. Die gelieferten Mahlzeiten mussten selbstredend hohen Qualitätsstandards entsprechen, differenzierten Gate Gourmet aber nicht von den Angeboten darauf spezialisierter Nahrungsindustrien und der Leistung anderer Wettbewerber. Gemeinsam wurde deshalb untersucht, woraus der für den Kunden wahrnehmbare Zusatznutzen bestand. Wo lagen die spezifischen Fähigkeiten und dynamischen Kompetenzen, die von anderen Unternehmen nur schwer imitiert werden konnten? Die dynamische Kernkompetenz von Gate Gourmet besteht einerseits darin, dass sie weltweit trotz manchmal schwieriger Rahmenbedingungen (Stoßzeiten, unpünktliche Flüge, mitunter schwierige hygienische Verhältnisse, Stromausfälle oder Streiks) die pünktliche Ver- und Entsorgung der Flugzeuge garantieren. Damit liegt die dynamische Kernkompetenz von Gate Gourmet in der *zeitgerechten Lieferung der gewünschten Leistung in der richtigen Menge und Qualität an Bord.* Andererseits besteht ihre dynamische Kernkompetenz darin, dass sie ihr Leistungsangebot ständig differenzieren und ausweiten. Beispielsweise stellt das für eine regional operierende Fluggesellschaft entwickelte und im Cateringgeschäft bis dahin unbekannte „Kiosk-System" eine solche Differenzierung des Leistungsangebots dar.[189] Diese, auf den ersten Blick vielleicht selbstverständlich erscheinende Lösung, konnte Gate Gourmet nur deshalb entwickeln, weil sie die logistische Leistungsfähig-

---

189 Zum Kiosk-System vgl. Kapitel III.1.4.

keit als ihre Kernkompetenz betrachtet, nicht jedoch die Produktion von Mahlzeiten. Aus diesem Grund stellt auch der Partyservice keinen Geschäftsbereich von Gate Gourmet dar; ein Bereich, in dem viele Catering-Unternehmen große Verluste machen.

Das Unternehmen muss den Kunden immer wieder neue und einzigartige Leistungen anbieten. Diese bestehen nicht nur aus dem unmittelbaren Produkt oder der Dienstleistung, sondern aus dem für die Kundin oder den Kunden wahrgenommenen Zusatznutzen, mit dem sich das Unternehmen gegenüber seinen Wettbewerbern unterscheidet.[190]

Die dynamische Kernkompetenz der Winterthur Versicherungen liegt in der Fähigkeit, das Leistungsbündel für ihre Kunden ständig zu differenzieren und zu erweitern. Sie haben insbesondere mit ihrer distributionskanalunabhängigen Technologie die Voraussetzung für neue Schnittstellen zum Kunden geschaffen: In Zukunft werden Versicherungsabschlüsse und Schadensabwicklungen analog zum Tele- und Homebanking vor Ort in der Werkstatt oder in der Arztpraxis möglich sein. Darüber hinaus sind sie gewappnet für die in der Versicherungsbranche als Differenzierungsmerkmal immer wichtiger werdenden Assistance-Konzepte. Damit sind Rund-um-die-Uhr-Betreuungen möglich, zum Beispiel die Vermittlung geeigneter Schlüsseldienste, Handwerker für den Notfall oder Fachleute für Alarmanlagen, die maßgeschneiderten Service für den Kunden bieten.

Was bedeutet das für die Organisationsstruktur? Dynamische Kernkompetenzen lassen sich nicht realisieren, wenn sie in eine vorgegebene Organisationsstruktur hineingepresst werden. Vielmehr muss sich umgekehrt die Organisationsstruktur den strategisch relevanten Kompetenzen anpasssen. Wir plädieren damit für organisatorische Maßschneiderei. Aus der Strategie müssen zunächst Kernkompetenzen und Kernprozesse abgeleitet werden, bevor die Organisationstruktur gestaltet wird. Dabei muss man sich bewusst sein, dass die Struktur und die Kernkompetenzen eines Unternehmens auch die Strategie beeinflussen.

Wir zeigen in *Abschnitt 1*, was dies konkret für das Prozessmanagement heißt. Um dies zu erläutern, wenden wir die Kriterien für eine dynamische Kernkompetenz, wie wir sie im Organizing Map (Kapitel V) entwickelt haben, auf die Merkmale des Prozessmanagements (Kapitel III) an.

In *Abschnitt 2* stellen wir ein einflussreiches, alternatives Konzept der Prozessgestaltung dar, nämlich das der konfektionierten Unternehmensprozesse. Solche konfektionierten Konzepte werden vor allem von Beratungsunternehmen angeboten. Wir sind jedoch der Meinung, dass diese Ansätze nicht zu dynamischen Kernkompetenzen führen. Dennoch sollte man sie kennen und wissen, in welchem Fall sie einzusetzen sind.

---

190 Vgl. Hamel/Prahalad (1995, S. 35 ff.).

1. Prozessmanagement als strategische Ressource – Maßgeschneiderte Kernprozessgestaltung

Soll Prozessmanagement eine strategische Ressource sein, so muss es zur Erzeugung dynamischer Kernkompetenz führen. Das heißt, es muss neben den Effizienzkriterien auch den Effektivitätskriterien genügen. Die Organisation soll nicht nur gegebene Ziele erfüllen, sondern die Entwicklung neuer Ziele fördern. Die Ziele umfassen *„the way to do business"*, das heißt Produkte und Dienstleistungen, Leistungsverbesserungen und Verfahren. Dazu muss das Prozessmanagement die im *Organizing Map* aufgeführten Formen des Wissenserwerbs- und -transfers ermöglichen. Erst dann wird neben der Effizienz auch Effektivität erreicht.

In Kapitel V.3. haben wir die organisatorischen Quellen der Wettbewerbsvorteile charakterisiert, die zu Effizienz *und* Effektivität eines Unternehmens führen: Spezialisierung, horizontale und vertikale Synergien, Qualität der Entscheidungen und Motivation. Prozessmanagement wird dann zur dynamischen Kernkompetenz, wenn die organisatorischen Quellen der Wettbewerbsvorteile die oben aufgeführten Formen des Wissenserwerbs und -transfers einschließen. Diese Dynamisierung bewirkt, dass die bisher als unumstößlich geltenden Widersprüchlichkeiten der verschiedenen organisatorischen Gestaltungsformen aufgelöst werden: So hatte das Funktionsmanagement bisher den Ruch der Inflexibilität und das Produktmanagement den Nachteil der Doppelspurigkeit. Man musste eben zwischen Vor- und Nachteilen abwägen! Diese Tyrannei der „Entweder-oder-Entscheidungen" kann jetzt überwunden und die schöpferische Kraft des „Sowohl-als-auch" kultiviert werden. Was heißt das im Einzelnen für die im Organizing Map aufgeführten organisatorischen Quellen der Wettbewerbsvorteile?

1.1 Spezialisierung

In der traditionellen, statischen Betrachtungsweise des Fit würde die reine Prozessorganisation in Bezug auf die Spezialisierung äußerst schlecht abschneiden. Die Spezialisten sind hier auf die einzelnen Prozesse und Prozessvarianten verteilt. Spezialistenwissen steht nicht mehr wie bei der reinen produkt- und projektorientierten Organisation konzentriert zur Verfügung. Deshalb gibt es auch in der Prozessorganisation verschiedene Modelle der Ein- und Ausgliederung von Funktionen in Prozesse. Sie sind in Abbildung 42 dargestellt worden. Allerdings darf diese Abbildung nicht statisch verstanden werden. Das bedeutet, dass die Ausgliederung von Funktionen zum Beispiel in Form von Zentralabteilungen oder Stäben als *funktionale Schulen* ausgestaltet werden müssen. Die funktionalen Schulen sind mehr als nur Abteilungen, in denen Spezialisten konzentriert sind. Sie sind Orte des systematischen Wissenserwerbs, eben Schulen. Mitarbeiterinnen und Mitarbeiter müssen von Zeit zu Zeit heraus aus dem Tagesgeschäft und „auf die Schulbank". So wird der Transfer von neuestem Spezialistenwissen in die Prozesse möglich. Umgekehrt lernen die

Spezialisten kundenorientiertes Denken. Aus „happy engineering" wird „value engineering".[191] Solche „Lern-Anwendungs-Lern-Kreisläufe"[192] sind nichts anderes als die Realisierung der oft geforderten Idee der lebenslangen Weiterbildung: Praxis und Studium wechseln einander ab. Die funktionalen Schulen haben primär eine Dienstleistungsaufgabe, nämlich die Vermittlung von Wissen an die Prozesse. Darüber hinaus müssen sie ständig neues Fachwissen erwerben. Praktisch bedeutet dies, dass funktionale Schulen als Cost Center ausgestaltet werden. Es muss von Fall zu Fall ausgehandelt werden, welcher Anteil des Budgets für Dienstleistungen und welcher für eigenständigen kreativen Wissenserwerb verwendet werden darf.

So verstanden, bildet die Spezialisierung die Basis für die Vermittlung von *Komponentenwissen*. In der Praxis ist die Umsetzung nicht ganz einfach. Sie beschränkt sich nicht auf die Wahl eines der Modelle der Ein- und Ausgliederung von Funktionen in Prozessen wie in Abbildung 49 dargestellt wurde. Diese Varianten führen nicht immer zur Effektivität. Sie sind statisch gedacht. Es fehlt ihnen der dynamische Aspekt des „Lern-Anwendungs-Lern-Kreislaufes". Es gibt vier Möglichkeiten, wie man ihn umsetzen kann.

- *Matrixmanagement*
  Die Matrix ist ein nach wie vor aktuelles Managementkonzept. Sie sieht ein Mehrlinien-System von Weisungsbefugnissen und Verantwortlichkeiten vor. Im Falle des Prozessmanagement würde die Matrix aus einer gleichzeitigen Gliederung nach Funktions- und Prozesskriterien gebildet werden wie es in Abbildung 77 dargestellt ist. Allerdings setzt sie die Idee des „Lern-Anwendungs-Lern-Kreislaufes" nur unvollständig um.

  Der Vorteil dieser Matrix besteht darin, dass die Schnittstellenmanager zwischen funktionalen und prozessspezifischen Belangen vermitteln müssen. In der Regel sind dies die Process Owner. Sie sind neben ihrer Verantwortung für die Prozesse verpflichtet, das Wissen der funktionalen Schulen aufzugreifen. Bei ihnen werden „Lern-Anwendungs-Lern-Kreisläufe" möglich. Unterhalb der Ebene des Process Owners profitieren Mitarbeiterinnen und Mitarbeiter des Prozesses höchstens indirekt von den funktionalen Schulen. Sie sind nämlich darauf angewiesen, dass der Process Owner auch tatsächlich das funktionale Wissen an sie weitergibt.

- Patenschaften oder das *Götti-System*
  Jeder Prozess wird von einem Paten oder einer Patin (in der Schweiz: Götti oder Gotti) betreut, die einer funktionalen Schule angehören. Diese werden von den Prozess-Teams bei speziellen, fachlichen Problemen um Rat gefragt. Die Paten haben Beratungskompetenz, aber die Verantwortung für Entscheidungen verbleibt beim Process Owner oder beim Prozess-Team. Dennoch sollte die Patenschaft nicht als „Holschuld" organisiert

191 Vgl. Scholz/Müffelmann (1995).
192 Vgl. Womack/Jones (1994).

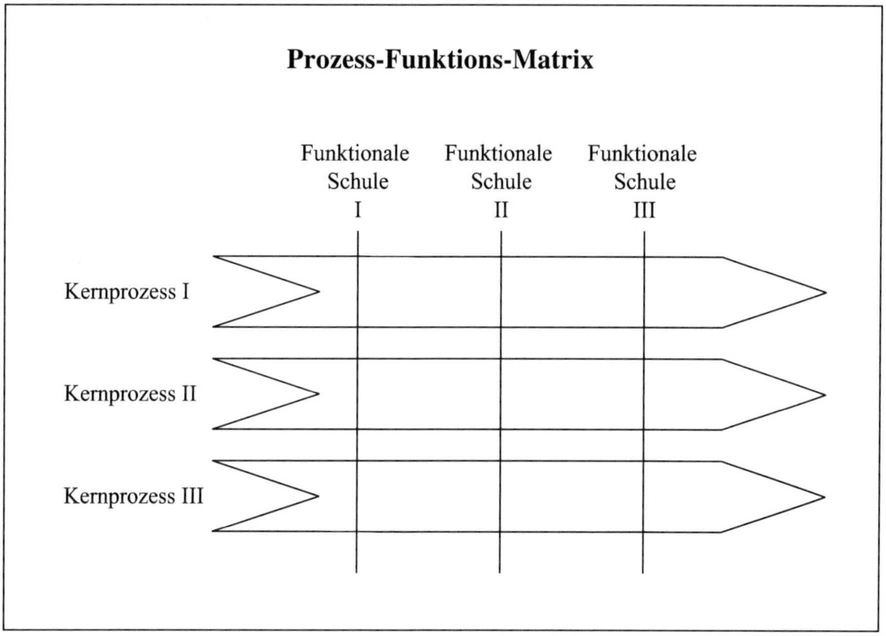

Abb. 77

sein: Die Paten haben die Aufgabe, auch selber die Initiative zu ergreifen und bei den Prozess-Teams nach dem Rechten zu schauen, ihr Wissen und ihre Erfahrungen also in Form einer „Bringschuld" an die Prozess-Teams weiterzugeben. So könnten beispielsweise beim Statistischen Amt die ehemaligen Leiter der Fachabteilungen in funktionalen Schulen organisiert werden. Dort würden sie den Prozess-Teams des Datenverarbeitungs- und -distributionsprozesses als Paten bei konkreten fachlichen Problemen zur Verfügung stehen. Der Rückgriff auf dieses Fachwissen erlaubt es, dass jedes Prozess-Team auch anspruchsvolle Datensätze verarbeiten kann.

- *Teamvermaschung*

  Abbildung 78 illustriert die Idee der Teamvermaschung. Einzelne Mitglieder des Prozess-Teams sind zugleich Mitglieder von funktionalen Schulen, „Think Tanks" oder Kompetenzzentren. Das bedeutet, dass Spezialistenwissen dauerhaft in den Prozessen verankert wird. Im Unterschied zur Matrix profitieren damit alle Prozess-Teammitglieder von deren Fachwissen. Die Teamvermaschung ist jedoch weit mehr als nur die Mehrpersonen-Variante der Matrix.[193] In Teams gibt es keine Vorgesetzten, sondern nur Moderatoren oder Coaches. Teamentscheidungen werden partizipativ gefällt, das heißt, es gilt das Konsensprinzip und nicht das Erteilen von Befehlen. Im Ergebnis sind nicht

---

193 Vgl. zum Modell der Teamvermaschung Schnelle (1966).

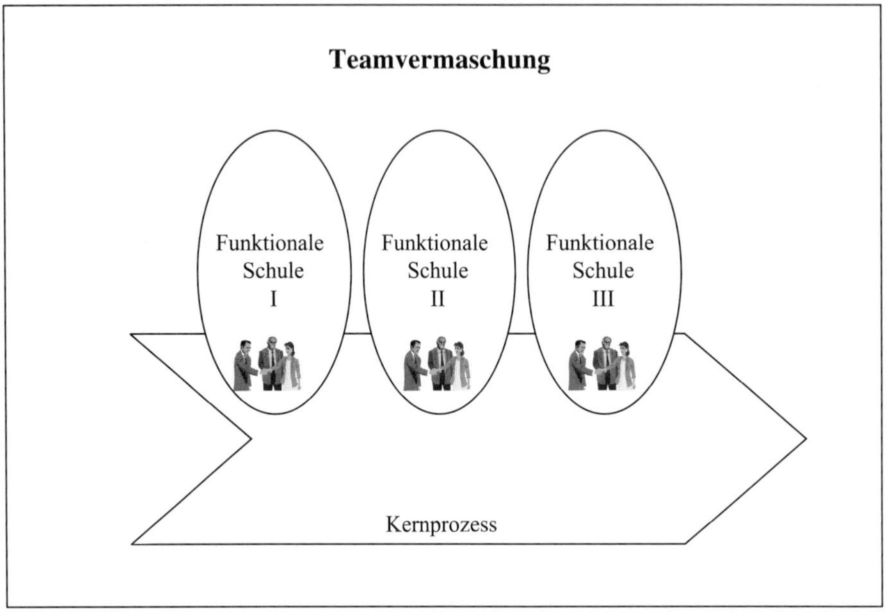

Abb. 78

nur mehr Personen an der Problemlösung beteiligt, sondern es wird auch auf höherem Niveau gelernt (Double-loop- oder Deutero-Lernen). Die partizipative Entscheidungsfindung erhöht die Akzeptanz von Entscheidungen und erleichtert die Implementation. Allerdings ist diese Variante zeitaufwendig und eignet sich deshalb vor allem für komplexe Prozesse.

In vielen prozessorientierten Unternehmen ist die Teamvermaschung in Form des so genannten „Gatekeeping" eingeführt worden. *Gatekeeping* heißt Torwächter und bedeutet die organisatorische Verankerung von Spezialisten- und Prozesswissen an einer gemeinsamen Stelle. Regelmäßig treffen sich die Mitglieder des Gatekeeping-Teams, um schwierige Kundenanfragen oder unklare Aufträge zu besprechen und gemeinsam zu entscheiden, in welcher Prozessvariante dieser Auftrag bzw. diese Anfrage bearbeitet werden soll. So hat beispielsweise die Sozialversicherungsanstalt des Kantons Zürich bei der Restrukturierung ihrer Organisation zum Prozessmanagement beschlossen, ein Gatekeeping-Team zwischen den Prozessen der Invalidenversicherung zu vermaschen. In diesem Team sind erfahrene Mitglieder der verschiedenen Prozessvarianten und Spezialisten wie Ärzte und Abklärer vereinigt. Sie treffen sich regelmäßig zu festgelegten Zeiten. Aufgabe diese Teams ist es, bei hoch komplexen Krankheitsbildern die Prozess-Teams bei der Abklärung von Rentenansprüchen zu beraten und damit eine einheitliche, aus der Sicht der Antragsteller gerechte Entscheidungsfindung sicherzustellen.

- *Job Rotation*
  Die Mitglieder eines Prozess-Teams wechseln von Zeit zu Zeit in die funktionalen Schulen. Für einen längeren Zeitraum werden sie dort Mitarbeiter. Ebenso arbeiten die Mitglieder der funktionalen Schulen für längere Zeit in den Prozess-Teams mit. Dieses ist die intensivste, aber zugleich auch langwierigste Variante des „Lern-Anwendungs-Lern-Kreislaufes". Es dauert nämlich über ein Jahr bis neu zusammengesetzte Gruppen die Phasen des „Forming, Storming, Norming" durchlaufen haben und optimal zusammenarbeiten. Deshalb stößt Job Rotation häufig auf Widerstand, weil dadurch eingefahrene Arbeitsabläufe gestört werden und niemand gerne auf bewährte Mitarbeiterinnen und Mitarbeiter verzichtet. Leichter wird der Schritt, wenn die Arbeit von vornherein als Teamarbeit organisiert ist. Dann gibt es keine Wissensmonopole und Einzelne sind leichter ersetzbar.

1.2 Horizontale Synergien

Horizontale Synergien bewirken Flexibilität, weil die Aufgabenzusammenhänge nicht zerrissen werden, sondern als funktionsübergreifende Leistungsketten gestaltet sind. Unter *statischen Effizienzgesichtspunkten* hat die Funktionalorganisation die niedrigsten Synergien. Deutlich besser sieht es diesbezüglich in einer Matrixorganisation aus. Noch besser dran ist die produktorientierte oder modulare Organisation sowie die Projektorganisation. Die meisten Synergien realisiert aus diesem statischen Blickwinkel die Prozessorganisation.

Voraussetzung ist allerdings, dass tatsächlich umfassende Prozessketten im Sinne einer kundenorientierten Rundumbearbeitung gebildet werden können. Durch die Prozessfokussierung werden Schnittstellen zwischen den Segmenten und den vor- sowie nachgelagerten Bereichen auf ein Minimum reduziert, weil die Abhängigkeit von Leistungen anderer Organisationseinheiten aufgrund unterschiedlicher Aufgaben-, Ziel- und Zeitprioritäten abnimmt. Dadurch wird der Koordinationsaufwand minimiert. Wie bereits festgestellt, ist dies allerdings umso schwieriger, je größer das Unternehmen ist, je komplexer die Materialflüsse sind (zum Beispiel bei Kuppel- und Komplementärproduktionsschritten) und je schwerer Spezialisierungsvorteile wiegen.[194] Je besser es den Unternehmen gelingt, Prozesse zu schaffen, die alle Teile der Wertschöpfungskette umfassen, desto geringer wird die Schnittstellenproblematik. Schnittstellen erzeugen immer zeitlichen und sachlichen Abstimmungsbedarf. Das Risiko, dass Fehler und Missverständnisse auftreten, wächst mit jeder Schnittstelle. Jede Schnittstelle bedeutet außerdem eine Barriere für die Übertragung von implizitem Wissen, weil über die Abteilungsgrenzen hinweg viele Sachverhalte über Dossiers kommuniziert werden.[195] Genau dies möchte das Prinzip der kundenorientierten

194 Vgl. hierzu das Fallbeispiel der Bruno Piatti AG in Kapitel IV.1.
195 Vgl. hierzu Osterloh/Wübker (1999).

Rundumbearbeitung verhindern. Es gilt nicht nur das „One-face-to-customer"-Prinzip, sondern auch das *„One-face-is-accountable"-Prinzip.* Das bedeutet, dass eine direkte Zurechnung von Ergebnissen zu Prozessverantwortlichen möglich ist, weil echte Marktpreise anstelle von Verrechnungspreisen zugrunde gelegt werden können.

Auch unter dynamischen *Effektivitätsgesichtspunkten* bietet das Prozessmanagement die besten Voraussetzungen für horizontale Synergien. Jedoch können auch das Funktional- oder Produktmanagement durchaus horizontale Synergien mobilisieren, wenn es ihnen gelingt, *Verknüpfungswissen* zu bilden. Möglich wird dies durch die eben dargestellten vier Maßnahmen: Matrixmanagement, Patenschaften, Teamvermaschung und Job Rotation.

Bei der Mobilisierung horizontaler Synergien im Prozessmanagement ist zu beachten, dass hierbei ganz unterschiedliche Lernniveaus realisiert werden können. Nicht immer entstehen dabei dynamische Kernkompetenzen. Deutlich wird dies an einer Auseinandersetzung um unterschiedliche Varianten prozessorientierter Teamarbeit in der Automobilproduktion.[196]

> In der zu Volvo gehörenden Fertigung in Uddevalla (Schweden) existierten teilautonome Arbeitsgruppen, in denen ein hohes Ausmaß von Job Enlargement und Job Enrichment gegeben war. Jedes Team fertigte im sechs bis acht Stunden-Takt selbstständig ein umfangreiches Modul eines Autos (zum Beispiel Motor oder Karosserie). Es gab keine Fließband-, sondern Boxenfertigung. Darüber hinaus sorgten systematische Personalrotationen und die Zusammenarbeit mit Ingenieuren und Managerinnen für eine Diffusion von Wissen innerhalb und zwischen Prozessen.[197]
>
> In der zu Toyota gehörenden Fertigung bei Nummi in Kalifornien gibt es hingegen Job enlargement nur in Form der Gruppenverantwortung für einen Fließbandabschnitt. Die Fließbänder laufen im Minuten-Takt. Job Enrichment ist nur von Zeit zu Zeit möglich.[198] Vergleicht man die beiden Produktionsformen, so muss zugegeben werden, dass Nummi kurzfristig die höhere Effizienz hat. Hier trainieren die Arbeiter/innen vorwiegend den Umgang mit der Stoppuhr, um innerhalb eines kleinen Bandabschnittes ihre Arbeit zu rationalisieren. Dazu reicht Single-loop-Lernen. Das Uddevalla-Modell ist langfristig effektiver und flexibler, weil in teilautonomen Arbeitsgruppen die Möglichkeit besteht, höhere Lernniveaus zu erreichen. Genau das ist die Idee des Verknüpfungswissen, die zu dynamischen Kernkompetenzen führt. Dazu braucht man Double-loop- und Deutero-Lernen.

---

196 Vgl. die Auseinandersetzung zwischen Adler/Cole (1993) und Berggren (1992; 1994).

197 Das Werk in Uddevalla ist 1993 geschlossen worden, jedoch besteht zwischen den Teilnehmern der Kontroverse Übereinstimmung darüber, dass dies nicht auf nachhaltige Wettbewerbsnachteile des Uddevalla-Konzeptes zurückzuführen ist.

198 Gemäß Harmon (1992) gibt es bei Nummi nicht einmal Qualitätszirkel.

Für das Prozessmanagement folgt daraus: *Komponentenwissen* führt nur dann zu *Verknüpfungswissen*, wenn Lernen innerhalb und zwischen Prozessen möglich ist. Dies bedeutet zum einem, dass das Triage-Prinzip im Sinne der Segmentierung nach Problemhaltigkeit nur sehr eingeschränkt angewendet werden darf. Neben Job Enlargement muss immer auch ein hohes Ausmaß an Job Enrichment möglich sein. Dies setzt Double-loop- und Deutero-Lernen voraus. Zum anderen muss auch zwischen den Prozessen ein hohes Maß an Kommunikation stattfinden. Viele Firmen berufen dazu explizit „Schnittstellen-Manager", die in einer matrixähnlichen Struktur für den Erfahrungsaustausch zwischen den Prozess-Teams der verschiedenen Unternehmensprozesse verantwortlich sind.

1.3 Vertikale Synergien

Bei vertikalen Synergien geht es um die Frage des In- oder Outsourcing von Teilen der Wertschöpfungskette. Wir haben beim Lean Management darauf hingewiesen, dass heutzutage das Motto „Selbstmachen ist im Zweifel besser" zunehmend weniger gilt. So hat das Computerunternehmen Apple 70 Prozent der Gesamtkosten des Apple II nach außen verlagert, darunter das Produktdesign und Schlüsselelemente des Marketings. Apple konzentriert seine internen Ressourcen auf die Entwicklung eines eigenen Betriebssystems (Mac OS).[199]

Für die Prozessorganisation hat die Verringerung der Leistungstiefe durch Outsourcing eine besondere Bedeutung: Die Konzentration auf unternehmenseigene Stärken erhöht nicht nur den Return on Investment (ROI), verstärkt die Markteintrittsbarrieren und hilft die Kompetenzen der Lieferanten besser zu nutzen.[200] Darüber hinaus verringert Outsourcing die Länge und Komplexität der Wertschöpfungskette. Durchgängige Prozessketten vom Beschaffungs- bis zum Absatzmarkt sind nunmehr leichter zu gestalten. Kundenorientierte Rundumbearbeitung nach dem „One-face-is-accountable"-Prinzip wird möglich.

Was folgt daraus für das Prozessmanagement? Es müssen konsequent Kern- und Supportprozesse unterschieden werden. Kernprozesse bestehen aus Aktivitäten, die dem nachhaltigen Wettbewerbsvorteil eines Unternehmens zugrunde liegen, weil sie schwer imitierbar und substituierbar, knapp und für die Kunden wertvoll sind. Sie enthalten firmenspezifisches *Wissen*. Supportprozesse enthalten unterstützende Aufgabenbereiche, die nicht zu einem von den Kunden wahrnehmbaren Zusatznutzen führen, zum Beispiel die Instandhaltung in der chemischen Industrie. Sie enthalten *kein firmenspezifisches Wissen*. Ihr Wissen ist leicht substituierbar. Supportprozesse können, müssen aber nicht ausgelagert werden. Das unterscheidet sie von funktionalen Schulen: Funktionale Schulen sind aus Gründen der Spezialisierung und Wissenskonzentration als Kompetenzzentren oder

199 Vgl. Quinn/Hilmer (1994).

200 Vgl. die Ausführungen zu den vertikalen Synergievorteilen in Kapitel V.3.2.1.

„Think Tanks“ ausgestaltet. Hier liegt das firmenspezifische Wissen in besonders verdichteter Form vor. Sie sind Ort für das Generieren neuer Kernkompetenzen. Eine Auslagerung wäre für den Fortbestand des Unternehmens tödlich.

„Make-or-Buy“-Entscheidungen sind unter statischen *Effizienzgesichtspunkten* schon länger in der betrieblichen Kostenrechnung behandelt worden.[201] Neuerdings sind die Instrumente des Benchmarking und des Transaktionskostenansatzes hinzugekommen.[202] Ein einfaches, aber statisches Schema zur Unterscheidung von Kern- und Supportprozessen stellt die in Abbildung 79 gezeigte „Make-or-Buy“-Matrix dar.

„Make-or-Buy“-Matrix

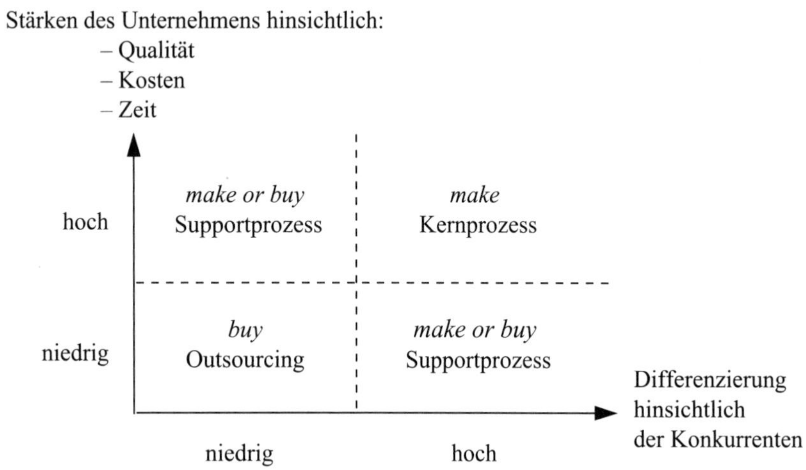

Abb. 79

Auf der horizontalen Achse wird die Differenzierung der gegenwärtigen Produkte und Fähigkeiten gegenüber den Konkurrenten abgetragen. Hier geht es um den Grad der Substituierbarkeit und Imitierbarkeit von Produkten zum gegenwärtigen Zeitpunkt. Die vertikale Achse kennzeichnet die eigenen Stärken und Schwächen des Unternehmens.

Was macht die Stärken eines Unternehmens aus? Unter statischen Gesichtspunkten sind dies vor allem niedrige Produktions- beziehungsweise Transaktionskosten.[203]

201 Vgl. Männel (1981).

202 Vgl. zum Transaktionskostenansatz Williamson (1990).

203 Die Unterscheidung zwischen Transaktions- und Produktionskosten ist nicht immer eindeutig.

Ein einfaches, robustes Instrument zur Überprüfung dieser Kosten ist *Benchmarking*: So fand mit Hilfe dieses Instrumentes eine New Yorker Bank heraus, dass ihr interner Postdienst für den Transport von Paketen vom dritten zum vierzigsten Stockwerk zwei Tage länger brauchte als Federal Express.

Ein komplizierteres, genaueres Instrument ist der *Transaktionskostenansatz*.[204] Er sagt zugleich etwas über die Ursachen der Transaktionskosten aus. Transaktionskosten sind Informationskosten, die bei Anbahnung, Durchführung, Abschluss und Kontrolle von Verträgen anfallen. Sie sind umso höher, je spezifischer die Leistung und je höher die Unsicherheit ist. Hohe *Spezifität* bewirkt, dass einer der Vertragspartner Investitionen tätigt, die nur für eine ganz bestimmte Vertragsbeziehung geeignet sind, zum Beispiel Investitionen in spezifische Maschinen oder spezifisches Wissen, wie sie für nicht-standardisierbare Güter erforderlich sind. In diesem Fall erhöhen sich die gegenseitigen Abhängigkeiten und Sicherungsbedürfnisse, weil im Extremfall eine wechselseitige Monopolsituation eintritt. Abhängigkeiten können erpresserisch ausgenutzt werden. Um dieser Gefahr vorzubeugen, bedarf es besonderer Verträge und Absicherungen, die wiederum Transaktionskosten verursachen. Hohe *Unsicherheit* ist beispielsweise bei Managerleistungen gegeben. Weder kennt man die zukünftige Entwicklung der Situation, noch kann man exakt kontrollieren, ob die Managerin oder der Manager vertragsgemäß handelt. Deshalb werden diese Leistungen in der Regel internalisiert, das heißt, Manager haben – mit Ausnahme von konkret definierten Beratungsleistungen – meist einen Arbeits- und keinen Werkvertrag. Der Werkvertrag müsste Leistung und Gegenleistung genau festhalten. Angesichts der hohen Unsicherheit käme es zu einem hohem Aufwand bei der Formulierung, Anpassung und Kontrolle des entsprechenden Vertrages. Arbeitsverträge hingegen legen den Arbeitsumfang nur im groben Rahmen fest und geben dafür dem Vorgesetzten (gegebenenfalls dem Aufsichts- oder Verwaltungsrat) ein Eingriffsrecht. Arbeitsverträge ermöglichen deshalb mehr Flexibilität. Je höher also die Unsicherheit und die Spezifität sind, desto sinnvoller ist die ,,Make"-Alternative. In diesem Fall verursacht ein Insourcing weniger Transaktionskosten als ein Outsourcing.

Zusammenfassend lässt sich feststellen, dass ein Outsourcing unter dem Gesichtspunkt der Transaktionskosten am leichtesten bei einfachen, standardisierbaren, sicheren und gut planbaren Teilen der Wertschöpfungskette möglich ist.

Für die Gesamtkosten sind neben den Transaktionskosten auch die Produktionskosten maßgeblich. Üblicherweise wird dabei vor allem auf Größenvorteile („economies of scale") und Verbundeffekte („economies of scope") abgestellt. Diese sind die Hauptursache für die sich in der letzten Zeit häufenden Merger & Acquisitions-Strategien vieler Unternehmen. Unter dynamischen *Effektivitätsgesichtspunkten* geht es allerdings nicht mehr nur um gegenwärtige Differenzierungen und Kosten wie sie in der „Make-or-buy"-Matrix

204 Vgl. zum Beispiel Picot (1991).

dargestellt sind, sondern um die Identifikation von wissensbasierten Fähigkeiten. Diese können nicht frei auf dem Markt gehandelt werden. Erst sie stellen die Basis des nicht imitierbaren Wettbewerbsvorteils dar. Ein wichtiger Teil der Produktionskosten ist von der Transferierbarkeit des impliziten und expliziten Wissens abhängig: Über die Unternehmensgrenzen hinweg, wird in erster Linie explizites Wissen transferiert. Nur dieses lässt sich in Verträgen spezifizieren.[205] Daraus folgt: Outsourcing ist nur für solche Aktivitäten geeignet, für die das erforderliche Wissen in hohem Ausmaß explizierbar ist, ohne die Nicht-Imitierbarkeit zu gefährden.

Der dynamische Aspekt ist deshalb wichtig, weil im Zeitverlauf aus standardisierbaren Komponenten strategisch bedeutsame Teilleistungen werden können, wie beispielsweise Halbleiterchips, Fahrradrahmen oder elektronisches Spielzeug.

Es besteht dann die Gefahr des *Kompetenzverlustes*, wenn im Wege des Outsourcing strategisch relevante Wertschöpfungsaktivitäten an die Partnerunternehmen verlagert werden. Implizites Wissen wird nicht kontinuierlich weiterentwickelt, und die absorptive Kapazität für zentrale Bereiche kann allmählich verloren gehen. Die Probleme, die sich ein Unternehmen damit einhandeln kann, beschreiben Bettis/Bradley/Hamel (1992) anschaulich als „*Outsourcing-Spirale*“: Die zunächst positiven Outsourcing-Erfahrungen bestärken das Unternehmen, der „Buy“-Option regelmäßig den Vorzug gegenüber der „Make“-Option zu geben. Eine sukzessive Ausweitung der Fremdbeschaffung führt kurzfristig zu einer Konsolidierung der leistungsschwächeren Geschäftsbereiche. Im Extremfall wird ein Unternehmen zu einem reinen „Transaktionsbroker“. Im Rahmen der Ressourcenallokation erfolgt eine immer stärkere Desinvestitionsstrategie, bis das Unternehmen keine Kernkompetenz mehr hat.

> So hat „Worlds of Wonder“, ein US-amerikanisches Unternehmen für elektronisches Spielzeug, durch ein rigoroses Outsourcing der Produktion entscheidende Kernkompetenzen an fernöstliche Zulieferer verloren.[206] Das Unternehmen hat sich auf seine Marketing- und Distributionskompetenz verlassen und nicht bemerkt, dass sich die fernöstlichen Zulieferer diese Kompetenz mit der Zeit angeeignet und vorwärts integriert haben. Es kam zum „*Hollowing out*“, das heißt zum Aushöhlen von Kernkompetenzen. Die Zulieferer wurden nicht nur zum Hauptkonkurrenten, sondern sie haben „Worlds of Wonder“ vom Markt verdrängt, weil es keine Produktionskompetenz mehr hatte.

Die Gefahr des „Hollowing out“ ist heute strategisch deswegen besonders relevant, weil die wichtigsten Qualitätsfortschritte nicht mehr in erster Linie in der Endmontage, sondern bei den Baugruppen- und Komponentenherstellern entstehen. Bei diesen ergibt sich ein

---

205 Vgl. Osterloh/Frey/Frost (1999).
206 Vgl. Teece et al. (1994, S. 28).

immenser Bedarf an Forschung und Entwicklung beispielsweise im Bereich der Ultrapräzisionsmechanik oder der Werkstofftechnik. Halten sich die großen Produzenten aus dem Wettbewerb um die Innovationsführerschaft bei den Komponenten völlig heraus, geraten sie leicht in Abhängigkeit derjenigen Unternehmen, die im Bereich innovationsintensiver Komponenten und Baugruppen vorwärtsintegriert haben.

Was bedeutet das für die Definition von Kern- und Supportprozessen? Das Verhältnis zwischen diesen Prozessarten ist dynamisch. Was heute ein Supportprozess ist, kann künftig zum Kernprozess werden und umgekehrt. Die „Make-or-Buy"-Matrix gibt lediglich eine Momentaufnahme der bestehenden Situation, die leicht zur statischen Betrachtungsweise verführt. Die Ursachen für die bestehenden Stärken und Schwächen beziehungsweise die hinter der Differenzierung stehenden Gründe werden nicht aufgedeckt.

Ebenso vorsichtig muss das bekannte „Centers-of-Gravity"-Konzept von Galbraith angewendet werden.[207] Er unterscheidet *Upstream-*, *Midstream-* und *Downstream-*Unternehmen.

Vorwärts- oder Downstream-Integration:
Es werden Aktivitäten von Vertriebspartnern oder Kunden übernommen.

Rückwärts- oder Upstream-Integration:
Es werden Lieferantenaktivitäten übernommen.

Upstream-Unternehmen stellen aus Rohstoffen Vor- und Zwischenprodukte her. Ihr Schwerpunkt soll bei technischen Kompetenzen liegen. *Midstream-Unternehmen* verarbeiten Zwischenprodukte zu kundenspezifischen Endprodukten. Ihr Schwerpunkt soll in einer Mischung aus technischen und Dienstleistungs Kompetenzen liegen. *Downstream-Unternehmen* sind für die Bereitstellung der absatzreifen Produkte an die Kunden zuständig. Ihr Schwerpunkt soll im Dienstleistungs- und Marketingbereich liegen.

Das Beispiel „Worlds of Wonder" hat gezeigt, wie gefährlich solche eindimensionalen Zuordnungen sein können. Vernachlässigt nämlich ein Downstream-Unternehmen alle technischen Kompetenzen, so kann es leicht in Abhängigkeit seiner Lieferanten geraten. Es hat keine absorptive Kapazität mehr, um die Bedeutung von technischen Neuentwicklungen für die Kunden einzuschätzen. Umgekehrt darf ein Upstream Unternehmen nicht den Kontakt zum Endverbraucher verlieren, um nicht technisch zwar hochwertige, aber vom Kunden nicht benötigte Komponenten zu produzieren. Ein Beispiel, das die Bedeutung der absorptiven Kapazität zeigt, ist Seagate Technology.[208]

---

207 Vgl. Galbraith (1983, S. 348 ff.).
208 Vgl. Bower/Christensen (1995).

Seagate Technology war 1986 Marktführer bei den 5,25-Zoll-Disketten für Personal Computer und wichtigster Zulieferer von IBM. Darüber hinaus hatte Seagate Technology alle Voraussetzungen für eine Weiterentwicklung der Technologie auf hohem Niveau. Schon 1985 hatten sie 80 verschiedene Modelle mit dem kleineren 3,5-Zoll-Laufwerk entwickelt. Jedoch lag das Preis-pro-Megabyte-Verhältnis der 3,5-Zoll-Laufwerke weit über demjenigen der 5,25-Zoll-Festplattenlaufwerke. Hinzu kam, dass die neuen Laufwerke erst etwa ein Fünftel der Speicherkapazität der 5,25-Zoll-Laufwerke aufwiesen. Daraufhin erklärte das Management von Seagate Technology die neue Technologie für unattraktiv. Es fror die Weiterentwicklung von 3,5-Zoll-Laufwerken ein und brachte stattdessen eine Reihe von verbesserten 5,25-Zoll-Laufwerken auf den Markt.

Andere Hersteller von Laufwerken, Quantum und Conner Peripherals, konzentrierten sich von Anfang an auf 3,5-Zoll-Laufwerke. Sie arbeiteten für ein ganz anderes Kundensegment: die Hersteller von portablen Computern. Diese stellten anfangs noch keine hohen Anforderungen an die Speicherkapazität, sondern legten Wert auf möglichst kleine Ausmessungen der Laufwerke. Quantum und Conner Peripherals erhöhten dennoch die Speicherkapazität ihrer Produkte um 50 Prozent pro Kalenderjahr. Bereits Ende 1987 genügte die Speicherkapazität ihrer 3,5-Zoll-Festplattenlaufwerke auch den Anforderungen von PC-Herstellern.

Dies war Seagate Technology natürlich nicht entgangen. Sie holten ihre 3,5-Zoll-Produkte wieder aus dem Regal und wollten Quantum und Conner Peripherals Konkurrenz machen. Es war leider zu spät. Seagate Technology profitierte zunächst noch von bestehenden Kundenbeziehungen. Sie lieferten ihre 3,5-Zoll-Laufwerke in Gehäusen, die es den PC-Herstellern ermöglichten, diese ohne große Veränderungen in ihre Computer einzubauen. Dennoch gelang es Seagate Technology nicht, die alte Hauptrolle in dem neuen Markt wieder einzunehmen. Sie hatten nicht mehr genügend absorptive Kapazität, um mit der neuen Entwicklung mitzuhalten. Sie sahen ihre einzige Chance darin, die Festplattendivision von Control Data Corporation (CDC) zu kaufen. Dies ermöglichte es ihnen wieder, zu einem wichtigen Mitspieler bei der Herstellung von Hochkapazitätslaufwerken für Personal Computer zu werden. Trotzdem stellt Seagate Technology heute im Vergleich mit seiner früheren Stellung nur noch einen Schatten seiner selbst dar.

Die Realisation von vertikalen Synergien durch Konzentration auf dynamische Kernkompetenzen bedeutet eben mehr als bloß „Schuster bleib bei deinen Leisten“. Ohne sorgfältige Beobachtung der gegenwärtigen und potenziellen Wettbewerber können Kernkompetenzen leicht zur Zwangsjacke werden.[209] Damit ist Folgendes gemeint: „Organisatorische Erbschaften“ und „Pfadabhängigkeiten“ bilden nicht nur Grundlage nachhaltiger Wettbewerbsvorteile,[210] sondern können die strategische Zukunft eines Unternehmens auch negativ beeinflussen. Der Schutz vor Imitation wird dann mit dem Verlust an strategischer Flexibilität erkauft. Das Unternehmen verlernt mit dem Outsourcing.

Nur wenn Kernkompetenzen als *dynamisch* betrachtet werden, das heißt, wenn sie *Grundlage für die Hervorbringung immer neuer Kernkompetenzen* sind, kann der Widerspruch zwischen Schutz vor Imitation einerseits und Flexibilität einer Ressource andererseits aufgehoben werden. Auch wenn ein Unternehmen Teile der Wertschöpfungskette aus Kostenüberlegungen auf vor- oder nachgelagerte Unternehmen auslagert, darf es den Überblick über die gesamte Wertschöpfungskette eines Produktes nicht verlieren.

1.4 Qualität der Entscheidungen

Die Qualität der Entscheidungen kann unter *Effizienzgesichtspunkten* dann als positiv beurteilt werden, wenn an den Case-Worker oder an das Prozess-Team tatsächlich die Entscheidungsbefugnisse delegiert werden, die sie benötigen, um die Kunden im Rahmen der jeweiligen Prozessvariante zu befriedigen („Empowerment“).

Unter *Effektivitätsgesichtspunkten* ist dies jedoch nicht genug: Effektivität ist erst dann erreicht, wenn Verknüpfungswissen besteht und zwar sowohl innerhalb der Prozesse als auch zwischen ihnen. *Innerhalb* der Prozesse setzt dies partizipative Teamarbeit voraus wie in Kapitel V.3. beschrieben. Doch selbst wenn der Arbeitsumfang eines Prozesses oder einer Prozessvariante von einem einzelnen Case-Worker bewältigt werden könnte, ist es meist besser, die Prozesse so zu unterteilen, dass ein Team gebildet werden kann, das sich das nötige Prozesswissen gemeinsam teilt.

Zum *Ersten* schafft dies für die Kunden die Möglichkeit, immer eine Ansprechpartnerin oder einen Ansprechpartner zu haben. Die Durchbrechung des strikten „One-face-to-customer“-Prinzips hat folgende Vorteile:

- ausgedehntere Öffnungszeiten für die Kunden, zum Beispiel „24-Stunden-Banking“,
- größere Flexibilität bei Absenzen, zum Beispiel bei Kundenbesuchen, Krankheit oder Urlaub,
- bessere Voraussetzungen für Job Rotation zwischen Prozessen und „funktionalen Schulen“,[211]

---

209 Vgl. Ghemawat (1991).
210 Vgl. Kapitel V.2.3.
211 Vgl. Kapitel VI.1. und VI.2.

- Schaffung von flexiblen Teilzeitarbeitsmöglichkeiten und damit familienfreundlichen Arbeitsplätzen für Männer und Frauen.

Zum *Zweiten* erzeugt der Wissensaustausch im Prozess-Team eine reichere Wissensbasis für Entscheidungen. Es kommen mehr Alternativen ins Blickfeld. Unsicherheiten können im Gespräch eher beseitigt werden. Irrtümer werden leichter erkannt.

Zum *Dritten* kann die Arbeitszufriedenheit eines einzelnen Case-Workers beeinträchtigt werden, weil sie oder er sich an den Bildschirm „angekettet" fühlt.[212] Dies wird insbesondere dadurch hervorgerufen, dass Case-Worker nur dann eine kundenorientierte Rundumbearbeitung bewältigen können, wenn sie von ihrem Arbeitsplatz on-line auf alle notwendigen Daten zugreifen können. Auch wenn konkrete Kundenprobleme analysiert werden oder mit dem Kunden am Telefon oder per E-Mail kommuniziert wird, fehlt die Erfahrung von „Face-to-face"-Interaktionen. Dieses Problem wird gelöst, wenn durch Teamarbeit die Möglichkeit entsteht, sich vom Arbeitsplatz zu entfernen und unmittelbar an die Front gehen zu können. So haben bei den Winterthur Versicherungen zahlreiche Mitarbeiterinnen und Mitarbeiter der Generalagenturen neuerdings die Möglichkeit, Schadenfälle vor Ort abzuwickeln.

Aber auch *zwischen* den Prozessen ist ein hohes Maß an Verknüpfungswissen nötig, um Effektivität zu erreichen. „Empowerment", das heißt die Delegation definierter Entscheidungsbefugnisse an Prozesse, setzt eindeutig festgelegte Aufgaben voraus. Soll das Unternehmen jedoch die Produkte und Märkte von morgen gestalten, ändern sich die Aufgabenstellungen ständig. Klare Delegationsregeln führen hier zu strategischen Inflexibilitäten. Deswegen müssen die Delegationsregeln zwischen den Prozessen immer wieder neu definiert werden. Dazu braucht man Partizipation auf der Basis von Verknüpfungswissen zwischen den Prozessen. Zur organisatorischen Umsetzung der intraprozessualen Partizipation gibt es verschiedene Maßnahmen, auf die wir bereits näher eingegangen sind: Matrixmanagement, Patenschaften, Teamvermaschung, Job Rotation und alle Formen der Projektorganisation.[213]

1.5 Motivation

Eine hohe *Motivationseffizienz* im Sinne der extrinsischen Motivierung ist im reinen Prozessmanagement dann möglich, wenn die Prozesse so segmentiert sind, dass sie durchgängig vom Lieferanten bis zum Kunden laufen. In diesem Fall erlauben die Prozesse eine direkte Zurechenbarkeit von Ergebnissen über Marktpreise. Wir haben aber bereits festgestellt, dass ein reines Prozessmanagement ohne Zentralbereiche nicht denkbar ist. In

212 Vgl. Davenport/Nohria (1994).
213 Vgl. Kapitel VI.1.2 und IV.1.2.

dem Ausmaß, in dem eine interne Leistungsverflechtung zwischen Zentralabteilungen und Prozessen unvermeidbar ist, ist diese direkte Zurechenbarkeit nicht mehr möglich. Dasselbe gilt, wenn Leistungsverflechtungen zwischen Kern- und Supportprozessen bestehen. In beiden Fällen sind keine echten Marktpreise möglich, sondern es müssen interne Verrechnungspreise ausgehandelt werden. Dies kann die Motivationseffizienz beeinträchtigen: Verrechnungspreise erzeugen lediglich Marktfiktionen. Werden die Verrechnungspreise als fair empfunden, ist dies kein Problem. Ist das jedoch nicht der Fall, verlieren sie ihre verhaltenssteuernde Wirkung, weil sie als manipulativ durchschaut werden. Werden sie sogar als willkürlich betrachtet, so entsteht geradezu eine negative Wirkung: sie demotivieren.[214]

Unter dynamischen *Effektivitätsaspekten* reicht extrinsische Motivation nicht aus. Extrinsische Motivation setzt voraus, dass die Arbeitsanforderungen genau definiert sind. Nur dann kann man belohnen oder bestrafen. Extrinsische Motivation ist nicht ausreichend, wenn die zukünftigen Bedürfnisse der Kunden noch herausgefunden werden müssen. Kreativität lässt sich nicht verordnen. Innovationsfähigkeit entsteht nicht zuletzt durch den Austausch impliziten *Kontextwissens*. Dieser kann nicht durch Sanktionen oder formale Regelungen erzwungen werden, sondern setzt intrinsische Motivation voraus. Wie kann diese gefördert werden? Gemäß empirischen Untersuchungen gibt es folgende Einflussfaktoren:[215]

- *Persönliche Beziehungen*
  Je enger die persönliche Beziehung der Teammitglieder untereinander oder zum Process Owner ist, desto höher ist die intrinsische Motivation.

- *Interesse an der Tätigkeit*
  Je interessanter, umfangreicher und anspruchsvoller die Tätigkeit ist, desto höher ist das Interesse an der Arbeit und desto höher ist die intrinsische Motivation.

- *Faire Behandlung*
  Fühlen sich die Teammitglieder ungerecht behandelt (zum Beispiel in Bezug auf interessante Arbeitsaufgaben, Anerkennung oder Entlohnung) sinkt ihre intrinsische Motivation.

- *Partizipation*
  Je höher die Mitentscheidungsmöglichkeit, desto mehr engagieren sich die Mitglieder des Prozess-Teams für die gemeinsam getroffenen Ziele und machen sie zu ihren eigenen.

214 Vgl. zur Problematik der Verhaltenssteuerung durch Verrechnungspreise Frese (1995), Frost/Osterloh (2001), Pfaff (1995).

215 Vgl. Frey/Osterloh (1997).

- *Zielvereinbarungen*
  Intrinsische Motivation wird durch gemeinsame Zielvereinbarungen gefördert, weil man durch Ziele etwas über die eigene Leistungsfähigkeit erfährt. Dies ist jedoch nur dann der Fall, wenn Zielvereinbarungen primär der Selbstkontrolle und der Selbstverpflichtung dienen. Überwiegt die Fremdkontrolle durch Zielvorgaben, kann die intrinsische Motivation sogar zerstört werden. Dies deshalb, weil vorgegebene Ziele meist keine Selbstverpflichtung bewirken. Gearbeitet wird nur so weit und so lange, bis das vorgegebene Ziel erreicht ist und kein bisschen mehr.

Was folgt daraus für die Gestaltung des Prozessmanagements? Intrinsische Motivation wird am besten durch Teams mit einer hohen Kommunikationsdichte, anspruchsvoller kundenorientierter Rundumbearbeitung und gemeinsamer Zielvereinbarung erreicht. Dies ist zugleich die Voraussetzung dafür, dass sich Kontextwissen als gemeinsames Erfahrungswissen bilden kann.

Widersprechen diese Bedingungen nicht der Forderung nach Job Rotation und überlappender Gruppenstruktur? Ja und Nein. Job Rotation und Mitgliedschaft in mehreren Gruppen vermindert die Gelegenheiten, enge persönliche Beziehungen aufzubauen. Auf der anderen Seite wird genau dadurch die Arbeit interessanter und anregender. Darüber hinaus werden die negativen Folgen des Gruppendenkens vermieden.[216] Ein Mittelweg besteht darin, angemessene Fristen (zwischen einem und fünf Jahren) für Job Rotation vorzusehen. Eine weitere Maßnahme ist die Schaffung von Redundanzen zwischen den Teams. Damit ist gemeint, dass die Prozesse nicht zu straff gestaltet sind, sondern Zeit und Raum für Kommunikation zwischen den Teams bieten. Redundanz ist das Gegenteil von „lean“: Es werden bewusst Spielräume für Überschneidungen und Wiederholungen geschaffen. Dies hilft, eine gemeinsame kulturelle Grundlage über die Teamgrenzen hinaus zu entwickeln.[217] Das wiederum fördert den Transfer von Kontextwissen.

216 Vgl. hierzu Kapitel III.3.
217 Vgl. Nonaka/Takeuchi (1997).

2. Ein alternativer Ansatz der Prozessgestaltung – Konfektionierte Prozesse für alle Unternehmen?

Wir haben im vorangegangenen Abschnitt deutlich gemacht, dass unserer Meinung nach jedes Unternehmen seine Kernprozesse maßschneidern sollte. Das Ergebnis sind unternehmensspezifische Prozesse, die nur sehr eingeschränkt auf andere Unternehmen übertragen werden können.[218] Die Prozesse müssen deshalb unternehmensindividuell gestaltet werden, weil sie Ausdruck der strategischen Fähigkeiten eines Unternehmens sein sollen. Gemäß der „Stretch"-Idee der Unternehmensstrategie beruht der nachhaltige Wettbewerbsvorteil eines Unternehmens ja gerade darauf, dass seine Fähigkeiten schwer imitierbar und schwer substituierbar sind. Freilich ist Maßarbeit schwieriger als Konfektion. Deshalb sind viele Ansätze entwickelt worden, die die schwierige Arbeit der Gestaltung von unternehmensspezifischen Kernprozessen – sozusagen als Maßkonfektion – vereinfachen wollen.[219]

So gehen Sommerlatte und Wedekind (1990) davon aus, dass es im Unternehmen allgemeingültige Prozesse gibt, die als Rahmenprozesse in allen Unternehmen gleich sind. Diese Rahmenprozesse werden dann als Leistungsprozesshülsen branchen- und unternehmensspezifisch angepasst. Wir schildern im Folgenden dieses Konzept genauer.[220]

Ein Unternehmen ist nach diesem Konzept erfolgreich, wenn es ihm gelingt, seine wettbewerbskritischen Erfolgsfaktoren auf den Markt auszurichten. Die Erfüllung dieser Erfolgsfaktoren soll durch durch **a**ggregierte, **d**ifferenzierungsfähige **L**eistungsprozesse (ADL-Prozesse) des Unternehmens sichergestellt werden.

Aggregiert bedeutet, die *Leistungsprozesse* sind aus einer Kette von Einzelleistungen zusammengesetzt, die den Erfolg im Markt ausmachen. *Differenzierungsfähig* heißt, ein Unternehmen hat seine *Leistungsprozesse* so zu gestalten, dass es sich von den Wettbewerbern unterscheidet.

Wie muss ein Unternehmen bei der Gestaltung der aggregierten, differenzierungsfähigen Leistungsprozesse vorgehen? Die Erfolgsfaktoren werden durch die Leistungsprozesse eines Unternehmens abgebildet. Sie setzen sich aus den Grundkategorien des Wettbewerbs wie zum Beispiel Preis, Qualität, Service, Präsenz und Image zusammen. Das Unternehmen muss diese Erfolgsbedingungen unternehmensspezifisch gewichten, bevor es seine aggregierten, differenzierungsfähigen Leistungsprozesse darauf ausrichten kann. Diese

---

218 Diese Auffassung teilen wir mit Gaitanides (1995), Gaitanides et al. (1994), Davenport (1993) sowie Kaplan/Murdock (1991).

219 Vgl. zum Beispiel Becker/Kugeler/Rosemann (2000), Binner (1997), Scholz-Reiter/Stahlmann/Netke (1999).

220 Vgl. zu diesem Ansatz Sommerlatte/Wedekind (1991, S. 23–41) und Sommerlatte (1993, S. 57–64).

Entscheidende Leistungsprozesse im Unternehmen nach dem ADL-Ansatz

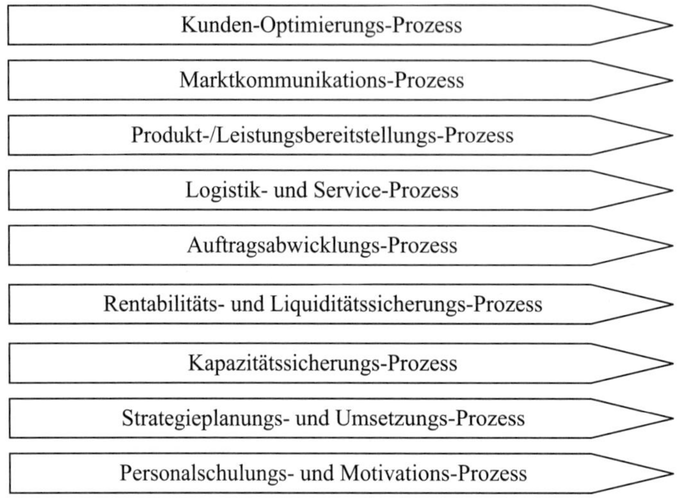

Quelle: Sommerlatte/Wedekind (1991, S. 30)

Abb. 80

verlaufen quer durch das Unternehmen. Sie bestehen aus mehreren Teilprozessen, welche die marktrelevante Leistung des Unternehmens ausmachen. Je Leistungsprozess soll ein verantwortlicher Bereich gebildet werden.

Wichtig ist, dass in allen Unternehmen die aggregierten und differenzierungsfähigen Leistungsprozesse als vergleichbar angesehen werden. Sommerlatte und Wedekind gehen bei der Konstruktion der Prozesse davon aus, dass diese gedanklich abstrakt aus den Erfolgsfaktoren abgeleitet werden können. Sie geben neun allgemeingültige Leistungsprozesse vor, die inhaltlich nur noch an die unternehmens- beziehungsweise branchenspezifische Situation angepasst werden müssen (vgl. Abbildung 80). Als Hilfe bei der Anpassung der Leistungsprozesse an die branchenspezifische Situation empfehlen die Autoren Benchmarking. Dies bedeutet, dass man die eigenen Prozesse nicht differenziert gestaltet, sondern an die jeweils Besten der Konkurrenz anpasst. Darüber hinaus stellen sie zahlreiche Checklisten zur Prozessgestaltung zur Verfügung, wie Abbildung 81 beispielhaft für den Produkt-/Leistungsbereitstellungsprozess und den Logistik-/Serviceprozess zeigt.

Zwar gibt es auch in diesem Ansatz dynamische Elemente: Durch ständiges organisationales Lernen sollen die Mitarbeiterinnen und Mitarbeiter des Unternehmens das abteilungsbezogene Denken überwinden. Die Einführung einer Prozesskostenrechnung soll die

Checkliste Produkt-/Leistungsbereitstellungsprozess und Logistik-/Serviceprozess nach dem ADL-Ansatz

	Ja	Nein
Gibt es für Produktion und Logistik eine ausformulierte und dokumentierte Strategie?	☐	☐
Haben wir die strategischen Leistungszentren in Produktion und Logistik identifiziert, die eine starke Hebelwirkung auf die Wettbewerbsfähigkeit unseres Unternehmens ausüben?	☐	☐
Sind wir in diesen strategischen Leistungszentren besser als unsere Wettbewerber?	☐	☐
Kennen wir die Kostenposition unseres Unternehmens im Vergleich zum Wettbewerber?	☐	☐
Haben wir unsere Fertigung ausreichend produktorientiert organisiert?	☐	☐
Sind die Durchlaufzeiten in der Fertigung wettbewerbskonform?	☐	☐
Untersuchen wir die Bestände an Roh-, Hilfs- und Betriebsstoffen ständig auf Möglichkeiten zur Bestandesreduzierung?	☐	☐
Gibt es für unseren Lieferservice klar definiert Leistungsparameter?	☐	☐
Unterscheiden wir bei den Lieferservice-Zielen nach den einzelnen Produktbereichen?	☐	☐
Hat sich in den letzten Jahren der Lagerumschlag erhöht?	☐	☐

Quelle: Sommerlatte/Wedekind (1991, S. 38)

Abb. 81

Steuerung der Leistungsprozesse unterstützen. Die Leistungsprozesse sollen zu so genannten produktiven Strukturen führen: Diese sind durch „eine Aufbruchsstimmung, hohe Kooperationsbereitschaft und Loyalität der Organisationsmitglieder, durch Flexibilität der Leistungserbringung und durch stark ausgeprägte gemeinsame Ziele“ [221] gekennzeichnet. Wie findet ein Unternehmen seine produktive Struktur? Eine Aufzeichnung der bisherigen „Organisationslandschaft“ soll bei den Mitarbeiterinnen und Mitarbeitern die Bereitschaft zu Veränderungen erhöhen. Nachdem die Schwachstellen auf diese Weise aufgezeigt worden sind, sollen alle Leistungsbereiche, die organisatorisch zusammengehören, zusammengefasst werden. Diese Umstrukturierung kann durch ein Projekt-Team vorgenommen werden.

Die *Stärke* dieses Ansatzes liegt darin, dass die allgemeingültig vorgegebenen Leistungsprozesse einem Unternehmen den Einstieg in das Thema der Prozessgestaltung erleichtern. Es wird eine Systematik gezeigt, nach der es seine Leistungsprozesse ausgestalten kann. Hierin liegt aber zugleich die *Schwäche* des Ansatzes: Halten sich die Unternehmen bei ihrer Prozessgestaltung an die vorgegebenen idealtypischen Leistungsprozesse, so pressen sie ihre Unternehmensaktivitäten in eine Schablone. Das Unternehmen versucht nicht, die Leistungsprozesse über seine spezifischen Kernkompetenzen zu generieren, sondern bildet lediglich seine Unternehmensaktivitäten nach einem vorgegebenen Schema ab. Die Folge dieses Vorgehens ist, dass die Differenzierungsmöglichkeiten für das einzelne Unternehmen drastisch eingeschränkt werden. Die Grundkategorien des Wettbewerbs, die die Erfolgsfaktoren eines Unternehmens ausmachen, gelten schließlich für jedes Unternehmen. Diese als Grundlage der Leistungsprozessgestaltung zu nehmen, reicht nicht aus, um sich von seinen Wettbewerbern zu differenzieren. Verwenden alle Unternehmen die *gleichen* Leistungsprozesshülsen, so sind die Kriterien der Unternehmensspezifität, der schweren Imitierbarkeit und Substituierbarkeit nicht erfüllbar. Wir haben jedoch in unserem Ansatz dargestellt, dass genau die Erfüllung dieser Kriterien die Quelle eines nachhaltigen Wettbewerbsvorteils darstellt. Deshalb dürfen Unternehmen Checklisten nur als Anstoß oder einen ersten Input für eigene kreative Gedanken verwenden. Leider ist dies nicht immer der Fall.

Darüber hinaus berücksichtigt die konfektionierte Prozessgestaltung viel zu wenig, dass es auch zwischen den Leistungsprozessen unternehmensspezifisch eine ganz unterschiedliche Anzahl von Schnittstellen gibt, so zum Beispiel zwischen dem Produkt-/Leistungsbereitstellungsprozess, dem Logistik-/Serviceprozess und dem Auftragsabwicklungsprozess. Auf diese Weise entsteht die Gefahr, bisherige funktionale Bereiche – wie beispielsweise die „Personalabteilung“ – einfach durch Anhängen des Wortes Prozess zum „Personalschulungs- und Motivationsprozess“ umzuetikettieren, ohne dass das Ziel der kundenorientierten Rundumbearbeitung erreicht wird.

---

221 Sommerlatte/Wedekind (1991, S. 36).

ERGEBNIS VON KAPITEL VI

Prozessmanagement wird erst dann zu einem nachhaltigen Wettbewerbsvorteil, wenn es das Unternehmen nicht nur schlank, sondern auch dynamisch macht. Wie wird ein Unternehmen dynamisch?

Es muss *erstens* Kernkompetenzen generieren und diese ständig weiterentwickeln. Voraussetzung hierfür sind „Lern-Anwendungs-Lern-Kreisläufe“. Diese werden erreicht durch eine Modifizierung der reinen Prozessorganisation: Matrixmanagement, Patenschaften, Teamvermaschung und Job Rotation.

Es muss *zweitens* Kernkompetenzen entwickeln, die Produkte und Märkte der Zukunft erschließen. Die Devise heißt nicht „Schuster bleib bei deinen Leisten“, sondern „Differenziere deine Ressourcen gegenüber heutigen und potenziellen Wettbewerbern“.

Nur wenn das Prozessmanagement zur Hervorbringung immer neuer Kernkompetenzen führt, kann der Widerspruch zwischen Schutz vor Imitation einerseits und flexibler Transferierbarkeit einer Ressource auf neue Produkte andererseits aufgehoben werden.

Siebtes Kapitel

Der Weg zum Ziel – Change Management

Wir haben in den vorangegangen Kapiteln gezeigt, dass die Gestaltung eines Prozessmanagements große Veränderungen für die Unternehmen bedeutet. Dies bezeichnen wir als *Strukturaspekt.* Unter dem Strukturaspekt haben wir bisher vor allem das *Ziel* der Restrukturierung betrachtet. In diesem Kapitel geht es um den *Weg zum Ziel.* Damit kennzeichnen wir den *Strukturänderungsapekt.* Wie sollen Unternehmen bei der Implementation des Prozessmanagements vorgehen? Wie werden umfangreiche Veränderungsprozesse erfolgreich bewältigt? Dieses Problem ist in der ersten Business-Reengineering-Euphorie vielfach oberflächlich behandelt worden. Die umfangreiche Literatur zum Thema Organisationsänderungen wurde lange Zeit nicht zur Kenntnis genommen. So gehen Hammer und Champy in ihrem Buch zwar ausführlich auf die Mitwirkenden im Veränderungsprozess ein: Process Owner, Reengineering-Team, Steuerungsausschuss und Reengineering-Zar.[222] Diese schaffen allerdings für die Betroffenen, die in den neu gestalteten Prozessen arbeiten, vollendete Tatsachen. Es wird sogar empfohlen, das mittlere Management von vornherein auszuschalten und durch eine „starke Führung von oben" zu Veränderungen zu zwingen. Hammer schreckt dabei nicht einmal vor einem Vergleich mit Al Capone zurück, „der immer ein freundliches Wort für seine Leute (...) und dabei stets die Pistole in der Tasche hatte".[223]

Hammer und Champy empfehlen demzufolge bedenkenlos ein Vorgehen, das als „Bombenwurfstrategie" in der Literatur zur Organisationsänderung ausführlich kritisiert wurde.[224] Die Vernachlässigung des Strukturänderungsaspektes ist sicherlich einer der entscheidenden Gründe, warum 60 bis 70 Prozent aller Reengineering-Projekte scheitern.[225] Erst in jüngster Zeit widmet sich Champy dem Management der Veränderungsprozesse, das die Wertvorstellungen der Mitarbeiter miteinbezieht. Auch Hammer hat inzwischen erkannt, dass Prozessmanagement nicht als einmaliger Quantensprung, sondern als kontinuierliche, schrittweise Verbesserung auszugestalten ist.[226]

Wir wollen im nächsten Abschnitt zunächst zwei gegensätzliche Konzepte zum Management von Veränderungsprozessen darstellen. Anschließend zeigen wir, welches die spezifischen Anforderungen bei Reengineering-Projekten sind und wie Gate Gourmet Genf, Winterthur Versicherungen und die Schweizerische Bank ihre Projekte durchgeführt haben.

---

222 Vgl. Hammer/Champy (1993, S. 102 ff.).

223 Vgl. dazu das Interview mit Michael Hammer, in der Wirtschaftswoche (Nr. 8, 18.02.1994, S. 68).

224 Vgl. zum Beispiel Kubicek (1992) und Staehle (1994).

225 Vgl. zum Beispiel die CSC Index-Studie (1994).

226 Champy, der Co-Autor des Bestsellers „Reengineering the Corporation" von Hammer/Champy (1993), greift genau diese Problemstellung in seinem neuen Buch „Management Reengineering" (1995) auf. Vgl. auch Hammer/Stanton (1995) und Hammer (1999).

1. Management von Veränderungsprozessen

Die Fähigkeit eines Unternehmens, sich mit neuen Anforderungen auseinander zu setzen und Umstrukturierungen erfolgreich zu gestalten, wird immer entscheidender. In der klassischen Organisationslehre wurden organisatorische Umwandlungsprozesse nicht als großes Problem angesehen. Wichtig schien lediglich, die neuen Anforderungen richtig zu bestimmen. Man versuchte möglichst exakt, die neue Aufgabensituation mit ihren entsprechenden Kompetenzen zu beschreiben. Die Umsetzung dieser Pläne hingegen galt als unproblematisch. Die neue Struktur wurde eingeführt, und die Unternehmensleitung erwartete, dass sich die Mitarbeiterinnen und Mitarbeiter anpassten. Immer öfter allerdings zog sich der Restrukturierungsprozess hin. Pläne wurden nicht befolgt, weil sich die Organisationsmitglieder widersetzten. Sie akzeptierten die neuen Lösungen nicht. Das Management hatte die mit der Durchführung verbundenen Schwierigkeiten unterschätzt oder gar falsch eingeschätzt. Widerstand und Akzeptanzbarrieren gelten heute als größte Hindernisse, wenn es um die Implementierung geht. Die Analyse- und Konzeptarbeit wird nicht mehr allein als entscheidend für den Veränderungsprozess angesehen. Der Erfolg des Managements von Veränderungsprozessen steht und fällt mit der Umsetzung der Konzepte in die unternehmerische Praxis.

In der Literatur zum Management von Veränderungsprozessen werden schon seit langem zwei gegensätzliche Strategien diskutiert: zum einen die Bombenwurf- oder Revolutionsstrategie und zum anderen die Evolutionsstrategie.[227] Allerdings verläuft jede Reorganisation in jedem Unternehmen anders. Gerade diese Unterschiede entscheiden in der Regel über Erfolg oder Misserfolg eines solchen Projektes. Deshalb stellen wir hier die Grundprinzipien beider Ansätze dar, die in jedem Unternehmen individuell anzupassen sind.

1.1 Auf dem Prüfstand – Bombenwurf- oder Revolutionsstrategie ...?

Bei diesem Ansatz werden die geplanten Neuerungen schlagartig und der Absicht nach unwiderruflich in Kraft gesetzt. Sie werden wie eine Bombe in die laufende Organisation geworfen.

Es wird davon ausgegangen, dass es für organisatorische Gestaltungsfragen nur *eine* optimale Lösung gibt. Diese wird hauptsächlich von Experten „am Reißbrett" erarbeitet: Rationale Planer oder Architekten des Wandels sollen die großen Veränderungen durchführen. Der Erfolg dieser Strategie hängt demzufolge zum einen von dem Gelingen des

---

227 Vgl. zum Beispiel Wohlgemuth (1989), Thom (1992), Kieser (1994), Krüger (1994) und Schreyögg/Noss (1994).

Überraschungseffektes ab, zum anderen von der Fähigkeit, die Widerstände der Mitarbeiter zu brechen. Die Bombenwurfstrategie ist eine typische Top-down-Strategie. Beabsichtigt ist eine rasche und kraftvolle Analyse- und Konzeptionsphase. In Wahrheit steht dem eine verhältnismäßig lange Implementierungsphase gegenüber, weil die „Revolution von oben" häufig eine „Gegenrevolution von unten" auslöst.[228] Solange nämlich die Organisationsmitglieder außerhalb des Veränderungsprozesses stehen und mit fertigen Lösungen konfrontiert werden, gibt es ein Akzeptanzproblem.

Die Angst vor unerwünschten Folgen lässt die Mitarbeiterinnen und Mitarbeiter findig werden, wenn es darum geht, Änderungen zu verhindern, zumindest aber hinauszuzögern:[229] Sie befinden sich in einer ähnlichen Situation wie die Arbeiter, die die Grabbauten der Pharaonen errichteten. Jeder Pharao wollte eine Pyramide, die so verwinkelt und kompliziert angelegt war, dass kein Fremder in die Grabstätte eindringen konnte, um Grabschätze zu plündern. Die Arbeiter wussten, dass sie nach der Fertigstellung der Pyramide getötet werden würden, damit niemand den Weg zu den Schatzkammern verraten konnte. Kam der Pharao auf die Baustelle und fragte seinen Bauleiter, wie die Arbeiten vorangingen, antwortete dieser: „Wir sind noch nicht fertig. Ich befürchte, es wird noch einige Jahre dauern." So ist es nicht weiter verwunderlich, dass die Pyramiden so gut wie nie zu Lebzeiten des Pharaos fertiggestellt wurden. Ebenso wenig verwunderlich ist es, dass sich die meisten Mitarbeiterinnen und Mitarbeiter nicht sonderlich engagieren, wenn Umstrukturierungen ins Haus stehen, deren Folgen sie nicht beeinflussen können.

Reibungsverluste werden bei der Bombenwurfstrategie bewusst in Kauf genommen und damit begründet, dass sich auf andere Weise keine „Quantensprünge" erzielen lassen würden. Quantensprünge implizieren einen tief greifenden Wandel und entsprechen dem Revolutionsmodell. Sie setzen auf eine radikale Abkehr vom Ist-Zustand des Unternehmens. Deshalb ist die Bombenwurfstrategie oft auch für Business-Reengineering-Projekte empfohlen worden. Dass jedoch auch ein tief greifender Wandel offen und partizipativ erfolgen kann, zeigen die Fallbeipiele Gate Gourmet, Winterthur Versicherungen und Bank Leu im Abschnitt VII.3.

228 Krüger (1994, S. 208).
229 Vgl. Hamel/Prahalad (1995, S. 33).

1.2 … oder Evolutionsstrategie?

Grundidee der Evolutions- beziehungsweise Organisationsentwicklungsstrategie ist es, betroffene Mitarbeiterinnen und Mitarbeiter an den Veränderungsprozessen zu beteiligen. Die erfolgreiche Umstellung auf neue Strukturen hängt wesentlich von der Einbindung der Organisationsmitglieder ab. Deshalb ist Organisationsentwicklung ein längerfristig angelegter Entwicklungs- und Veränderungsprozess von Organisationen und der dort tätigen Menschen. Die Mitarbeiterinnen und Mitarbeiter sollen sich mit den geplanten Veränderungen identifizieren können, sodass es geringe Widerstände in der Umsetzung und eine hohe Akzeptanz der gemeinsam erarbeiteten Lösung gibt. Es gelten dabei folgende drei Prinzipien.

- *Betroffene zu Beteiligten machen*
  Es werden Partizipationsmöglichkeiten geschaffen. Diejenigen, die später in den veränderten Strukturen arbeiten, werden bei der Ausarbeitung der Problemlösung beteiligt („involvement").

- *Hilfe zur Selbsthilfe*
  Experten übernehmen hauptsächlich die Funktion von Moderatoren. Dies heißt, sie stoßen Veränderungsprozesse an und bringen diese in Gang. Die betroffenen Mitarbeiterinnen und Mitarbeiter sollen aber diese Veränderungsprozesse inhaltlich selbst bestimmen und gestalten können, ohne von den Experten abhängig zu werden. Die Idee: Nur die gemeinsame Entwicklung der neuen organisatorischen Lösung stellt die Akzeptanz der Betroffenen sicher.

- *Lernen durch Erfahrung*
  Durch die gesammelten Erfahrungen bei Reorganisationen sollen immer höhere Lernniveaus erreicht werden. Die Organisationsmitglieder reflektieren ihre eigenen Erfahrungen systematisch, vergleichen sie mit theoretischen Konzepten und gewinnen daraus neue Erkenntnisse. Dies setzt allerdings ein Menschenbild voraus, das die Organisationsmitglieder prinzipiell für entwicklungsfähig hält.

Ziel der Organisationsentwicklung ist es, einerseits die Leistungsfähigkeit der Organisation zu erhöhen, andererseits aber auch die Entfaltung des einzelnen Organisationsmitgliedes zu fördern. Besonders erfolgreich sind die Grundprinzipien der Organisationsentwicklung im Ansatz der kontinuierlichen Verbesserung (Kaizen) umgesetzt worden. Kaizen ist ein reines Bottom-up-Verfahren. Es setzt auf der Ausführungsebene an. Die vielfältigen Erfahrungen und Ideen der Mitarbeiterinnen und Mitarbeiter werden in Qualitätszirkeln diskutiert, die mit zahlreichen Schulungsmaßnahmen verbunden sind. Allerdings können bei dieser schrittweisen Vorgehensweise nur dann umfassende, tief greifende Veränderungen erzielt werden, wenn sie in vorgegebene Veränderungsstrategien der Unternehmensleitung integriert werden.

Auch bei der Organisationsentwicklung lässt sich der Veränderungsprozess in die drei Phasen Analyse, Konzeption und Implementation unterteilen. Im Gegensatz zur Bombenwurfstrategie sind die Analyse- und Konzeptionsphasen bei der Organisationsentwicklungsstrategie viel aufwendiger, weil alle Betroffenen an der Erarbeitung der neuen Lösungsmöglichkeiten partizipativ mitwirken. Dafür fällt die Umsetzungsphase wesentlich kürzer aus, weil Widerstände und Akzeptanzprobleme bereits in den vorangegangenen Phasen abgebaut werden konnten. Die drei Phasen sind jedoch eng miteinander verwoben und lassen sich nur schwer voneinander abgrenzen: Die Implementation beginnt bei der Organisationsentwicklung nämlich bereits mit der Formulierung des Projektauftrages und der Zusammensetzung der richtigen Teams.

Die einzelnen Phasen der beiden Reorganisationsstrategien werden im folgenden Schaubild verdeutlicht.

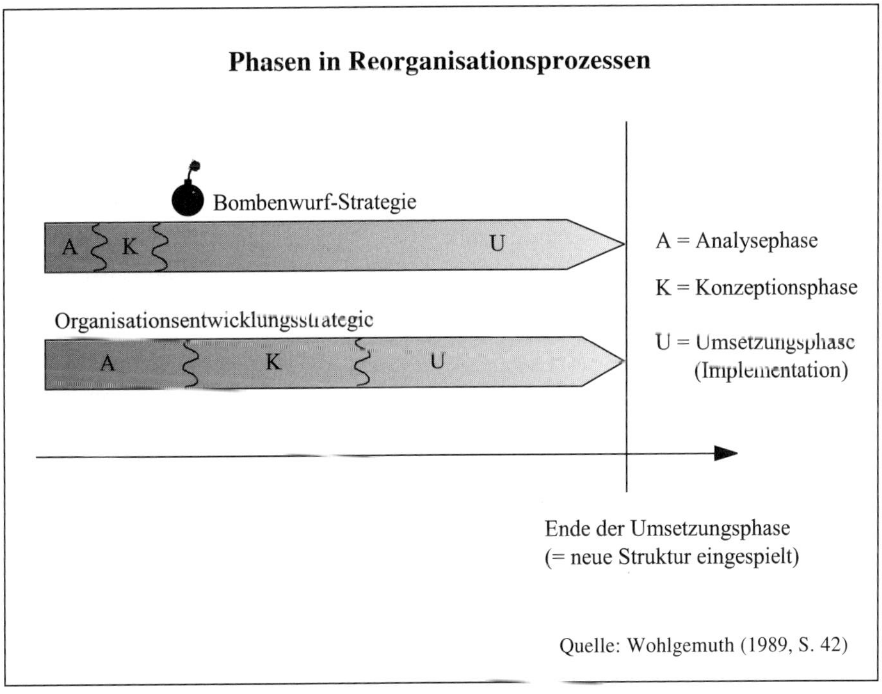

Abb. 82

Die nachstehende Tabelle gibt noch einmal einen Überblick über die beiden verschiedenen Ansätze.

Vergleich zwischen der Bombenwurf- oder Revolutionsstrategie und der Organisationsentwicklungs- oder Evolutionsstrategie		
	Bombenwurf- oder Revolutionsstrategie	**Organisationsentwicklungs- oder Evolutionsstrategie**
Grundprinzip	Veränderungen werden von der Unternehmensleitung ausgearbeitet und bis zur schlagartigen Implementation geheim gehalten	Betroffene Organisationsmitglieder werden an den Veränderungsprozessen beteiligt
Umfang der Veränderungen	In der Regel: ■ Erzielen von Quantensprüngen ■ Konzentration auf Strukturfragen, aber radikaler Abstand vom Ist-Zustand ■ „Bombenwurf"	In der Regel: ■ kontinuierliche, inkrementale Verbesserungen ■ dauerhafter Lernprozess ■ „Evolution"
Rolle der Unternehmensleitung	■ logisch-rational definierte Expertenlösung ■ Geschäftsleitung entscheidet exklusiv über die neue Struktur	■ Change Agent = Veränderungshelfer: Beratungs- und Unterstützungsfunktion ■ externe Berater nur als Moderatoren
Vorgehensweise	■ Geheimhaltung der Lösung bis zum Tag X ■ Ausschluss der Mitarbeiter und des mittleren Managements (tendenziell Konfliktvermeidung) ■ Bombenwurf am Tag X ■ einheitliche Fremdregelung: genaues Vorgehen nach Plan	■ Betroffene zu Beteiligten machen ■ Partizipation (tendenziell Konflikthandhabung) ■ vielfältige Selbstregulierung: Hilfe zur Selbsthilfe
Chancen	■ Wandel „aus einem Guss" ■ radikale Änderungen ■ Konzept und Lösung relativ rasch definiert ■ Zeitvorteil bei Krisensituationen ■ klar abgegrenzte und definierte Phasen: Konzept- und Umsetzungsphasen sind genau zu charakterisieren	■ große Lernprozesse für alle Beteiligten ■ Einbringen der Detail- und Ablaufkenntnisse der Mitarbeiter ■ kleine Veränderungen wirken „natürlich" ■ keine oder nur geringe Widerstände bei der Realisation ■ häufig wenig Anpassungen und Nachbesserungen nötig ■ durch breit abgestützte Vorbereitungen keine Überraschungseffekte: die neue Struktur „sitzt" ■ Veränderungs-Know-how auf allen Stufen gebildet
Gefahren	■ Akzeptanzprobleme und Widerstände bei den sich übergangen fühlenden Mitarbeitern ■ Reibungsverluste bis sich die neue Struktur eingespielt hat: häufiges Nachbessern ist nötig ■ hohe Instabilität während der Umsetzungsphase ■ keine Lernprozesse für die Mitarbeiter ■ kurzfristige, schnell eingeführte Verbesserungen können zulasten langfristiger Entwicklungen gehen	■ zeitaufwendige Lösungsfindung: bei hoher Umweltdynamik zu langsam ■ trotz erhöhter Informationsdiffusion längere Phase der Verunsicherung: ständige Unruhe durch „Herumexperimentieren" ■ Schwierigkeit, sich von bestehenden Strukturen zu lösen und wirklich eine neue Lösung zu finden ■ mangelnde Unterstützung durch die Unternehmensleistung

Abb. 83 Quelle: in Anlehnung an Wohlgemuth (1989, S. 41) und Krüger (1994, S. 204)

2. „Der Mensch als Mittelpunkt“ oder „Der Mensch als Mittel. Punkt!“ [230]

Viele Reengineering-Autoren vertreten wie Hammer und Champy die Meinung, Business Reengineering könne nur als Revolutionsstrategie durchgeführt werden. Der Mensch also doch nur als Mittel. Punkt? Ein Reengineering nach Bottom-up-Manier würde durch organisatorische Grenzen gebremst werden, „so wie eine Welle an einer Kaimauer zerschellen würde“.[231] Begründet wird dies mit dem Argument, es handele sich beim Business Reengineering schließlich nicht um kleine Verbesserungen, sondern um radikale Änderungen, bei denen insbesondere das mittlere und untere Management im Wege stehe. Dafür werden drei Gründen genannt:

- Dem mittleren Management fehle es an der Kenntnis der umfassenden *Wertschöpfungskette.*
- Es fehle ihm an *Entscheidungskompetenzen* für radikale Änderungen.
- Es gerate in *Interessenskollisionen* zwischen der Erhaltung des eigenen Arbeitsplatzes und den Zielen des Business Reengineering.

Dies mag im Einzelfall zutreffen. Im Allgemeinen ist es jedoch viel fruchtbarer, die Mitarbeiterinnen und Mitarbeiter in den Veränderungsprozess miteinzubinden und ihre Detailkenntnisse zu nutzen. Aber wie soll das gehen, wenn die Organisationsmitglieder befürchten müssen, ihre eigenen Arbeitsplätze wegzurationalisieren? Wie kann man dafür sorgen, dass die Mitarbeiterinnen und Mitarbeiter nicht nur extrinsisch, sondern auch intrinsisch motiviert werden? Schließlich wird die intrinsische Motivation durch nichts nachhaltiger zerstört als durch die Anwendung einer reinen Bombenwurfstrategie. Diese ist das Gegenteil von Partizipation und verletzt außerdem häufig Regeln der Fairness.

Die Antwort lautet: Ein Unternehmen kann heute keine lebenslange Arbeitsplatzgarantie mehr geben. Wenn es keine Sicherheit mehr gibt, muss das Unternehmen etwas anderes bieten. Es muss den Mitarbeiterinnen und Mitarbeitern garantieren, dass es in die Entwicklung ihres Wissens investiert. Das dient beiden Seiten: Das Unternehmen erhöht seine organisatorische Wissensbasis und seine absorptive Kapazität. Die Mitarbeiterinnen und Mitarbeiter erhalten bessere Möglichkeiten auf dem Arbeitsmarkt. Wenn heute rund 90 Prozent der von Banken in den letzten drei Jahren Entlassenen Frauen sind, so deshalb, weil diese Frauen keine Lernchancen in der Arbeit hatten.[232] Der Einsatz neuer Informationstechnologien machte die Tätigkeit der Datentypistinnen obsolet. Dies traf sie umso

230 Neuberger (1990).

231 Stewart (1993, S. 48).

232 Vgl. Schenker (1994). Zum Problem der statistischen Diskriminierung von Frauen vgl. Osterloh/Wübker (1995), Osterloh/Sigrist (1995) und Osterloh/Wübker (1999).

härter, weil der Beruf der Datentypistin weder Job Enlargement noch Job enrichment beinhaltet.

Dass es auch anders geht, zeigt das Beispiel der Winterthur Versicherungen: Der Einsatz der mobilen Notebook-Computer erübrigt ein nochmaliges Erfassen der Daten in den Generalagenturen. Andererseits sind die angebotenen Versicherungsleistungen differenzierter geworden, sodass ein höherer Beratungsbedarf anfällt. Die Winterthur Versicherungen bieten derzeit umfangreiche Ausbildungsprogramme an, um die ehemaligen Datentypistinnen zu Versicherungs- und Schadenabwicklungsberaterinnen umzuschulen.

Diese Investition ins Humankapital kann sich genauso lohnen wie eine gute Outplacement-Beratung:[233] Die Mitarbeiterinnen und Mitarbeiter fühlen sich fair behandelt und die Chancen steigen, dass sie den Veränderungsprozess mittragen. Sie haben – anders als die Sklaven der Pharaonen – auch noch nach dem Bau der Pyramide eine Zukunft.[234] Freilich liegt die Zukunft mitunter auch außerhalb des Unternehmens.

3. Die Lösung – „Top down for targets – Bottom up for how to do it“

Die Praxis zeigt denn auch, dass Business-Reengineering-Projekte in hohem Maße vom mittleren Management getragen und durchgeführt werden. Wir haben bei erfolgreichen Projekten nicht ein einziges Mal Ansätze einer Bombenwurfstrategie beobachtet. Ebenso wenig sind wir einer reinen Bottom-up-Strategie im Sinne kontinuierlicher Verbesserungen begegnet. Dies ist bei unternehmensweit angelegter Gestaltung neuer Kernprozesse auch nicht möglich. Um die gesamte Komplexität eines Unternehmens und seiner Prozesse zu überblicken, sind sowohl die Kenntnisse der Gesamtzusammenhänge als auch die der detaillierten Abläufe nötig. Die „Marschrichtung“ der Änderungen und die Rahmenbedingungen werden von oben durch die Unternehmensleitung vorgegeben. Konkrete inhaltliche Ausgestaltungen werden von unten gemeinsam mit den Betroffenen umgesetzt. Es braucht also Elemente aus beiden Verfahren: „Top down for targets – Bottom up for how to do it“ heißt die Devise. Revolution und Evolution sind in einem Gegenstromverfahren miteinander zu verbinden.[235]

Konkret wird dies dadurch erreicht, dass neben der Primärorganisation eine Parallel- oder Projektorganisation aufgebaut wird. Diese Sekundärorganisation besteht aus besonders

---

233 Outplacement bedeutet Hilfe und Beratung bei Entlassungen, um einen neuen Arbeitsplatz zu finden, vgl. hierzu Mayrhofer (1989).

234 Vgl. zu diesem Beispiel Kapitel VII.1.1.

235 Vgl. Krüger (1994, S. 205).

fähigen Mitarbeiterinnen und Mitarbeitern, die aus ihren Linienfunktionen gelöst und in einem Reengineering-Team zusammengezogen werden. Dieses Team ist für alle Aufgaben zuständig, die mit dem Reengineering-Projekt zusammenhängen. Für die Zeitdauer des Projektes – von der ersten Konzeptionsphase bis zur Umsetzung der neuen Prozessstruktur – arbeitet das Reengineering-Team als Parallelorganisation neben den organisatorischen Einheiten der Primärorganisation. Zwischen beiden Organisationsformen besteht aber ein enger Kontakt. Neben ihrer Geschäftsführungsfunktion in der Primärorganisation nehmen beispielsweise Mitglieder der Unternehmensleitung als Mitglieder des Steuerungsausschusses auch Aufgaben der Parallelorganisation wahr. Die folgende Tabelle veranschaulicht noch einmal die wesentlichen Merkmale der Primär- und Sekundärorganisation:

Primär- und Sekundärorganisation	
Primärorganisation	Sekundärorganisation (Parallelorganisation)
■ Ziel ist primär auf „Produktion" ausgerichtet ■ feste Stellenbeschreibung ■ Zielbildung normalerweise top-down ■ in der Regel funktionale oder divisionale Spezialisierung ■ Führung aufgrund hierarchischer Position (Amtsautorität)	■ Ziel auf „Organisation" ausgerichtet ■ flexible, rotierende Aufgabenzuweisung ■ Zielbildung auch bottom-up ■ diagonale Verknüpfungen von Aufgaben werden in Projekt-Teams bearbeitet ■ keine hierarchisch bedingte Führung
	Quelle: in Anlehnung an Kasper (1990, S. 29)

Abb. 84

In den Veränderungsprozessen sind viele Organisationsmitglieder und häufig auch externe Beraterinnen und Berater involviert. Sie nehmen unterschiedliche Rollen wahr und geben in verschiedenen Maße Anstöße. Damit erfolgen auch Reengineering-Projekte in gewisser Weise arbeitsteilig. Diese Arbeitsteilung hängt in aller Regel von der Frage ab, über welche Machtquellen die einzelnen Organisationsmitglieder verfügen. So sind für die Ideengenerierung und Entwicklung eines Reengineering-Konzeptes nicht grundsätzlich dieselben Personen zuständig, die für die erfolgreiche Durchsetzung des Projektes verantwortlich sind. Es hat sich gezeigt, dass verschiedene Promotoren benötigt werden. Damit der Erfolg eines Reengineering-Projektes sichergestellt ist, sollten Reengineering-Teams folgende Merkmale aufweisen:[236]

236 Vgl. hierzu zum Beispiel das Modell der Teamvermaschung nach Schnelle (1966). Vgl. dazu auch Kapitel VI.1.1. Vgl. zum Promotorenmodell Witte (1973) und zur Arbeitsteilung im Innovationsmanagement Hauschildt/Chakrabarti (1988).

- Ein einflussreiches Mitglied der obersten Geschäftsleitung ist für das Reengineering-Projekt verantwortlich. Dieser *Machtpromotor* sorgt für die notwendige Durchschlagskraft der Reengineering-Ideen. Die Machtpromotoren entscheiden über Budgets, Kapazitätszuweisungen und Personalfreistellungen für das Reengineering-Team. Darüber hinaus verfügen sie über den notwendigen Einfluss, Prioritäten zu setzen und gegebenenfalls andere Projekte zurückstellen zu können. Die Kommunikation zwischen Geschäftsleitung, Reengineering-Team und den wichtigsten Entscheidungsträgern im Unternehmen findet in einem Steuerungskomitee („steering committee") statt.

- Das Reengineering-Team verfügt über unternehmensinterne oder -externe Fachleute, die als *Fachpromotoren* die eigentlichen Träger der Reengineering-Ideen sind. Sie bringen das Fachwissen und die Fähigkeit mit, komplexe Zusammenhänge zu erkennen.

- Das Reengineering-Team ist eng mit der Primärorganisation vermascht. Unterschiedliche Ausgestaltungsformen stellen dabei die Projekt-Stabs-Organisation, die Projekt-Matrix-Organisation oder die reine Projektorganisation dar.[237] Denkbar ist außerdem das Hinzuziehen eines *Kommunikations- oder Prozesspromotors*, der für Gruppenarbeit besonders ausgebildet ist und Verfahrenskenntnisse bei der Moderation komplexer Planungsprozesse hat. Seine Aufgabe ist es, die Verbindung zwischen Fachpromotoren und Machtpromotoren herzustellen. In der englischsprachigen Literatur ist diese Rolle vor allem unter dem Terminus *Change Agent* bekannt geworden. Change Agents sind in der Regel externe Berater für den Prozessverlauf und nicht Experten für das Gestaltungsergebnis. Sie fördern das Problembewusstsein der übrigen Organisationsmitglieder, weil sie die Ideen des Projektes so übersetzen können, dass es alle verstehen.

237 Vgl. zu den verschiedenen Formen der Projektorganisation Kapitel IV.1.2.

FALLBEISPIEL

Catering-Unternehmen Gate Gourmet Genf

Ein gutes Beispiel für die Gestaltung des Reengineering-Teams als Parallelorganisation bietet Gate Gourmet Genf.[238] Die Gestaltung der Projektorganisation zeigt zum einen die enge Verknüpfung mit der Primärorganisation, zum anderen die Beziehungen zu Kunden und Lieferanten.

Die Ausgestaltung des Reengineering-Teams

Die Geschäftsleitung von Gate Gourmet hat den Genfer Betrieb für das Reengineering-Projekt ausgewählt, weil das Management und die Mitarbeiter dort als sehr aufgeschlossen gelten und bereits über Projekterfahrungen aus einem Kostensenkungsprojekt verfügen. Im Sommer 1994 wurde die Projektorganisation wie in Abbildung 85 dargestellt gebildet.

Das *Reengineering-Team* besteht aus einem Core-Team und vier „Process-Teams“, die für die einzelnen Prozesse (Equipment Handling, Customer Service, Goods Supply & Preparation, Executive Flights) zuständig sind. Unterstützt werden sie von Informatik- und Human-Resources-Fachleuten. Das Core-Team besteht aus drei jungen Nachwuchsführungskräften und einem Unternehmensberater. Es ist ausschließlich für das Reengineering-Projekt verantwortlich. Das junge Team hat nicht nur viele Ideen eingebracht, sondern verfügt außerdem über einen guten Kontakt zur Belegschaft. Der Unternehmensberater bringt spezifisches Reengineering-Know-how mit. Er begleitet das Projekt seit der ersten Einführungssitzung. Er hat seine Zelte im Genfer Betrieb zusammen mit den anderen Teammitgliedern aufgeschlagen.

Das Core-Team berichtet regelmäßig dem *Steering Committee*. Diesem Gremium gehören der Geschäftsführer des Genfer Betriebes sowie Mitglieder des Gate Gourmet Hauptquartiers an. Das Steering Committee entscheidet über das weitere Vorgehen des Projektes und genehmigt die Vorschläge des Core-Teams. Zwischen Steering Committee und Core-Team gibt es ein so genanntes *Active Support-Team*. Es besteht aus erfahrenen Gate-Gourmet-Mitarbeitern und Unternehmensberatern, die auch Mitglieder des Steering Committee sind. Aufgabe des Active-Support-Teams ist es, das Core-Team in seiner Arbeit zu unterstützen und Spezialistenwissen anzubieten. Das Active-Support-Team ist für die Entscheidungsvorbereitung des Steering Committee's zuständig.

Das Core-Team koordiniert die vier Prozess-Teams. Die Prozess-Teams bestehen aus Mitarbeiterinnen und Mitarbeitern vor Ort, die auf diese Weise ihre detaillierten Kenntnisse der Arbeitsabläufe einbringen. So wird die Vermaschung des Reengineering-Projektes mit

238 Zur genauen Darstellung der neugestalteten Prozesse bei Gate Gourmet Genf vgl. Kapitel II.1.4.

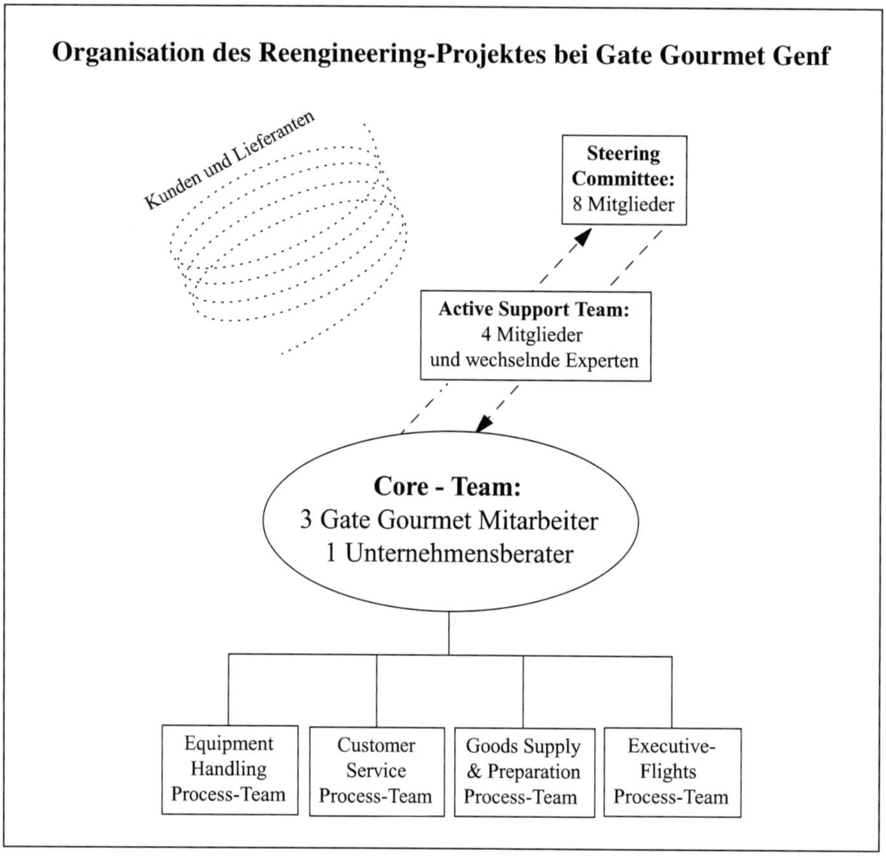

Abb. 85

der Primärorganisation sichergestellt, und die Betroffenen werden aktiv in das Projekt einbezogen. Die Prozess-Teams werden von weiteren Unternehmensberatern für spezielle Fragestellungen unterstützt (zum Beispiel Simulation von Probeläufen für verschiedene Flow-Line-Varianten).

Darüber hinaus hat Gate Gourmet zusammen mit Kunden und Lieferanten mehrere „Creativity-Workshops" durchgeführt, um auch die Sichtweisen und Bedürfnisse außerhalb des eigenen Unternehmens kennen zu lernen. Dort wurden die vier Prozesse vorgestellt und überlegt, wie die Schnittstellen zu Kunden und Lieferanten unternehmensübergreifend gestaltet werden können. Das Reengineering-Projekt ist im Genfer Betrieb gut aufgenommen worden. Es ist nach erfolgreicher Pilotphase unternehmensweit implementiert worden. Der Zeitraum von Beginn bis Abschluss des Projektes betrug knapp vier Jahre.

FALLBEISPIEL

Winterthur Versicherungen

Auch das Reengineering-Projekt der Winterthur Versicherungen zeigt, dass das Unternehmen alles andere als eine Bombenwurfstrategie angewendet hat.[239] Außerdem wird in diesem Beispiel deutlich, dass erfolgreiche Reengineering-Projekte in der Regel umfangreiche Schulungs- und Weiterbildungsmaßnahmen bei allen betroffenen Mitarbeiterinnen und Mitarbeitern erfordern.

Die Entwicklung und Realisierung des Reengineering-Projektes „Neugestaltung der Antragsbearbeitung" ist auf vier Jahre angelegt. Das Projekt ist in das Unternehmen als Projekt-Matrix-Organisation eingebunden, das heißt, der Projektleiter hat gegenüber den Linienmanagern nicht nur eine Beratungs-, sondern auch eine Mitentscheidungsfunktion.

1. Die Ausgestaltung des Reengineering-Teams

Alles begann mit dem freundschaftlichen Verhältnis zwischen dem Leiter der Informatik- und dem Leiter der Organisationsabteilung. Das ist kein Zufall. Die erfolgreiche Zusammenarbeit zwischen Informatik und Organisation ist die Grundvoraussetzung für den Erfolg eines Reengineering-Projektes. Beiden war von Anfang an klar, dass sie an demselben Problem arbeiten und dass dieses unternehmensweit anzugehen ist. Sie sorgten dafür, dass sich ein Reengineering-Team aus Mitarbeitern der verschiedensten Bereiche des Departementes Nicht-Leben bildete. Die Zusammensetzung und organisatorische Einbindung zeigt Abbildung 86.

Alle Teammitglieder arbeiteten vollzeitlich an diesem Projekt mit und waren bis zur Implementation von ihren sonstigen Funktionen befreit. Sie hatten ständigen Kontakt mit Mitarbeiterinnen und Mitarbeitern des Außendienstes. So hatten die zwei Projektmitglieder aus der Betriebsorganisation lange vor der Einführung der mobilen Notebook-Computer Benutzerumfragen durchgeführt, um die Bedürfnisse des Außendienstes kennen zu lernen. Zehn repräsentativ ausgewählte Außendienstmitarbeiter erprobten immer wieder die Verbesserungen des Systems, gaben Anregungen und informierten das Reengineering-Team über ihre Beratungstätigkeit. Anschließend wurde in einem Agenturgebiet der Einsatz dieser Computer als Pilot-Projekt getestet.

Das Reengineering-Team hatte die volle Unterstützung der Unternehmensleitung: Monatlich berichtete es an den Steuerungsausschuss, der mit Direktoren des Departementes Nicht-Leben besetzt war und vom stellvertretenden Generaldirektor geleitet wurde. Der Steuerungsausschuss wiederum berichtete halbjährlich der Generaldirektion.

239 Zur genauen Darstellung der neu gestalteten Prozesse bei den Winterthur Versicherungen vgl. Kapitel II.3.

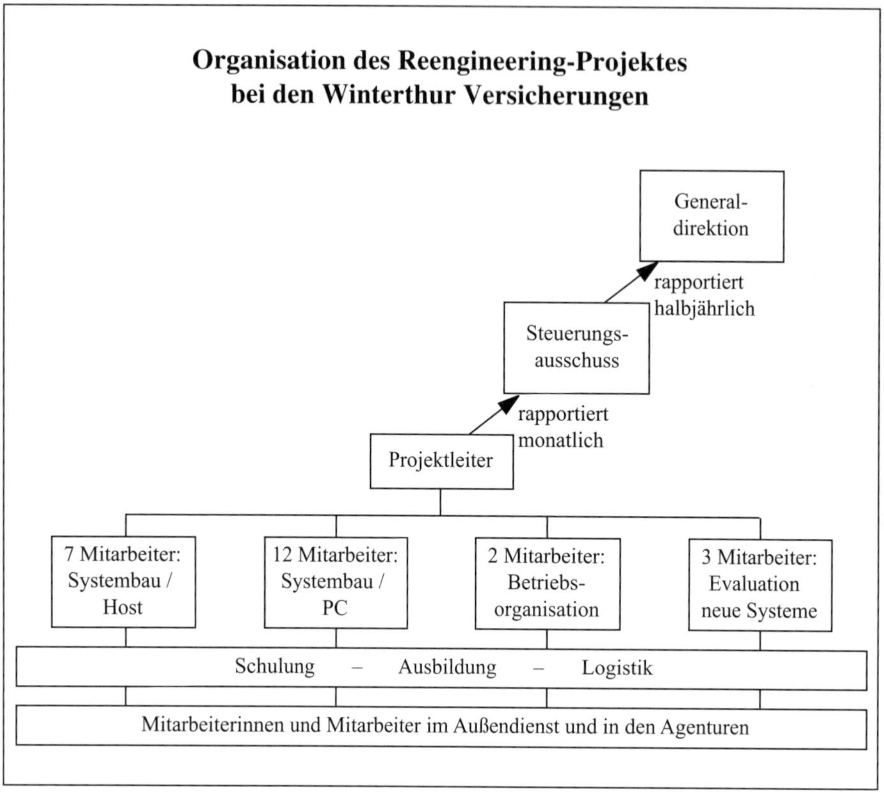

Abb. 86

Bemerkenswert ist, dass es den Winterthur Versicherungen gelungen ist, das Reengineering-Projekt weitgehend „hausintern" durchzuführen.

2. Schulungsmaßnahmen

Die Neugestaltung des Antragsbearbeitungsprozesses erforderte umfangreiche Schulungsmaßnahmen: Es mussten nicht nur alle 1 500 Beraterinnen und Berater im Außendienst im Umgang mit den Computern geschult werden, sondern auch alle Mitarbeiterinnen und Mitarbeiter der Agenturen auf ihr verändertes Arbeitsumfeld vorbereitet werden. Die Einführung des mobilen Notebook-Computers sollte in der ganzen Schweiz flächendeckend erfolgen, weil aus Kostengründen nicht mit zwei verschiedenen Antragsbearbeitungs-Systemen parallel gearbeitet werden konnte. Das erforderte eine simultane Ausbildungsphase für *alle* Mitarbeiterinnen und Mitarbeiter. Die Winterthur Versicherungen verfügte jedoch nicht über so viele Ausbilder und Trainer. In der Zentrale hatte deshalb ein Team von zehn Winterthur Mitarbeiterinnen und Mitarbeitern gemeinsam mit einem externen Ausbildungsinstitut ein Trainingskonzept entwickelt. In jeder Regionaldirektion wurden zwei bis drei Mitarbeiter von ihren Linienaufgaben befreit und koordinieren hauptamtlich die Schulungen. Außendienstberater und Agenturmitarbeiter wurden gemeinsam in kleinen Gruppen mit je sechs Personen auf ihre zukünftigen Aufgaben vorbereitet.

Die Schulungen waren inhaltlich folgendermaßen gestaltet: Zuerst gab es einen „Motivationstag“. Die Gruppen lernten sich kennen, und das Reengineering-Projekt wurde vorgestellt. Die Außendienstmitarbeiterinnen und -mitarbeiter erhielten ihren Computer geladen mit Schulungsprogrammen sowie Videos, mit deren Hilfe zu Hause in Ruhe der Umgang mit dem Computer geübt werden konnte. Ein Feedback-Besuch des Trainers in der Agentur stellte sicher, dass alle Mitarbeiterinnen und Mitarbeiter diese Vorbereitungen genügend intensiv durchführten. Anschließend fand die eigentliche Ausbildungsphase statt, die fünf Tage dauerte. Dort wurde geübt, wie der Computer im Beratungsgespräch wirkungsvoll einzusetzen ist, und der Innendienst wurde auf seine neuen Aufgaben vorbereitet. Dies geschah ausschließlich anhand von realen Geschäftsvorfällen. Applikationsbenutzung, Gesprächsführung und Verhalten wurden somit integriert vermittelt. Dasselbe galt für die Nutzung des computergestützten Informationsmanagements im regionalen Marketing beziehungsweise für die strukturierte Akquisition. Zum Abschluss gab es einen „Start-Samstag“ mit der Belegschaft eines gesamten Generalagenturgebietes. Im Rahmen eines „Postenlaufs“ wurden die verschiedenen Handhabungen und das Zusammenspiel im Team ein letztes Mal geübt und ein Abschlusstest durchgeführt. Anschließend wurde der Einsatz des Pen-Computers für das Team freigegeben. In der ersten Woche erfolgte ein besonderer Support vor Ort.

FALLBEISPIEL

Schweizer Bank mittlerer Größe

Bei der Schweizer Bank hat das Beratungsunternehmen McKinsey & Co. die Durchführung des Core-Process-Redesign-Projektes unterstützt.[240] Insgesamt hat es zweieinhalb Jahre gedauert, bis alle neuen Prozesse implementiert waren.

Die Projektorganisation gestaltete sich folgendermaßen:

Die Organisation des CPR-Projektes bei der Schweizer Bank

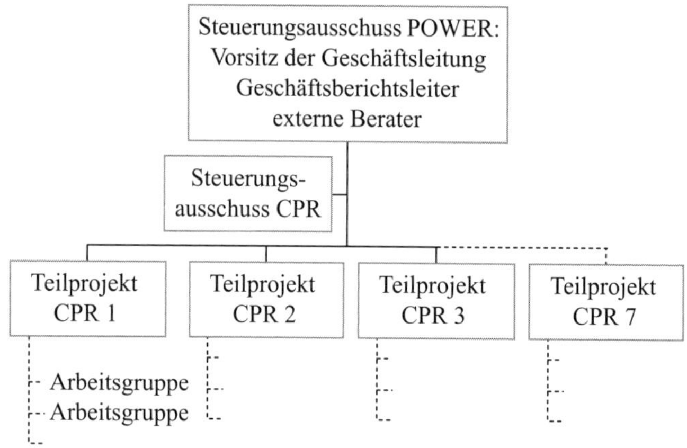

Abb. 87

Der Steuerungsausschuss für das Gesamtprojekt POWER bestand aus dem Vorsitzenden der Geschäftsleitung, den vier Geschäftsbereichsleitern sowie zwei Beratern von McKinsey. Mitglieder des Steuerungsausschusses CPR waren der Bereichsleiter Logistik, der Leiter des Service Centers „Betriebsorganisation" sowie der Teilprojekt-Leiter CPR. Der Steuerungsausschuss CPR gab den Auftrag für die Durchführung des Core-Process-Redesign-Projektes, koordinierte die einzelnen Teilprojekte (insgesamt gab es sieben CPR-Teilprojekte) und traf Entscheidungen betreffend einzuleitender Maßnahmen, die von den einzelnen Projekt-Teams vorgelegt wurden.

240 Zur genauen Darstellung des neu gestalteten Kernprozesses im Zahlungsverkehr vgl. Kapitel II.2.3.

Phasen des CPR-Projektes bei der Schweizer Bank

1. Initialisierung	2. Situationsanalyse	3. Zielformulierung	4. Detailprojekte	5. Controlling
2–3 Wochen	5–6 Wochen	1–2 Wochen	nach Bedarf	laufend
Kick off-Meeting Definition der Value Proposition	Erhebung / Analyse von Daten / Fakten Feststellung des Handlungsbedarfs Dokumentation der Resultate Ideen- und Maßnahmenliste	Überprüfung / Anpassung der Definition der Value Proposition und der Maßnahmenliste Konkretisierung der gesammelten Ideen Festlegung der Maßnahmenpläne / des Aufgabenkatalogs	Überprüfung der Maßnahmen / Start von Detailprojekten mögliche Schwerpunkte: – Marketing – Ausbildung – Teamorganisation – Soll-Abläufe – Dispositives Führungsinformations-system, z. B. Kenn-zahlen + Standards	Maßnahmen-Controlling durch Steuerungsausschuss

Abb. 88

Ein Teilprojekt war die Abwicklung des Zahlungsverkehrs. Die Projektleitung wurde entweder von den Leitern der betroffenen Bereiche oder durch einen Mitarbeiter der Betriebsorganisation wahrgenommen. Im Projekt-Team waren ebenfalls sowohl Mitarbeiterinnen und Mitarbeiter der Betriebsorganisation als auch der betroffenen Bereiche vertreten. Zusätzlich wurde das Projekt-Team von ein bis zwei McKinsey-Beratern unterstützt. Die sechs Mitarbeiter der Betriebsorganisation hatten eine besondere Schlüsselstellung im CPR-Projekt. Sie nahmen die Rolle von Moderatoren, Methodenlieferanten, Koordinatoren und Katalysatoren ein, die die betroffenen Bereiche bei der Lösungssuche unterstützten. Ihre Aufgabe bestand darin, die vielen Ideen und Vorschläge der übrigen Mitarbeiterinnen und Mitarbeiter aufzugreifen und zu kanalisieren. Darüber hinaus unterstützten die Mitarbeiter der Betriebsorganisation die betroffenen Untersuchungsbereiche bei der Realisierung der definierten Maßnahmen.

Die Unternehmensberatung McKinsey stellte ihre Arbeitstechniken, -methoden und Hilfsmittel zur Verfügung und schulte alle Projekt-Teams. Die Organisationsmitglieder der Schweizer Bank waren für die Realisierung der geplanten Veränderungen in ihren Bereichen selber zuständig. Dazu konnten sie neben den gemeinsam erarbeiteten Dokumenten jederzeit auf die Berater zurückgreifen. Diese hatten sozusagen eine Patenrolle inne.

Abbildung 88 zeigt die fünf Vorgehensphasen im CPR-Projekt. Aus diesem Schema wird ersichtlich, wie lange die Durchführung der einzelnen Projektphasen gedauert hat. Die Übernahme der Schweizer Bank in eine Finanzholding verlangte eine schnelle Anpassung der Organisationsstrukturen an das neue Umfeld. Durch den intensiven externen Beratungs-Einsatz ist der Schweizer Bank die Realisierung der neugestalteten Prozesse in zweieinhalb Jahren gelungen – und das mit einer umfangreichen Beteiligung der betroffenen Organisationsmitglieder an den Veränderungsprozessen.

ERGEBNIS VON KAPITEL VII

Die Gestaltung von Kernprozessen und der Aufbau eines Prozessmangements erfordern einerseits einen Überblick über das gesamte Unternehmen. Die erfolgreiche Durchführung von Business-Reengineering-Projekten bedingt andererseits, dass die Betroffenen zu Beteiligten gemacht werden. Man braucht die Detailkenntnisse, Ideen und Motivation aller Organisationsmitglieder, um die Komplexität der Prozesse zu bewältigen. Deshalb muss der Adlerblick von oben mit dem der wendigen und klugen Delphine von unten verbunden werden.[241] Die Devise heißt: „Top down for targets – Bottom up for how to do it".

241 Vgl. zu Delphinstrategien Lynch/Kordis (1998).

Achtes Kapitel

Zehn Stolpersteine der Umsetzung – Wie sie erkannt und vermieden werden können

In vielen Unternehmen sind Reengineering-Projekte gescheitert. Dafür gibt es zahlreiche Gründe. Wir haben bisher versucht zu zeigen, dass Business Reengineering nur dann eine nachhaltige Wirkung im Unternehmen erzielen kann, wenn *erstens* der *Strukturaspekt* richtig beachtet wird. Das bedeutet, dass es dem Unternehmen gelingen muss, ein Prozessmanagement zu gestalten, das Effizienz- *und* Effektivitätsanforderungen genügt. Der Erfolg eines Business-Reengineering-Projektes bemisst sich nicht allein daran, ob Kosten und Zeit eingespart werden konnten, sondern ob es dem Unternehmen gelungen ist, dynamische Kernkompetenzen aufzubauen. *Zweitens* muss der *Strukturierungsaspekt* durch erfolgreiches Change Management bewältigt werden.

Beide Gesichtspunkte zusammen sind Voraussetzung für ein *Prozessmanagement als dynamische Kernkompetenz*. Erst wenn die Organisation Grundlage für die Hervorbringung immer neuer Kernkompetenzen ist, kann ein nachhaltiger Wettbewerbsvorteil erreicht werden. Wir stellen in diesem Kapitel zehn „Stolpersteine" dar, die ein Unternehmen vermeiden sollte, damit Prozessmanagement auch wirklich eine strategische Ressource wird. Zugleich ist dies eine Zusammenfassung der wichtigsten Ergebnisse dieses Buches.

1. Stolperstein: Nicht alles, was „Reengineering" heißt, ist auch Business Reengineering

Fast jede Reorganisation wird heutzutage mit dem Etikett „Reengineering" versehen: die Implementation neuer Computersysteme, die Zusammenlegung von Abteilungen, die Straffung bestehender Arbeitsabläufe, die Einführung von Profit Centers oder die Verkürzung der Durchlaufzeiten. Alle diese Maßnahmen sind zwar sinnvoll, realisieren aber noch nicht die Grundidee des Business Reengineering: Schnittstellenreduktion durch funktionsübergreifende *kundenorientierte Rundumbearbeitung*. Bei Business Reengineering geht es nicht um die Optimierung von Prozessen, sondern um die radikale Veränderung bestehender Strukturen. Die Organisation soll durch einen 90°-Shift völlig umgekrempelt werden. Aus der vertikalen „Silo-Organisation" – groß, dick und fensterlos – soll eine horizontale „Flottillen-Organisation" – manövrierfähig, kundenorientiert und flexibel – werden. Jedes Schiff der Flottille entspricht einem Prozess. Für jeden Prozess gibt es einen Process Owner und ein Prozess-Team. Das Prozess-Team hat alle Entscheidungsbefugnisse, die es benötigt, um die Kundenwünsche zu erfüllen. Das Prozessergebnis ist dem Process Owner und dem Prozess-Team direkt zurechenbar.

Eine empirische Untersuchung in Deutschland, Österreich und der Schweiz kommt zu ganz anderen Ergebnissen[242]:

---

242 Vgl. Kusio (1995).

- Weniger als ein Drittel der befragten Unternehmen haben Prozesse über das ganze Unternehmen hinweg neugestaltet. Alle übrigen haben nur Insellösungen geschaffen, das heißt lediglich zwei oder mehr Abteilungen miteinander verknüpft. Es gibt sogar Unternehmen, die glauben, Business Reengineering ließe sich auch innerhalb einer Abteilung realisieren.
- Nur die Hälfte der befragten Unternehmen hat für die neu gestalteten Prozesse einen Process Owner eingesetzt, der für einen gesamten Prozess verantwortlich ist.

Im Ergebnis bedeutet dies, dass sich zwar viele Unternehmen Business Reengineering auf ihre Fahnen geschrieben haben, jedoch auf halber Strecke stecken bleiben. Die alten funktionalen Fürstentümer bleiben bestehen. Die „Schlagbäume“ (Schnittstellen!) sind noch nicht abgebaut worden. Die Potenziale der Business-Reengineering-Idee werden vielfach nur unzureichend genutzt.

2. Stolperstein: Optimierung bestehender Abläufe statt Neugestaltung der Prozesse

Business Reengineering bedeutet nicht, die bestehenden zahlreichen Abläufe in einem Unternehmen ein wenig zu straffen. Vielmehr geht es darum, sich auf einige wenige robuste und strategisch relevante Kernprozesse zu konzentrieren. Dies ist der schwierigste Teil der Unternehmensanalyse, weil alle Aktivitäten eines Unternehmens

- einem Kernprozess,
- einem Supportprozess oder
- einer funktionalen Schule

zugeordnet werden müssen.

Kernprozesse machen den Wettbewerbsvorteil eines Unternehmens aus und werden unmittelbar aus der Strategie abgeleitet. Damit es sich wirklich um Kernprozesse handelt und nicht nur um eine endlose Auflistung bereits vorhandener Prozesse, muss sich das Unternehmen auf fünf bis acht Kernprozesse beschränken. Diese sollten *„how work is done“* wiedergeben und einen wahrnehmbaren Kundennutzen stiften. Deshalb sind Kernprozesse nur sehr schwer zu imitieren.

Supportprozesse unterstützen und entlasten die Kernprozesse. Sie haben keine strategische Bedeutung und stiften keinen unmittelbaren Kundenutzen. Deshalb sind sie prinzipiell die ersten Kandidaten für das Outsourcing.

Funktionale Schulen tragen wie Kernprozesse zum strategischen Wettbewerbsvorteil eines Unternehmens bei. Sie dienen als „Think Tanks“ zur Entwicklung und Verbreitung von Grundlagenwissen. Aufgrund von Spezialisierungsvorteilen werden funktionale Schulen nicht in die Kernprozesse eingegliedert.

So sind bei den Winterthur Versicherungen die Bearbeitung von Versicherungspolicen und die Schadenabwicklung als Kernprozesse ausgestaltet. Die Entwicklung von neuen Versicherungsprodukten findet in einer funktionalen Schule statt, in der versicherungsspezifisches mathematisches Fachwissen notwendig ist. Das Mahn- und Inkassowesen ist in einen Supportprozess ausgegliedert.

Das größte Problem bei der Identifikation von Kernprozessen besteht darin, dass das Unternehmen zu sehr an den bestehenden Prozessen und Funktionen festhält. Damit ist Folgendes gemeint:

- Die Unternehmen sind nicht in der Lage, sich bei der Kernprozessgestaltung auf das Wesentliche zu beschränken. Sie verlieren sich in den unendlichen Details der Analyse bestehender Prozesse und werden dadurch unfähig, wirkliche Alternativen zu schaffen.
- Die Unternehmen definieren bisherige Funktionalabteilungen zu Prozessen um, ohne jedoch wirklich Schnittstellen radikal zu minimieren. Keineswegs reicht es aus, jede Tätigkeit mit dem Etikett „Prozess" zu versehen, etwa indem man aus der funktionalen Marketingabteilung einen Markt-Kommunikationsprozess macht.

3. Stolperstein: Wo bleiben die Kunden im Organigramm?

In den klassischen funktionalen, produkt- oder projektorientierten Organisationen spielen Kunden und Lieferanten in der Regel eine untergeordnete Rolle. In den meisten Organigrammen kommen Kunden nicht vor. Die Organisation ist binnenorientiert und damit sozusagen *kundenfrei*. Im Prozessmanagement hingegen soll die gesamte Organisation kundenorientiert als Wertkette dargestellt werden. Diese Prozesssicht impliziert, dass die Wertkette der Kunden und die der Lieferanten direkt an die eigene Organisation „angedockt" werden. Diese wird ausgehend von den Kunden neu gestaltet. So hat Gate Gourmet Genf seine Wertkette mit der Neugestaltung des „Equipment Handling Process" unmittelbar an die Wertketten der Fluggesellschaften angeschlossen.

4. Stolperstein: Konfektions- statt Maßschneiderei der Prozesse

Kernprozesse sollen einen schwer imitierbaren und schwer substituierbaren Wettbewerbsvorteil liefern. Daraus ergibt sich, dass standardisierte Instrumente, Rezepte, Tools oder Standard Software auch nur zu Standardlösungen führen können. Auch Benchmarking kann nur ein erster Schritt auf dem Weg zur Kernprozessgestaltung sein. Für die effiziente Gestaltung von Supportprozessen sind Standardinstrumente hingegen problemlos anwendbar. Für die effektive Gestaltung von Kernprozessen ist organisatorische Maßschneiderei notwendig: Standardinstrumente oder Checklisten können in diesem Fall lediglich den Einstieg in die Prozessgestaltung erleichtern.

5. Stolperstein: Das Rad neu erfinden wollen, statt von bewährten Konzepten zu lernen

Immer wieder ist behauptet worden, beim Business Reengineering sei alles ganz anders. Bereits bekannte Konzepte würden einem Unternehmen nicht mehr weiterhelfen. Tatsächlich ist dies aber nur bedingt der Fall. Business Reengineering knüpft deutlich an eine Reihe von bekannten und bewährten Konzepten an, zum Beispiel an das Produkt- und Projektmanagement, Lean Management oder an die modulare Organisation. Unternehmen, die diese Konzepte verstanden haben, werden sich mit Prozessmanagement viel leichter tun. Deren Grundideen fließen in das Prozessprinzip ein. Es gilt auch hier: Literaturkenntnis schützt vor Neuentdeckungen![243]

6. Stolperstein: Kurzfristige Erfolgsorientierung statt zukunftsgerichteter Entwicklung von Kernkompetenzen

Die Besinnung auf eigene Kernkompetenzen hilft dem Unternehmen, sich aus der Vielzahl von Prozessen auf einige wesentliche Kernprozesse zu konzentrieren. Was nicht zur Kernkompetenz gehört, soll in einem Supportprozess oder sogar im Wege des Outsourcing ausgelagert werden. Dies setzt voraus, dass Unternehmen tatsächlich in der Lage sind, die Kernkompetenzen zu identifizieren, die ihnen in der Zukunft einen nachhaltigen Wettbewerbsvorteil sichern. Das gelingt einem Unternehmen immer dann am besten, wenn es den Überblick über die gesamte Wertschöpfungskette eines Produktes von den Rohprodukten und Komponenten bis zum Endverbraucher behält. Dies bedeutet einerseits mehr als „Schuster bleib bei deinen Leisten". Andererseits verhindert es, dass Unternehmen lediglich aus kurzfristigen Überlegungen ihre Wertschöpfungstiefe verringern. Dies kann nämlich zum „Hollowing out" führen, das heißt zur Aushöhlung des Unternehmens. Damit ist gemeint, dass ein Unternehmen zukunftsträchtige Kompetenzen verliert: Es würde seine eigenen Saatkartoffeln auffuttern.

---

243 Diese Formulierung verdanken wir Prof. Dr. E. Dülfer, Universität Marburg.

7. Stolperstein: Lean macht noch nicht dynamisch

Prozessmanagement will wie Lean Management überflüssige Prozessschritte und Schnittstellen eliminieren. Dabei kann man jedoch leicht über das Ziel hinaus schießen. Werden sämtliche Spielräume beseitigt, so wird ein Prozess zwar effizient, aber noch nicht effektiv. Man kann nämlich auch höchst effizient die falschen Ziele verfolgen. Jedoch liegen die richtigen Ziele nicht auf der Straße.[244] Das Herausfinden der *richtigen* Ziele und Teilziele braucht Spielräume für Lern- und Kommunikationsprozesse. Lernen setzt Feedback und Wiederholung, das heißt Redundanz voraus. Erst die Realisation der richtigen Ziele macht die Dynamik eines Unternehmens aus. Man braucht also Möglichkeiten für Kommunikation innerhalb und zwischen den Prozessen sowie zwischen den Prozessen und den funktionalen Schulen. Die Schwierigkeit besteht darin, die nötigen von den überflüssigen Redundanzen zu unterscheiden. Nötig sind Redundanzen immer dann, wenn sie zur Bildung von Kernkompetenzen beitragen.

8. Stolperstein: Einzelkämpfer

Erfolgreiches Prozessmanagement ist Teammanagement. Kundenorientierte Rundumbearbeitung ist in umfangreichen Prozessen nur in Teamarbeit möglich. Werden Prozesse funktional segmentiert und auf Einzelkämpfer aufgeteilt, entstehen zahlreiche neue Schnittstellen. Erst Teams ermöglichen die Integration von Spezialisten. Sie erhöhen die Qualität der Entscheidung, weil im Prozess-Team das Wissen mehrerer Personen aktiviert wird. Die Gefahr von Irrtümern wird geringer. Außerdem wird bei Prozess-Teams die intrinsische Motivation durch eine hohe Kommunikationsdichte, anspruchsvolle kundenorientierte Rundumbearbeitung und gemeinsame Zielvereinbarung gefördert. Dies setzt allerdings voraus, dass man auf leistungsorientierte Individualentlohnung verzichtet.

Unternehmen müssen allerdings bei der Teambildung darauf achten, dass die Teams nicht zu homogen zusammengesetzt sind und sich gegenüber anderen Teams abkapseln. In diesem Fall wird das „Wir-Gefühl“ zu einer Gefahr: Es entsteht Gruppendenken, das heißt ein unkritisches Harmoniebedürfnis.

244 Vgl. Luhmann (1973, S. 211).

9. Stolperstein: Mangelndes Engagement der Unternehmensleitung

Viele Unternehmen glauben, Business-Reengineering-Projekte ihrer Organisations- oder Informatikabteilung überlassen zu können. So hat die bereits oben erwähnte empirische Untersuchung ergeben, dass nur in sechs Prozent der befragten Unternehmen Vorstands- oder Geschäftsleitungsmitglieder dem Reengineering-Team angehören.[245] Kein Wunder, dass so viele Reengineering-Projekte erfolglos sind! Ein erfolgreiches Prozessmanagement muss aus vier Gründen von oben initiiert und unterstützt werden: *Erstens* braucht es den Adlerblick, um einen Überblick über das gesamte Unternehmen zu haben. *Zweitens* erfordert die Identifikation von Kern- und Supportprozessen eine strategische Betrachtungsweise. *Drittens* hat nur das Top-Management die nötige Durchschlagskraft, um die funktionalen Fürstentümer aufzubrechen. *Viertens* erfordern Reengineering-Projekte erhebliche Human- und Sachinvestitionen, die in der Regel von der Unternehmensleitung genehmigt werden müssen.

10. Stolperstein: Bombenwurfstrategie

Der Adlerblick von oben muss mit dem Blick der wendigen, klugen und teamfähigen Delphine von unten kombiniert werden. Wie die Geschichte zeigt, erzeugen Revolutionen meist Gegenrevolutionen. Deshalb soll die Unternehmensleitung Reengineering-Projekte zwar initiieren und unterstützen, aber nicht durchboxen. Alle unsere Erfahrungen zeigen, dass erfolgreiche Reengineering-Projekte im Gegenstrom-Verfahren durchgeführt werden: „Top down for targets – Bottom up for how to do it“. Insbesondere das mittlere Management wird – im Gegensatz zu den Ratschlägen von Hammer und Champy – sehr intensiv an diesen Projekten beteiligt.[246] Ihre Sach- und Detailkenntnis ist notwendig, um die Komplexität der Prozesse zu bewältigen. Damit werden diejenigen aktiviert, die von den Änderungen am meisten betroffen sind. Ein Schweizer Top-Manager hat dies so ausgedrückt: „Es sind Menschen, die die Prozesse tragen müssen, und wenn diese Menschen sie nicht tragen können, dann können Sie Business Reengineering weder vor den Menschen her noch hinterhertragen.“[247]

245 Vgl. Kusio (1995).

246 Vgl. Hammer/Champy (1993, S. 207 f.).

247 Heini Lippuner, ehemaliger Vorsitzender der Konzernleitung der Ciba AG, zitiert in Frost/Treichler/Schmid (1995 S. 5).

Abbildungsverzeichnis

Literaturverzeichnis

Adler, Paul S./Cole, Robert E. (1993): Designed for Learning: A Tale of Two Auto Plants, in: Sloan Management Review 35, Spring, S. 85–94

Alioth, A. (1986): Lohn und Lernen, in: Duell, W./Frey, F. (Hrsg.): Arbeit gestalten – Mitarbeiter beteiligen. Eine Heuristik qualifizierender Arbeitsgestaltung, Frankfurt, S. 183–194

Amit, Raphael/Schoemaker, Paul J. H. (1993): Strategic Assets and Organizational Rent, in: Strategic Management Journal 14, 1, S. 33–46

Argyris, Chris/Schön, Donald A. (1978): Organizational Learning. A Theory of Action Perspective, Reading, Mass. u. a.

Bach, Volker/Brecht, Leo/Hess, Thomas/Österle, Hubert (1996): Enabling Systematic Business Change, Wiesbaden

Barney, Jay B. (1991): Firm Resources and Sustained Competitive Advantages, in: Journal of Management 17, 1, S. 99–120

Becker, Jörg/Kugeler, Martin/Rosemann, Michael (2000): Prozessmanagement. Ein Leitfaden zur prozessorientierten Organisationsgestaltung, Heidelberg und Berlin

Behrens, Bolke/Groothuis, Ulrich (1994): Vergeudung ist Sünde – Interview mit Michael Hammer, in: Wirtschaftswoche 8, 18.02.1994, S. 68–73

Benner, Mary, J./Tushman, Michael (2002): Process management and technological innovation: A longitudinal study of the photography industry, in: Administrative Science Quarterly, 47, S. 676–706

Benner, Mary, J./Tushman, Michael (2003): Exploitation, exploration, and process management: the productivity dilemma revisited, in: Academy of Management Review, 28, S. 238–256

Berggren, Christian (1992): Von Ford zu Volvo – Automobilherstellung in Schweden, Berlin u. a.

Berggren, Christian (1994): Point/Counterpoint: Nummi vs. Uddevalla, in: Sloan Management Review 35, Winter, S. 37–50

Bettis, Richard A./Bradley, S. P./Prahalad, C.K. (1992): Outsourcing and Industrial Decline, in: Academy of Management Executive 6, S. 7–22

Binner, Hartmut F. (1997): Integriertes Organisations- und Prozessmanagement, München

Bouncken, Ricarda B. (2000): Dem Erfolg auf der Spur? State of the Art zur Identifikation von Kernkompetenzen, in: Zeitschrift für Betriebswirtschaft, 70, S. 865–885

Bower, Joseph L./Christensen, Clayton M. (1995): Disruptive Technologies. Catching the Wave, in: Harvard Business Review 73, 1, S. 43–53

Brockhoff, Klaus/Hauschildt, Jürgen (1993): Schnittstellen-Management. Koordination ohne Hierarchie, in: Zeitschrift Führung und Organisation 62, 6, S. 396–403

Buchanan, James M./Tullock, Gordon (1962): The Calculus of Consent, Ann Arbor

Bullinger, Hans-Jörg (1994): „Customer Focus“ und „Business Reengineering“: Neue Trends für eine zukunftsorientierte Unternehmensführung, in: Bullinger, H. J. (Hrsg.): Neue Impulse für eine erfolgreiche Unternehmensführung, 13. IAO-Arbeitstagung, Forschung und Praxis, Band 43, Heidelberg u. a.

Bullinger, Hans-Jörg/Warschat, Joachim/Bendes, Stefan/Stanke, Alexander (1995): Simultaneous Engineering, in: Zahn, E. (Hrsg.): Handbuch Technologiemanagement, Stuttgart, S. 377–394

Cameron, Kim S. (1986): Effectiveness as Paradox: Consensus and Conflict in Conceptions of Organizational Effectiveness, in: Management Science 32, S. 539–553

Champy, James (1995): Reengineering im Management, Frankfurt a. M. u. a.

Chandler, Alfred D. (1984): Strategy and Structure, 13. Aufl., Cambridge, Mass. (Erstveröffentlichung 1962)

Chesbrough, H.W.; Teece, D.J (1996): Innovation richtig organisieren – aber ist virtuell auch virtuos?, in: Harvard Manager 18, S. 63–70
Cohen, Wesley L./Levinthal, Daniel M. (1990): Absorptive Capacity – A New Perspective on Learning and Innovation, in: Administrative Science Quarterly, 35, 1, S. 128–152
Cole, Robert. E./Scott, W. Richard (Hrsg.) (2000): The quality movement & organization theory. Thousand Oaks, CA: Sage
Coleman, David (1997): Groupware: Collaborative Strategies for Corporate LANs and Intranets, New Jersey
Crosby, Philip B. (1986): Qualität bringt Gewinn, New York
Crossan, Mary M./Lane, Henry W./White, Roderick E. (1999): An Organizational Learning Framework: From Intuition to Institution, in: Academy of Management Review, 24, S. 522–537
CSC Index (Hrsg.) (1994): State of Reengineering Report – North America and Europe, Cambridge, Mass.
Daft, Richard L./Lengel, Robert H. (1984): Information Richness: A New Approach to Managerial Behavior and Organization Design, in: Staw, B.M./Cummings, L.L. (Hrsg.): Research in Organizational Behavior 6, S. 191–233
D'Aveni, Richard (1995): Hyperwettbewerb, Frankfurt a. M.
Davenport, Thomas H. (1993): Process Innovation – Reengineering Work through Information Technology, Boston
Davenport, Thomas H./Nohria, Nitin (1994): Case Management and the Integration of Labour, in: Sloan Management Review 36, Winter, S. 11–23 (deutsche Übersetzung: Der Geschäftsvorfall ganz in einer Hand – Case Management, in: Harvard Manager, 1/1995, S. 81–90)
Davenport, Thomas H./Short, James (1990): The New Industrial Engineering: Information Technology and Business Process Redesign, in: Sloan Management Review 32, Summer, S. 11–27
Davidow, William H./Malone, Michael S. (1993): Das virtuelle Unternehmen – Der Kunde als Co-Produzent, Frankfurt a. M. u. a.
Deci, Edward L. (1975): Intrinsic Motivation, New York
Deci, Edward L./Ryan, Richard M. (1985): Intrinsic Motivation and Self-Determination in Human Behavior, New York
Dierickx, Ingemar/Cool, Karel (1989): Assets Stock Accumulation and Sustainibility of Competitive Advantage, in: Managements Science 35, 12, S. 1504–1511
Dörner, Dietrich (1979): Problemlösen als Informationsverarbeitung, 2. Aufl., Stuttgart
Dosi, Giovanni (1982): Technological Paradigms and Technological Trajectories: A Suggested Interpretation of the Determinants and Direction of Technical Change, in: Research Policy 11, S. 147–162
Drucker, Peter (1991): So funktioniert die Fabrik von morgen, in: Harvard Manager, 1, S. 9–17
Drucker, Peter F. (1974): Management: Tasks, Responsibilities, Practices, New York
Drumm, Hans Jürgen (1996): Das Paradigma der neuen Dezentralisation, in: Die Betriebswirtschaft 56, S. 7–20
Easton, George S./Jarell, Sherry L. (1998): The effects of total quality management on corporate performance: An empirical investigation. Journal of Business, 71: 253–307
Eccles, Robert G. (1985): The Transfer Pricing Problem. A Theory for Practice, Lexington u. a.
Evans, Paul A. L./Doz, Yves (1992): Dualities: A Paradigm for Human Resources and Organizational Development, in: Pucik, V./Tichy, N./Barnett, C. (Hrsg.): Globalizing Management – Creating and Leading the Competitive Organization, New York, S. 85–106
Ferris, Sharmila P. (1996): Women On-Line: Cultural and Relational Aspects of Women's Communication in On-Line Discussion Groups, in: Interpersonal Computing: An Electronic Journal for the 21st Century 4, 3–4, S. 29–40
Frese, Erich (1988): Grundlagen der Organisation, 4. durchges. Aufl., Wiesbaden

Frese, Erich (1993): Geschäftssegmentierung als organisatorisches Konzept, in: Zeitschrift für betriebswirtschaftliche Forschung 45, S. 999–1024
Frese, Erich (1995): Profit Center und Verrechnungspreis. Organisationstheoretische Analyse eines aktuellen Problems, in: Zeitschrift für betriebswirtschaftliche Forschung 47, S. 942–954
Frese, Erich (2000): Grundlagen der Organisation. Konzept – Prinzipien – Strukturen, 8. überarbeitete Aufl., Wiesbaden
Frese, Erich/von Werder, Axel (1994): Organisation als strategischer Wettbewerbsfaktor – Organisationstheoretische Analyse gegenwärtiger Umstrukturierungen, in: Frese, E./Maly, W. (Hrsg.): Organisationsstrategien zur Sicherung der Wettbewerbsfähigkeit: Lösungen deutscher Unternehmen, Zeitschrift für betriebswirtschaftliche Forschung 46, Sonderheft 33, S. 1–28
Frese, Erich/Werder, Axel von (1992): Bürokommunikation, in: Frese, E. (Hrsg.): Handwörterbuch der Organisation, 3. Aufl., Stuttgart, Sp. 374–390
Frey, Bruno S. (1994): Regulating and Intrinsic Motivation, in: Kyklos 45, S. 161–184
Frey, Bruno S. (1997): Markt und Motivation. Wie Preise die (Arbeits-)Moral verdrängen, München
Frey, Bruno S./Kirchgäßner, Gebhardt (1994): Demokratische Wirtschaftspolitik, 2. Aufl., München
Frey, Bruno S./Osterloh, Margit (1997): Sanktionen oder Seelenmassage? Motivationale Grundlagen der Unternehmensführung, in: Die Betriebswirtschaft 57, S. 307–321
Frey, Bruno S./Osterloh, Margit (Hrsg.) (2002): Managing Motivation, 2. Aufl., Wiesbaden
Frost, Jetta (1998): Die Koordinations- und Orientierungsfunktion der Organisation, Bern und Stuttgart
Frost, Jetta/Osterloh, Margit (2001): Motivation und Organisationsstrukturen, in: Frey, B. S./Osterloh, M. (Hrsg.): Managing Motivation, 2. Aufl., Wiesbaden
Frost, Jetta/ Treichler, Christoph/Schmid, Sascha (1995): Business Reengineering – Kein Feuer kein Rauch, in: der Monat. Wirtschaft und Finanz, Schweizerischer Bankverein, Mai, S. 4–10
Gadatsch, Andreas (2002): Management von Geschäftsprozessen. Methoden und Werkzeuge für die IT-Praxis: Eine Einführung für Studenten und Praktiker. Wiesbaden: Vieweg, Friedr. und Sohn, Verlagsgesellschaft mbH
Gaitanides, Michael (1983). Prozessorganisation, München
Gaitanides, Michael (1992): Ablauforganisation, in: Frese, E. (Hrsg.): Handwörterbuch der Organisation, 3. Aufl., Stuttgart, Sp. 3–18
Gaitanides, Michael (1995): Je mehr, desto besser? Zu Umfang und Intensität des Wandels bei Vorhaben des Business Reengineering, in: Technologie & Management 44, 2, S. 69–76
Gaitanides, Michael (1998): Business Reengineering/Prozessmanagement – von der Managementtechnik zur Theorie der Unternehmung?, in: die Betriebswirtschaft 58, S. 369–381
Gaitanides, Michael (1999): Prozessorganisation: Entwicklung, Ansätze und Programme prozesszentrierter Organisationsgestaltung, 2. Aufl., München
Gaitanides, Michael/Scholz, Rainer/Vrohlings, Alwin/Raster, Max (1994): Prozessmanagement. Konzepte, Umsetzungen und Erfahrungen des Reengineering, München u. a.
Galbraith, Jay (1983): Organization Design, in: Lorsch, J. W. (Hrsg.): Handbook of Organizational Behavior, Englewood Cliffs, S. 343–356
Galbraith, Jay R. (1982): Designing the Innovating Organization, in: Organizational Dynamics 11, S. 5–25
Garvin, David A. (1988): Managing Quality, New York
Gerybadze, Alexander (1995): Strategic Alliances and Process Redesign. Effective Management and Restructuring of Cooperative Projects and Networks, Berlin u. a.
Ghemawat, Pankaj (1991): Commitment: The Dynamics of Strategy, New York
Grant, Robert M. (1996a): Toward a Knowledge-Based Theory of the Firm, in: Strategic Management Journal 17, Special Issue Winter, S. 109–122

Grant, Robert M. (1996b), Prospering in Dynamically-Competitive Environments: Organizational Capability as Knowledge Integration, in: Organization Science 7, S. 375–387
Grochla, E. (1966): Automation und Organisation, Wiesbaden
Hackman, Richard J. (1987): The Design of Work Teams, in: Lorsch, W. J. (Hrsg.): Handbook of Organizational Behavior, Englewood Cliffs
Hall, David J./Saias, Maurice A. (1980): Strategy Follows Structure, in: Strategic Management Journal 1, 2, S. 149–163
Hall, Richard (1992): The Strategic Analysis of Intangible Resources, in: Strategic Management Journal 13, 2, S. 135–144
Hamel, Gary (1991): Competition for Competence and Interpartner Learning within International Strategic Alliances, in: Strategic Management Journal 12, Special Issue Summer, S. 83–103
Hamel, Gary/Prahalad C. K. (1993): Strategy as Stretch and Leverage, in: Harvard Business Review 71, 2, S. 75–84
Hamel, Gary/Prahalad, C. K. (1994): Competing for the Future, Boston (deutsche Übersetzung: Wettlauf um die Zukunft, Wien 1995)
Hammer, Michael (1990): Reengineering Work: Don't Automate, Obliterate, in: Harvard Business Review 68, 4, S. 104–112
Hammer, Michael (1999): Das prozesszentrierte Unternehmen: die Arbeitswelt nach dem Reengineering, Frankfurt a. M.
Hammer, Michael/Champy, James (1993): Reengineering the Corporation, New York (deutsche Übersetzung: Business Reengineering – Radikalkur für das Unternehmen, Frankfurt a. M. u. a. (1994)
Hammer, Michael/Stanton, Steven A. (1995): Die Reengineering Revolution. Handbuch für die Praxis, Frankfurt a. M.
Harmon, Roy L. (1992): Reinventing the Factory II, New York
Harry, Mike J./Schroeder, Richard (2000): Six Sigma: The breakthrough management strategy revolutionizing the world's top corporations. New York: Currency
Hauschildt, Jürgen/Chakrabarti, Alok K. (1988): Arbeitsteilung im Innovationsmanagement, in: Zeitschrift Führung und Organisation 57, 6, S. 378–388
Heckhausen, Heinz (1989): Motivation und Handeln, 2. Aufl., Berlin u. a.
Hedberg, Bo L. T. (1981): How Organizations Learn and Unlearn, in: Nystrom, P./Starbuck, W./ (Hrsg.): Handbook of Organizational Design 1, New York, S. 3–37
Henderson, Rebecca M./Clark, Kim B. (1990): Architectural Innovation: The Reconfiguration of Existing Product Technologies and the Failure of Established Firms, in: Administrative Science Quarterly 35, 1, S. 9–30
Herring, Susan C. (1994): Gender Differences in Computer-Mediated Communication: Bringing Familiar Baggage to the New Frontier, Paper Presented at the American Library Association Annual Convention, Arlington TX
Herzberg, Frederick (1968): One more time: How do you motivate employees?, in: Harvard Business Review 46, S. 53–62
Hill, Wilhelm/Fehlbaum, Raymond/Ulrich, Peter (1994): Organisationslehre 1, 5. Aufl., Bern u. a.
Hill, Wilhelm/Fehlbaum, Raymond/Ulrich, Peter (1998): Organisationslehre II, 5. Aufl., Stuttgart
Hinterhuber, Hans H./Bentivogli, Chiara/Trento, Sandro (1992): Die Uhrenindustrie: eine strategische Analyse, in: Die Unternehmung 46, 3. S. 127–152
Hoffmann, Klaus/Linden, Frank A. (1994): Kommando zurück. Unternehmen und Profile: ABB, in: Manager Magazin, 11, S. 34–45
Hunziker, Alexander (1999): Prozessorganisation in der öffentlichen Verwaltung, Bern und Stuttgart
Imai, Masaaki (1992): Kaizen – Der Schlüssel zum Erfolg der Japaner im Wettbewerb, 3. Aufl., München

Janis, Irving L. (1972): Victims of Groupthink. A Psychological Study of Foreign Policy Decisions and Fiascos, Boston
Johansen, Robert (1988): Groupware – Computer Support for Business Teams, New York
Jürgens, Ulrich (1994): Was kommt nach Lean Production? Zur gegenwärtigen Debatte über Post Lean Production in Japan, in: Weber, H. (Hrsg.): Lean Management – Wege aus der Krise. Organisation und gesellschaftliche Strategien, Wiesbaden
Kaiser, Bernd-Ulrich (2002): Business Reengineering mit SAP. Best-Practice-Erfahrungen mit SAP-BW. Wiesbaden: Vieweg
Kaplan, Robert/Murdock, Laura (1991): Core Process Redesign, in: McKinsey Quarterly 2, Summer, S. 27–43
Kasper, Helmut (1990): Die Handhabung des Neuen in organisierten Sozialsystemen, Berlin
Katzenbach, Jon R./Smith, Douglas E. (1998): Teams: Der Schlüssel zur Hochleistungsorganisation, München
Kern, Horst/Schumann, Michael (1990): Das Ende der Arbeitsteilung?, 2. Aufl., München
Kieser, Alfred (1994): Fremdorganisation, Selbstorganisation und evolutionäres Management, in: Zeitschrift für Betriebswirtschaft 46, S. 199–228
Kieser, Alfred (1996a): Moden und Mythen des Organisierens, in: Die Betriebswirtschaft 56, S. 21–40
Kieser, Alfred (1996b): Business Process Reengineering – neue Kleider für den Kaiser?, in: Zeitschrift für Führung und Organisation 65, S. 179–185
Kieser, Alfred/Kubicek, Herbert (1992): Organisation, 3. Aufl., Berlin
Kleinbeck, Uwe Quast, H.H. (1992): Motivation, in: Frese, E. (Hrsg.), Handwörterbuch der Organisation, 3. Aufl., Stuttgart, Sp. 1420–1434
Kogut, Bruce/Zander, Udo (1992): Knowledge of the Firm, Combinative Capabilities, and the Replication of Technology, in: Organization Science 3, 3, S. 383–397
Kohn, Alfie (1993): Punished by Reward. The Trouble with Gold Stars, Incentive Plans, A'S, Praise, and other Bribes, Boston
Kohn, Alfie (1994): Warum Incentive Systeme oft versagen, in: Harvard Manager, 2, S. 15–23
Kosiol, Erich (1962): Organisation der Unternehmung, Wiesbaden
Krogh, Georg von; Venzin, Markus (1995): Anhaltende Wettbewerbsvorteile durch Wissensmanagement, in: Die Unternehmung 49, S. 417–436
Krüger, Wilfried (1994): Umsetzung neuer Organisationsstrategien: Das Implementierungsproblem, in: Frese, E./Maly, W. (Hrsg.): Organisationsstrategien zur Sicherung der Wettbewerbsfähigkeit: Lösungen deutscher Unternehmen, Zeitschrift für betriebswirtschaftliche Forschung 46, Sonderheft 33, S. 197–221
Krüger, Wilfried/Homp, Christian (1997): Kernkompetenzenmanagement. Steigerung von Flexibilität und Schlagkraft im Wettbewerb, Wiesbaden
Kubicek, Herbert (1992): Informationstechnologie und Organisationsstruktur, in: Frese, E. (Hrsg.): Handwörterbuch der Organisation, 3. Aufl., Stuttgart, Sp. 937–957
Kusio, Daniel (1995): Ergebnisse einer empirischen Studie. Untersuchung von Business Process Redesign-Projekten in Deutschland, Österreich und der Schweiz, Institut für Wirtschaftsinformatik, Universität Bern, Arbeitsbericht Nr. 58, Bern
Leavitt, Harold J./Lipman-Blumen, Jean (1995): Hot Groups – Die Spezialteams, in: Harvard Manager, 4, S. 109–116
Levinthal, Daniel A./March, James G. (1993): The Myopia of Learning, in: Strategic Management Journal 14, Winter Special Issue, S. 95–112
Levitt, Barbara/March, James G. (1988): Organizational Learning, in: Annual Review of Sociology 14, S. 319–340
Luhmann, Niklas (1973): Zweckbegriff und Systemrationalität. Über die Funktion von Zwecken in sozialen Systemen, Frankfurt a. M.

Lyles, Marjorie A./Schwenk, Charles, R. (1992): Top Management, Strategy, and Organizational Knowledge Structures, in: Journal of Management Studies 29, S. 155–174

Lynch, Dudley/Kordis, Paul (1998): Delphinstrategien. Managementstrategien in chaotischen Systemen, Fulda

Müri, Peter (1985): Chaos-Management, Egg

Müri, Peter (1995): Psychologische Aspekte der EDV, in: Becker, M./Haberfellner, R./Liebetrau, G. (Hrsg): EDV-Wissen für Anwender – Das Informatik-Handbuch für die Praxis, Zürich

Männel, Wolfgang (1981): Die Wahl zwischen Eigenfertigung und Fremdbezug. Theoretische Grundlagen, praktische Fälle, 2. Aufl., Stuttgart

Mayrhofer, Wolfgang (1989): Outplacement, in: Die Betriebswirtschaft 49, 1, S. 55–68

Metz, Michel J. (1994): Computer-Mediated Communication: Literature Review of a New Context, in: Interpersonal Computing: An Electronic Journal for the 21st Century 2, 2, S. 31–49

Meyer, Conrad (1993): Prozesskostenrechnung – eine aktuelle Standortbestimmung, in: Schweizer Treuhänder (Sonderdruck) 12, S. 3–11

Meyer-Fujara, Josef/Puppe, Frank/Wachsmuth, Ipke (1993): Expertensysteme und Wissensmodellierung, in: Görz, G. (Hrsg.): Einführung in die künstliche Intelligenz, Bonn u. a., S. 713–766

Milgrom, Paul/Roberts, John (1992): Economics, Organization, and Management, New Jersey

Miller, Dany (1990): The Icarus Paradox: How Exceptional Companies Bring About Their Own Downfall, New York

Müller-Stewens, Günther/Osterloh, Margit (1996): Kooperationen besser nutzen. Interorganisationales Lernen als Know-how-Transfer oder Kontext-Transfer, in: Zeitschrift Führung und Organisation 64, 1, S. 18–24

Nelson, Richard R./Winter, Sidney G. (1982): An Evolutionary Theory of Economic Change, Cambridge, Mass.

Nelson, Richard R. (1991): Why do firms differ and how does it matter?, in: Strategic Management Journal 12, Special Issue Winter, S. 61–74

Neuberger, Oswald (1990): Der Mensch ist Mittelpunkt. Der Mensch ist Mittel. Punkt, in: Personalführung, 1, S. 3–10

Neuberger, Oswald (1994): Mobbing – Übel mitspielen in Organisationen, Schriftenreihe Organisation und Personal, Band 5, München u. a.

Nonaka, Ikujiro/Takeuchi, Hirotaka (1997): Die Organisation des Wissens, Frankfurt a. M.

Nordsieck, Fritz (1932): Die schaubildliche Erfassung und Untersuchung der Betriebsorganisation, Diss., Köln 1930, (Stuttgart 1932, 6. Aufl. 1962)

Nordsieck, Fritz (1934): Grundlagen der Organisatonslehre, Stuttgart

ohne Verfasser (1994a): Reengineering Europe, in: The Economist, 26.02.1994, S. 67

ohne Verfasser (1994b): Revolutionäre Einkaufsmethoden in den Niederlanden. Nachtläden und Experimente mit Selbstkassierern, in: Neue Zürcher Zeitung, 05.08.1994, S. 19

Ohno, Taiichi (1994): Das Toyota-Produktionssystem, Frankfurt a. M. u. a.

Osterloh, Margit (1993): Die innovative Organisation im Spannungsfeld von Aufbau- und Ablauforganisation, in: Krulis-Randa, J./Staffelbach, B./Wehrli, H. P. (Hrsg.): Führen von Organisationen, Bern u. a., S. 214–294

Osterloh, Margit (1994): Neue Ansätze im Technologiemanagement: vom Technologieportfolio zum Portfolio der Kernkompetenzen, in: io-Management 63, 5, S. 47–50

Osterloh, Margit (1997): Selbststeuernde Gruppen in der Prozessorganisation, in: Scholz, C. (Hrsg.), Individualisierung als Paradigma, Festschrift für Hans Jürgen Drumm, Stuttgart, S. 179–199

Osterloh, Margit/Frey, Bruno S./Frost, Jetta (1999): Was kann das Unternehmen besser als der Markt?, in: Zeitschrift für betriebswirtschaftliche Forschung, 69, S. 1245–1262

Osterloh, Margit/Frost, Jetta (1994a): Der zeitlosen Organisationsform auf der Spur?, in Neue Zürcher Zeitung Orbit-Beilage, 06.09.1994, S. B 13

Osterloh, Margit/Frost, Jetta (1994b): Business Reengineering: Modeerscheinung oder „Business Revolution"?, in: Zeitschrift Führung und Organisation 63, 6, S. 356–363
Osterloh, Margit/Frost, Jetta (1998): Organisation, in: Berndt, R./Fantapié Altobelli, C./Schuster, P. (Hrsg.): Springers Handbuch der Betriebswirtschaftslehre, Band 1, Heidelberg, S. 185–235
Osterloh, Margit/Frost, Jetta (1999): Von der Strukturgestaltung zur Prozessorganisation. Überlegungen zur Koordinations-, Orientierungs- und Motivationsfunktion der Organisation, in: Welge, M./Al-Laham, A./Kajüter, P. (Hrsg.): Praxis des strategischen Managements, Wiesbaden, S. 279–294
Osterloh, Margit/Gerhard, Birgit (1992): Neue Technologien, Arbeitsanforderungen und Aufgabenorientierung. Zum Verhältnis von intrinsischer und extrinsischer Motivation, in: Lattmann, C./Probst, G. J. B./Tapernoux, F. (Hrsg.): Die Förderung der Leistungsbereitschaft des Mitarbeiters als Aufgabe der Unternehmensführung, Heidelberg u. a., S. 117–134
Osterloh, Margit/Sigrist, Beatrice (1995): Weiblicher Führungsnachwuchs. Einbruch in den Herrenclub (II), in: io-Management 64, 11, S. 102–106
Osterloh, Margit/Wübker, Sigrid (1995): Weiblicher Führungsnachwuchs. Einbruch in den Herrenclub (I), in: io-Management 64, 10, S. 59–63
Osterloh, Margit/Wübker, Sigrid (1999): Wettbewerbsfähiger durch Prozess- und Wissensmanagement. Mit Chancengleichheit auf Erfolgskurs, Wiesbaden
Österreich, Rainer/Volpert, Walter (1987): Handlungstheoretisch orientierte Arbeitsanalyse, in: Kleinbeck, U./Rutenfranz, J. (Hrsg.): Arbeitspsychologie. Enzyklopädie der Psychologie, Themenbereich D, Serie III, Band I, Göttingen, S. 43–73
Peters, Tom J. (1993): Liberation Management. Jenseits der Hierarchien, München
Peters, Tom J./Waterman, Robert H. (1982): In Search of Excellence, New York (deutsche Übersetzung: Auf der Suche nach Spitzenleistungen, 4. Aufl., Landsberg am Lech 1982)
Pfaff, Dieter (1995): Der Wert der Kosteninformationen für die Verhaltenssteuerung in Unternehmen, in: Schildbach, T./Wagner, F. W. (Hrsg.): Unternehmensrechnung als Instrument der internen Steuerung, Zeitschrift für betriebswirtschaftliche Forschung 46, Sonderheft 34, S. 119–156
Pfeiffer, Werner/Weiss, Enno (1994): Lean Management. Grundlagen der Führung und Organisation industrieller Unternehmen, 2. überarbeitete und erweiterte Aufl., Berlin
Picot, Arnold (1991): Ein neuer Ansatz zur Gestaltung der Leistungstiefe, in: Zeitschrift für betriebswirtschaftliche Forschung 43, S. 336–359
Picot, Arnold/Dietl, Helmut/Franck, Egon (2002): Organisation. Eine ökonomische Perspektive, 3. Aufl., Stuttgart
Picot, Arnold/Franck, Egon (1995): Prozessorganisation. Eine Bewertung der neuen Ansätze aus Sicht der Organisationslehre, in: Nippa, M./Picot, A. (Hrsg.): Prozessmanagement und Reengineering: Die Praxis im deutschsprachigen Raum, Frankfurt a. M. u. a., S. 13–38
Picot, Arnold/Reichwald, Ralf/Wigand, Rolf T. (2000): Die grenzenlose Unternehmung: Information, Organisation und Management; Lehrbuch zur Unternehmungsführung im Informationszeitalter, 4. Aufl., Wiesbaden
Polanyi, Michael (1985): Implizites Wissen, Frankfurt a. M., (englischsprachige Erstausgabe: The Tacit Dimension, London 1966)
Porter, Michael E. (1980): Competitive Strategy. Techniques for Analyzing Industries and Competitors, New York (deutsche Übersetzung: Wettbewerbsstrategie, 7. Aufl., Frankfurt a. M. u. a. 1992)
Porter, Michael E. (1985): Competitive Advantage. Creating and Sustaining Superior Performance, New York, (deutsche Übersetzung: Wettbewerbsvorteile, 3. Aufl., Frankfurt a. M. u. a. 1992)
Porter, Michael E. (1991): Towards a Dynamic Theory of Strategy, in: Strategic Management Journal 12, Special Issue Winter, S. 95–118

Prahalad, C. K./Hamel, Gary (1990): The Core Competence of the Corporation, in: Harvard Business Review 68, 3, S. 79–91 (deutsche Übersetzung: Nur Kernkompetenzen sichern das Überleben, in: Harvard Manager 2, S. 66–78)
Prahalad, C. K./Bettis, Richard A. (1986): The Dominant Logic: A New Linkage Between Diversity and Performance, in: Strategic Management Journal, Vol. 7, S. 485–501
Pribilla, P./Reichwald, R./Goecke, R. (1996): Telekommunkation im Management, Stuttgart
Probst, Gilbert J. B. (1993): Organisation. Strukturen, Leistungselemente, Entwicklungsperspektiven, Landsberg am Lech
Probst, Gilbert J. B./Büchel, Bettina T. S. (1998): Organisationales Lernen, 2. Aufl., Wiesbaden
Quinn, James B./Hilmer, Frederic G. (1994): Strategic Outsourcing, in: Sloan Management Review 33, Summer, S. 43–55
Rosenstiel, Lutz von (1999): Grundlagen der Organisationspsychologie, Sammlung Poeschel Band 95, Stuttgart
Rühli, Edwin (1994): Die Resource based view of Strategy – ein Impuls für den Wandel im unternehmenspolitischen Denken und Handeln?, in: Gomez, P./Hahn, D./Müller-Stewens, G./ Wunderer, R. (Hrsg.): Unternehmerischer Wandel. Konzepte zur organisatorischen Erneuerung, Festschrift für Knut Bleicher, Wiesbaden, S. 31–58
Rühli, Edwin (1995): Ressourcenmanagement, in: Die Unternehmung 49, 2, S. 91–105
Rumelt, Richard P. (1991): How Much Does Industry Matter?, in: Strategic Management Journal 12, 3, S. 167–185
Rummler, Geary A./Brache, Alan P. (1995): Improving Performance. How to Manage the White Space on the Organization Chart, San Francisco
Rutt, Heinrich N. (1990): Die flexible Organisation – eine zeitoptimale Vielzweckmaschine, in: Harvard Manager, 3, S. 62–72
Schanz, G. (1991): Motivationale Grundlagen der Gestaltung von Anreizsystemen, in: Schanz, G. (Hrsg.), Handbuch Anreizsysteme in Wirtschaft und Verwaltung, Stuttgart 1991, S. 257–274
Schenker, Mark (1994): Banken entliessen fast nur Frauen, in: Tages Anzeiger, 15.9.1994
Schmelzer, Hermann J./Sesselmann, Wolfgang (2003): Geschäftsprozessmanagement in der Praxis, 3. überarbeitete Aufl., München: Carl Hanser Verlag
Schnelle, Wolfgang (1966): Entscheidung im Management. Wege zur Lösung komplexer Aufgaben in großen Organisationen, Quickborn
Scholz, Rainer/Müffelmann, Jens (1995): Reengineering als strategische Aufgabe, in: Technologie & Management 44, 2, S. 77–84
Scholz-Reiter, Bernd/Stahlmann, Hans-Dietrich/Nethe, Armin (1999): Process Modelling, Heidelberg und Berlin
Schreyögg, Astrid (1995): Coaching. Ein Einführung für Praxis und Ausbildung, Frankfurt a. M. u. a.
Schreyögg, Georg (1999): Organisation. Grundlagen moderner Organisationsgestaltung, 3. Aufl., Wiesbaden
Schreyögg, Georg/Noss, Christian (1994): Hat sich das Organisieren überlebt? – Grundfragen der Unternehmenssteuerung im neuen Licht, in: Die Unternehmung 48, 1, S. 17–33
Siegenthaler, Hansjörg (1993): Regelvertrauen, Prosperität und Krisen, Tübingen
Sommerlatte, Tom (1993): Leistungsprozesse und Organisationsstruktur, in: Scharfenberg, H. (Hrsg.): Strukturwandel in Management und Organisation. Neue Konzepte sichern die Zukunft, Baden-Baden, S. 55–70
Sommerlatte, Tom/Wedekind, Eberhard (1991): Leistungsprozesse und Orgnaisationsstruktur, in: Arthur D. Little (Hrsg.): Management der Hochleistungsorganisation, 2. Aufl., Wiesbaden, S. 23–41

Sprenger, Reinhard K. (2000): Mythos Motivation. Wege aus einer Sackgasse, Sonderausgabe, Frankfurt a. M. u. a.
Sproull, Lee/Kiesler, Sara (1986): Reducing Context Cues: Electronic Mail in Organizational Communication, in: Management Science 32, S. 1492–1512
Sproull, Lee/Kiesler, Sara (1991): Connections: New Ways of Working in the Networked Organization, Cambridge
Staehle, Wolfgang (1994): Management, 7. Aufl., München
Starbuck, William H. (1992): Learning by Knowledge-Intensive Firms, in: Journal of Management Studies 29, S. 713–740
Steinmann, Horst/Schreyögg, Georg (1997): Management. Grundlagen der Unternehmensführung. Konzepte – Funktionen – Fallstudien, 4. überarb. und erw. Aufl., Wiesbaden
Stewart, Thomas A. (1993): Reengineering. The Hot New Managing Tool, in: Fortune 23, 8, S. 41–48
Szyperski, Norbert (1970): Abgrenzung und Verknüpfung operationaler, dispositionaler und strategischer Wirtschaftlichkeitsstufen, in: Grochla, E. (Hrsg.): Die Wirtschaftlichkeit automatisierter Datenverarbeitungssysteme, Wiesbaden, S. 50–61
Tannenbaum, Robert/Schmidt, Warren H. (1958): How to Choose a Leadership Pattern, in: Harvard Business Review 36, 2, S. 94–101
Tapscott, Don (1996): Die digitale Revolution: Verheißungen einer vernetzten Welt – die Folgen für Wirtschaft, Management und Gesellschaft, Wiesbaden
Teece, David J./Pisano, Gary/Shuen, Amy (1994): Dynamic Capabilities and Strategic Management, in: Strategic Management Journal, Vol. 18, S. 509–533
Teece, David J./Rumelt, Richard/Dosi, Giovanni/Winter, Sidney (1994): Understanding corporate coherence. Theory and evidence, in: Journal of Economic Behavior and Organization 23, S. 1–30
Teufel, Stephanie/Sauter, Christina/Mühlherr, Thomas/Bauknecht, Kurt (1995): Computerunterstützung für die Gruppenarbeit, Bonn
Thom, Norbert (1992): Organisationsentwicklung, in: Frese, E. (Hrsg.): Handwörterbuch der Organisation, 3. Aufl., Stuttgart, Sp. 1477–1491
Thom, Norbert/Wenger, Andreas (2000): Bewertung und Auswahl effizienter Organisationsformen. Die effiziente Organisationsstruktur als Kernkompetenz, Arbeitsbericht Nr. 39, Institut für Organisation und Personal, Universität Bern, mimeo
Tuckmann, Bruce W. (1965): Development Sequence Small Companies, in: Organizational Studies 2, S. 419–427
Ulich, Eberhard (1972): Arbeitswechsel und Aufgabenerweiterung, in: REFA-Nachrichten 25, S. 265–278
Ulich, Eberhard (1998): Arbeitspsychologie, Suttgart
Ulich, Eberhard/Großkurth, P./Bruggemann, A. (1973): Neue Formen der Arbeitsgestaltung. Möglichkeiten und Probleme einer Verbesserung des Arbeitslebens, Frankfurt a. M.
Utterback, James M. (1971): The Process of Technological Innovation within the Firm, in: Academy of Management Journal 12, S. 75–88
Venkatraman, N. (1994): IT-Enabled Business Transformation: From Automation to Scope Redefinition, in: Sloan Management Review 35, Summer, S. 73–87
Wächter, Hartmut (1990): Tendenzen der betrieblichen Lohnpolitik in motivationstheoretischer Hinsicht, in: Schanz, G. (Hrsg.): Handbuch Anreizsysteme in Wirtschaft und Verwaltung, Stuttgart, S. 195–214
Wagner, Michael (1995): Groupware und neues Management – Einsatz geeigneter Softwaresysteme für flexible Organsationen, Braunschweig
Walther, Joseph B. (1992): Interpersonal Effects in Computer-Mediated-Communication, in: Communication Research 19, S. 52–90

Walther, Joseph B. (1995): Relational Aspects of Computer-Mediated Communication: Experimental Observations over Time, in: Organization Science 6, S. 186–203

Walther, Joseph B. (1999): Die Beziehungsdynamik in virtuellen Teams, in: Boos, M./Jonas, K./ Sassenberg, K. (Hrsg.): Computervermittelte Kommunikation in Organisationen, Göttingen, S. 11–25

Warnecke, Hans-Jürgen (1993): Das fraktale Unternehmen, 2. Aufl., Berlin u. a.

Weick, Karl E./Roberts, Karlene K. (1993): Collective Mind in Organizations: Heedful Interrelating on Flight Decks, in: Administrative Science Quarterly 38, S. 357–381

Weilenmann, Paul (1992): Management Accounting und neue Technologien, in: Männel, W. (Hrsg.): Handbuch Kostenrechnung, Wiesbaden, S. 799–809

Weiner, Bernard (1994): Motivationspsychologie, 3. Aufl., Weinheim u.a.

Werder, Axel von/Grundei, Jens (2000): Organisation des Organisationsmanagements: Gestaltungsalternativen und Effizienzbewertung, in: Frese, Erich (Hrsg.): Organisationsmanagement. Neuorientierung der Organisationsarbeit, Stuttgart, S. 97–141

Wheelwright, Steven C./Clark, Kim B. (1994): Revolution der Produktentwicklung. Spitzenleistung in Schnelligkeit, Effizienz und Qualität durch dynamische Teams, Zürich

Wild, Jürgen (1966): Grundlagen und Probleme der betriebswirtschaftlichen Organisationslehre, Berlin

Wildemann, Horst (1998): Die modulare Fabrik: Kundennahe Produktion durch Fertigungssegmentierung, München

Williamson, Oliver E. (1990): Die ökonomischen Institutionen des Kapitalismus. Unternehmen, Märkte, Kooperationen, Tübingen

Winograd, Terry/Flores, Fernando (1986): Understanding Computers and Cognition – A New Foundation for Design, New Jersey

Witte, Eberhard (1973): Organisation für Innovationsentscheidungen, Göttingen

Wohlgemuth, André C. (1989): Erfolgreich eine neue Struktur einführen, in: io-Management 58, 7, S. 39–44

Womack, James P. /Jones, Daniel T. (1994): From Lean Production to Lean Enterprise, in: Harvard Business Review 72, 2, S. 93–103

Womack, James P./Jones, Daniel T./Roos, Daniel (1994): Die zweite Revolution in der Automobilindustrie, 8. Aufl., Frankfurt a. M. u. a.

Wüthrich, Hans A./Philipp, Andreas F./Frentz, Martin H. (1997): Vorsprung durch Virtualisierung. Lernen von Pionierunternehmen, Wiesbaden

Ziegenbein, Ralf (2001): Klinisches Prozessmanagement. Implikationen, Konzepte und Insturmente einer ablauforientierten Krankenhausführung. Leistungsorientierte Führung und Organisation im Gesundheitswesen, Band 3, Gütersloh: Verlag Bertelsmann Stiftung

Zink, Klaus J. (1995): TQM als integratives Managementkonzept, München.

Zuboff, Shoshana (1988): In the Age of the Smart Machine. The Future of Work and Power, New York

Stichwortverzeichnis

(Firmennamen sind *kursiv* gedruckt.)

Namensverzeichnis

Z